Basic Study

ベーシック スタディ

民事訴訟法

［第2版］

越山和広 Kazuhiro Koshiyama

法律文化社

第2版はしがき

　本書の初版は、2018年4月に出版され、その間に多くの方々に読んでいただくという望外の幸せに恵まれて、今回、第2版を上梓することになりました。初版をお読みいただいたみなさまに対し、心からお礼を申し上げます。

　第2版では、初版における説明をより分かりやすくするための見直しと、新しい判例の補充を行いました。また、2022年5月に公布された民事訴訟法改正に対応する説明を、最小限度のものですが、追加しています。

　本書の特徴や基本的なコンセプトは初版の「はしがき」に記したとおりです。この第2版が、初版と同様に、民事訴訟法を理解したいと考えている多くの方々のお役に立つことができれば、筆者としてこれ以上の喜びはありません。

　第2版の編集から出版に至る作業については、初版から引き続き、法律文化社の梶原有美子さんに大変お世話になりました。この場を借りてお礼を申し上げます。

　2023年2月

越山　和広

初版はしがき

　本書は、著者がこれまでに大学法学部および法科大学院で行ってきた講義内容をベースにして、民事訴訟と民事訴訟法の概要を説明するためにあらたに書き下ろしたものです。

　民事訴訟とは、私法上の権利義務関係の存否に関する紛争を、民法その他の実体法を基準にして、公権力によってそれを強制的に解決するための手続です。民事訴訟法（平成8年法律109号）は、このような民事訴訟についてのルールを定めた法律ですが、民事訴訟に関するルールのすべてが、この法律に規定されているわけではありません。むしろ、条文にはないけれども重要な概念や原理・原則が多く存在していることが、民事訴訟法の特徴だということができます。本書は、このような不文の原理・原則も含めた民事訴訟に関するルールを対象とするものです。難しいといわれる民事訴訟法ですが、本書を手がかりとして、民事訴訟法の面白さを感じていただければ幸いです。

　本書では、法学部ではじめて民事訴訟法を学ぶ学生に役立つように、ファーストステップの段階で最低限理解してもらいたいことがらに限定して、できるだけ分かりやすい説明を心がけました。本書の特徴は、事例を利用して具体的に説明することを徹底したことのほか、一般の教科書などでは行間に隠れているけれども、実はとても重要な意味をもつことがらを明確に説明することを試みた点にあると思っています。また、要件事実論にも注意を払って説明をしており、さらに、複数請求・多数当事者・上訴も対象としていますので、法科大学院の学生にも役立つ内容であると考えています。なお、本書では、2020年4月1日に施行される民法の一部を改正する法律（平成29年法律44号）に原則として準拠した説明を行っています。

　本書の企画から原稿の整理、内容の検討を経て出版に至るまで、法律文化社の梶原有美子さんに多大なご尽力をいただきました。ここに心からの感謝の気持ちを記したいと存じます。

　　2018年3月

越山　和広

目　　次

凡　例

　民法、会社法、裁判所法などの基本的な法令の略記は通常の例によった。その他の法令については正式名称または通称で表記した。

　民事訴訟法は条文のみ、民事訴訟規則は規則と略記した。

　民事訴訟法の規定は、令和4年法律第48号による改正後の新規定に対応している（改正民事訴訟法は、公布の日〈令和4年5月25日〉から起算して4年を超えない範囲内において政令で定める日までの間に、段階的に順次施行されることになっている。そのため、本書発行時には施行されていない新規定もある）。民事訴訟規則は、本書発行時点で改正中のため、令和4年改正前規定の条名を引用している。

Lesson 1　民事訴訟（民事裁判）の基本構造

事例 1 - 1

　X（原告）の主張：私は、令和 4 年 3 月 1 日に、中古普通乗用車 a を、代金150万円で、Y に対して売る合意をしました。ところが、Y はいろいろと文句を言って代金を支払ってくれません。そこで、代金の支払いを要求したいと考えています。

　Y（被告）の反論：そのクルマを私が X から買い受けることについては、確かにそのような交渉をしました。しかし、代金が相場に比べて高すぎることもあって、合意に至らなかったのです。

I　民法と民事訴訟法の関係

1　考えるべき課題

　民事訴訟（民事裁判）は、実体法（民法）が適用されるプロセスを前提にして組み立てられています。このことを理解するために、事例で「X が Y に対して主張しようとする権利（請求権）があるかないかは、裁判上どのようにして判断すればいいのだろうか」という問題を考えてみましょう。

2　実体法適用のプロセス

　事例で、X は売買代金150万円の支払いを求めています。この X の申立てを認めるには、その根拠となる売買代金支払請求権という権利があることが裁判上認められなければなりません。ところが、権利は観念的な存在、つまり、人間の頭の中で考えられたものであり、目で見たり手で触れたりすることで、その存在を直接的に認識することができません。では、X が売買代金の支払いを求めて民事訴訟を提起した場合、この訴訟を担当する裁判官は、どのような方法を用いて、売買代金支払請求権の存在または不存在という結論にたどりつくことができるのでしょうか。

　この疑問に答えるためには、以下に示すような、裁判で実体法（民法）が適

図1-1　法律要件と法律効果

法律効果：売買代金支払請求権・売買
　　　　　目的物引渡請求権の発生

発生

法律要件：売買契約の成立

用されるプロセスを考えることが必要です。

（1）　契約の成立とその効果

　まず、契約が成立すると、一定の効果が発生することについて説明します。契約とは、契約当事者間の内容的に対応する意思表示の合致によって成立する法律行為であり、契約という法律要件が成立すれば、それを構成する意思表示の内容に応じた法律効果が生じます。

　事例の契約は売買契約です。これは、ある財産権を買主に移転するとの売主による意思表示と、これに対してその代金を支払うとの買主による意思表示が合致することで成立します。このことを定めたのが民法555条であり、これは、権利発生に関するルールを定めた条文です。この売買契約から生じる法律効果は、契約当事者による意思表示の内容に従い、売買代金支払請求権と売買目的物引渡請求権となります（図1-1）。

　以上のように、実体法である民法が定めるルールの基本構造は、「ある法律要件があればそれに対応する法律効果が生じる」という形にまとめることができます（図1-1）。したがって、要件となる事実が存在すれば、そのルールが適用されて、効果が得られますが、事実が存在しなければ、そのルールは適用されず、効果を得られません。

（2）　民事裁判における実体法適用のプロセス　　民事裁判は、当事者が求めている法律効果の存否を確定する場です。もちろん、前に述べたように、当事者が求めている法律効果（事例では、権利の発生という結果）は、直接認識することができません。しかし、法律効果の発生原因となる法律要件に該当する事実は、過去に生じた事実ですから、客観的な証拠に基づいてそれを認識することが可能です。したがって、民事裁判では、当事者が求めている法律効果を定める法的ルールを調査、確定し、そのルールが当該法律効果の要件と定めている事実関係の有無を調べて、ルールに対する当てはめを行えば、当該法律効果が認められるかどうかが判明します（図1-2）。民事訴訟は、このような実体法適用のプロセス（法的三段論法）に基づいて組み立てられているのです。

（3）　事例の解決　　事例では、売主Ｘが買主Ｙに対して中古普通乗用車ａを代金額150万円と定めて売ることを合意したという売買代金支払請求権の成立要件（売買契約の成立＝法律要件）が認められれば、権利発生に関するルールが適用され、売買代金支払請求権という法律効果が生じたと判断することができます。これに対して、契約したという事実が認められず、この要件が備わっていない場合は、権利発生に関するルールを適用することができず、売買代金支払請求権という法律効果が生じたと判断することはできません。

図1-2　法適用のプロセス（三段論法）

```
1   適用されるべき法規範(法的ルール)
    の確定
          ↓
2   当該法規範の要件に該当する事実
    の確定
          ↓
3   2で確定した事実の1で確定した
    法規範への当てはめ
  (1) すべての要件が充足＝法規範が適
     用され、効果が得られる
  (2) 要件が充足しない＝法規範が適用
     できず、効果が得られない
```

　この事例では、売買の意思表示の合致という売買契約を成立させる事実が現実にあったかどうかが問題となっています。そこで、裁判所としては、当事者双方から提出された証拠を総合した上で、Ｘが求めている法律効果の要件である売買の意思表示の合致という事実があったかどうかを判断すればよいのです。

Ⅱ　民事訴訟の構造

　最後に、図1-3にしたがって、民事訴訟の基本的な構造を考えてみましょう。

　訴えは、原告が審判の対象となる一定の権利義務関係を示した上で、一定の判決を求める申立てです。事例では、売買代金支払請求権が審判の対象であり、150万円という金銭支払いを命ずる判決を求めています。

図1-3　民事訴訟の構造

```
訴  え ⟹ 審  理 ⟹ 判  決
         ①主張の提示
         ②争点の確定
         ③立証(証拠調べ)
```

　次に、判決をするためには、裁判所は、判決をするための根拠となる資料を得る必要があります。この判断資料獲得のプロセスを審理といいます。

　審理は、理論上は、3段階の構造となっています。

第1段階が主張の提示であり、そこでは、当事者双方がその主張を戦わせます。第2にそれを踏まえて、当事者間において争いがあり、事件解決の核心となっている点（争点といいます）を確定します。事例では、売買契約が成立したのかどうかが争点となります。第3に、売買契約が成立していたかどうかについて、立証が行われます。Ｘは、ＸＹ双方の署名捺印がある売買契約書を主要な証拠として自分の主張を立証することになるでしょう（書証）。これに対して、Ｙは、契約書の署名捺印が自分の意思によらないことのほか、目的物の代金が相場に比べて高すぎること、そのような高額な目的物を購入する意図はなかったこと、交渉が最終的に決裂したなどの事実を、Ｙ自身あるいは立会人など第三者の供述という証拠によって明らかにすることになるでしょう（当事者尋問、証人尋問）。この立証の場面は、証拠調べといわれます。

　最後に、証拠調べの結果に基づいて得た心証に従い、裁判官は判決という形式でその判断を示します。

（1）　ほかに権利消滅に関するルールを定めた条文や、権利の発生または消滅を妨害することに関するルールを定めた条文などがある。→証明責任の分配（Lesson 15-Ⅱ）

Lesson 2　訴訟の開始

I　訴えの定義

事例2-1

　Xは、令和4年3月1日に、中古普通乗用車aを、代金150万円で、Yに対して売る合意をした。ところが、Yは代金を支払わない。そこで、XはYを被告として、代金150万円の支払いを求める訴えを提起した。

1　訴えとは

　訴えは、原告が裁判所に対して被告との関係における一定の権利主張を提示し、その当否についての審理および判決を求める要式の訴訟行為（申立て）です。訴えが提起されることで、第1審の訴訟手続が開始します。

　訴えという申立ては、特定の審判対象を示して行わなければなりません。この審判対象を訴訟物または訴訟上の請求（→Lesson7）といい、訴状の請求の趣旨（134条1項2号→IV-（2）-(a)）で示されます。請求の趣旨には、さらに、裁判所に対する給付・確認・形成のいずれかの審判形式を求める要求が含まれます。

2　事例の説明

　事例2-1でXがYに対して提起した訴えは、原告Xが、被告Yとの関係における売買契約に基づく売買代金支払請求権という権利主張を裁判所に対して提示し、その当否についての審理および判決を求める申立てであり、この訴えの訴訟物は、売買契約に基づく売買代金支払請求権です。さらに、請求の趣旨には、150万円の支払いという給付判決（III-2参照）を求める要求が含まれています。

II　「訴えなければ裁判なし」の原則

　国家は、実力行使による紛争解決（自力救済）を禁止し、当事者の裁判を受

ける権利（憲32条）を実現するために民事訴訟制度を設けています。ということは、国家は、私人間の紛争解決にも重大な関心を持っているはずです。しかし、民事訴訟の対象となる権利義務関係は、私的自治の原則が適用される法律関係です。このような種類の法律関係について、民事訴訟制度を利用して紛争を解決するかどうかを決めるのは、法律関係の主体である当事者であり、国家が主導権を握って、民事訴訟の利用を強制することは許されません。訴えがないのに訴訟手続をはじめることは、市民間の自治に委ねられる領域に対する国家権力の過剰な介入であり、また、権利主体である市民の自主性・主体性を侵害することになるからです。以上の観点から、当事者の訴えを待たずに裁判所が自発的に民事訴訟をはじめることは、認められていません。

Ⅲ　訴えの種類

1　訴えの3類型

　訴えは、請求の内容または求められた判決の内容を基準にして分類されます。この分類方法によれば、訴えは、給付の訴え、確認の訴え、形成の訴えの3つに区別されます[(1)]。

2　給付の訴え

（1）　**給付の訴え**　　事例2-1の訴えは、給付の訴えです。給付の訴えとは、原告の請求が被告に対する特定の給付請求権の主張であり、それに基づく給付を命ずる判決を求める訴えのことです。給付の訴えの対象となる給付請求権（相手方において履行することが求められる債務）の種類としては、①特定物や金銭の給付を目的とする給付請求権、②代替的もしくは不代替的作為または不作為を目的とする給付請求権、③意思表示を目的とする給付請求権があります。

（2）　**現在給付の訴え・将来給付の訴え**　　口頭弁論終結時を基準時として履行期がすでに到来している給付請求権が訴訟物となっている給付の訴えを、現在給付の訴えといいます。**事例2-1**の訴えはこれに該当します。まだ履行期が到来していない給付請求権を訴訟物として給付の訴えをすることも可能とされており、これを将来給付の訴えといいます（135条→Lesson8-Ⅱ-3）

（3）　**給付の訴えに対する判決**　　給付の訴えを認容する判決を給付判決といいます。その判決主文は、求められた給付を被告に対して命じる旨の文言で表示されます。事例 2 - 1 では、150万円の金銭支払いを命じる主文となります。この判決は、執行力がある債務名義となるので（民執22条 1 号・ 2 号、25条）、Ｙが任意の弁済を拒むならば、Ｘはこの判決に基づいて強制執行を申し立てることができます。

　また、訴訟物である売買代金支払請求権が基準時において存在することについて既判力が生じます（→ Lesson 21 - Ⅱ）。これに対して、給付の訴えを棄却する判決には、訴訟物である給付請求権が基準時において存在しないことについて既判力が生じるだけです。

3　確認の訴え

事例 2 - 2
　　ＸとＹとの間で甲土地がどちらのものかをめぐって長年紛争が起こっている。ＸはＹを被告として甲土地の所有権が自分にあることの確認を求める訴えを提起した。

事例 2 - 3
　　ＸはＹから借りた100万円を既に弁済したつもりだが、Ｙはしつこく返済を求めている。そこで、ＸはＹに対して100万円の債務を負っていないことの確認を求める訴えを起こした。

（1）　**確認の訴え**　　当事者間の特定の権利・法律関係の存在または不存在を裁判所に確定してもらうことを目的とする訴えを、確認の訴えといいます。事例 2 - 2 の訴えは、ＸとＹとの間でＸに甲土地の所有権があることの確認を求める訴え、事例 2 - 3 は、ＹとＸとの間に貸金債務がないことの確認を求める訴えです。

　事例 2 - 2 を使って、確認の訴えの存在意義を検討します。確認の訴えを認容する判決は、給付判決とは異なり、強制執行によってその内容を実現することを予定していません。これに対して、ＸがＹに対して甲土地の返還を求める給付の訴えを提起して勝訴すると、強制執行によって、Ｙから土地を返還して

もらうことができます。したがって、給付の訴えと比較すると、確認の訴えを行うことにはあまり意味がないようにも見えるかもしれません。

　しかし、この事例で、甲土地がXの所有に属することを裁判所が判決の主文で宣言するならば、当事者間の紛争は抜本的に解決するということができます。なぜならば、甲土地がX・Yのいずれのものかということが当事者間での紛争の根本的な原因なので、その点について裁判所が最終的な判断をすれば、当事者間では、以後、この判決による確定を前提として行動することが期待できるからです。（→Lesson 8-Ⅱ-4（2）-(a)）。また、甲土地の返還を求める訴えで勝訴しても、この土地がXの所有であるという点について、確認の訴えとは異なり、拘束力がある最終的な解決は得られないことにも注意する必要があります。（→Lesson 21-Ⅳ）

　（2）　**積極的確認の訴え・消極的確認の訴え**　　確認の訴えには、対象となる法律関係が存在することの確認を求める積極的確認の訴え**事例2-2**と、対象となる法律関係が存在しないことの確認を求める消極的確認の訴え**事例2-3**があります。

　（3）　**確認の訴えに対する判決**　　確認の訴えに対する本案判決（確認判決）には、請求認容判決と棄却判決の2つがあり、いずれも、確認対象である法律関係の（基準時における）存在または不存在の判断について既判力が生じます。

4　形成の訴え

> **事例2-4**
> 　X・Y夫婦はYの不倫をきっかけに関係が破綻した。Yは協議離婚に応じようとしないので、Xは、Yを被告にして不貞行為を理由とする離婚の訴え（民法770条1項1号）を起こした。

　（1）　**形成の訴え**　　形成の訴えとは、一定の権利・法律関係の発生、変更、消滅（法律関係の変動）が、裁判所の判決によってもたらされると法律上決められている場合に、そのような権利関係の形成を求めて起こされる訴えをいいます。**事例2-4**の離婚の訴えは、民法770条に基づく形成の訴えです。民法770条は、配偶者に対して相手方への離婚請求権という給付請求権を認めてい

るわけではなく、協議離婚が調わない場合は、離婚の訴えを提起し、裁判所がそれを認容してはじめて、離婚という法律効果（法律上の婚姻関係の解消）が生じると定めているのです。したがって、離婚の訴えは、給付の訴えではなく、形成の訴えとなります。⁽²⁾

（2）　**形成の訴えの種類**　　形成の訴えという制度は、法律関係の変動を多数の利害関係人の間で明確かつ画一的に生じさせる必要がある場合や、法律関係の安定を図る必要が強い場合などに採用されています。例えば、団体の法律関係や人の身分関係の場合、ある法律関係に利害を有する者は多数にのぼるのが通常です。このため、それらの利害関係人が各自の信じる解釈に基づいて当該法律関係の存否や内容を勝手に判断して行動すると、社会生活の安定を図ることができなくなる危険があります。そのような理由から、団体の法律関係を対象とする形成の訴えとして、会社の設立無効その他会社の組織に関する行為の無効の訴え（会社828条1項）、株主総会等の決議の取消しの訴え（会社831条1項）、役員解任の訴え（会社854条1項）、会社解散の訴え（会社833条）などが認められています。また、人の身分関係を対象とするものとしては、離婚の訴えのほか、婚姻取消しの訴え（民743条、人訴2条1号）、嫡出否認の訴え（民775条、人訴2条2号）、認知の訴え（民787条、人訴2条2号）、養子縁組取消しの訴え（民803条以下、人訴2条3号）、離縁の訴え（民814条、人訴2条3号）などが形成の訴えとされています。

（3）　**判決の効果**　　形成の訴えを認容する判決を形成判決といい、**事例2-4**では、法律上の婚姻関係を解消させる効力（形成力）が生じます。さらに、そのような離婚原因があることが、既判力によって確定します（→Lesson21-Ⅴ）。棄却判決は、そのような離婚原因がないことを、既判力によって確定します。

5　形成の訴えと確認の訴えとの区別

事例2-5
　外国人Yは、滞在許可を得るだけの目的でAと偽装結婚することにして、婚姻届が提出された。その後にAが死亡し、Aの財産はYがすべて占

有している。Aの唯一の相続人であるXは、Yを被告として相続財産全部の返還を求める訴えを起こしたいと考えている。なお、管轄および準拠法の問題は考慮しなくてよい。

（1）　問題点　　事例2-5の偽装結婚は、婚姻意思を欠くので無効です（民742条1号参照）。したがって、YはAの相続人ではなく、相続人Xが、相続によってAの財産すべての所有権を承継していることになります。よって、XはYに対して、所有権に基づいて相続財産全体の返還を求めることができます（相続回復請求権：民法884条参照）。問題は、この返還請求の訴えに先立って、婚姻無効の訴えを起こして勝訴しない限り、Xは、「婚姻が無効であり、YがAの相続人でないこと」を主張することができないと考えるべきかという点にあります。

（2）　学　説　　これを肯定する説は、利害関係人の申立てに基づく訴訟手続によって無効の効果を画一的に発生させ、法律関係の安定性を確保することを重視して、ＡＹ間の法律上の婚姻が無効であることは、裁判所の判決によってそれが宣言されてはじめて主張することができると論じます。反対に、これを否定する説は、この例での瑕疵は重大であり、他の手続等においていきなり主張させることが当事者の保護につながると考え、無効を宣言する判決を経由せずに、他の訴訟で婚姻の無効を主張することが可能であると主張します。

（3）　形成の訴えか確認の訴えか　　この学説の対立は、次のような問題へと発展します。つまり、事例2-5において、Xが婚姻無効の訴えを起こした場合、この訴えは、婚姻の効力を覆す形成の訴えなのか、それとも婚姻が無効であることの確認を単に求める訴えのいずれなのかということです。

　ある訴えが形成の訴えかどうかを判断する基準は、形成判決の確定がない限り当該法律関係の変動を何人も主張することができないかどうかに求めることができます。（2）の肯定説では、この訴えは、形成の訴えとなります。しかし、否定説では、婚姻無効の訴えは、無効確認の訴えとなります。

Ⅳ　訴え提起の方法

1　訴状の作成と提出

（1）　訴状の必要性　　訴えの提起は、原告が訴状という書面を裁判所に提出することによって行われます（134条1項）。ただし、簡易裁判所に対する訴えに限っては、口頭による起訴も許されます（271条）。

（2）　訴状の必要的記載事項　　訴状の必要的記載事項は、当事者・請求の趣旨・請求の原因の3つです（134条2項）（→本章の末尾の訴状サンプルを参照）。

当事者は住所・氏名で特定されます。当事者が未成年者のため訴訟能力（→Lesson6-Ⅱ-1）を欠くときは、必ずその法定代理人も表示します（134条2項1号）。当事者が団体の場合は、団体名と代表者の氏名が必要です（37条）。なお、訴訟代理人がいる場合は、その氏名と連絡先も記載します。

（a）　請求の趣旨　　請求の趣旨とは、原告がどのような内容の判決を求めるのかの簡潔な表示をいいます。

サンプルの例は給付の訴えですが、「150万円」は元本、「これに対する令和4年3月1日から支払済みまで年3分の割合による金員」は遅延利息（民419条1項・404条1・2項参照）で、この2つの請求が1つの訴えで求められています。なお、通常はサンプルのように、訴訟費用の被告負担（61条以下参照）と仮執行宣言（259条）も請求の趣旨において要求します。

確認の訴えのときは、「別紙目録記載の土地につき原告が所有権を有することを確認する、との判決を求める」などと記載します。

形成の訴えのときは、「原告と被告とを離婚する、との判決を求める」などと記載します。

（b）　請求の原因　　請求の原因は、請求を特定するために必要な事実をいいます（規則53条1項かっこ書き）。サンプルの事例では、請求が売買代金支払請求権であることが最低限明らかになる事実関係さえ記載すれば（例：「Xは、普通乗用車aをYに対して売った。」）、訴状の必要的記載事項の意味での請求の原因としては必要十分な記載がされていることになります。

しかし、実際上は、請求を理由付ける事実、すなわち、原告が証明責任を負う請求原因事実（→Lesson18-Ⅰ）をすべて記載し（規則53条1項参照）、また、

当該事実に関連する事実で重要なものも具体的に記載します（規則53条2項）⁽³⁾。

このように実際上は、条文の建前とは異なり、訴状には具体的、詳細な事実の記載が求められます。これは、訴状を見た裁判所や相手方が事件の全容を早期に把握して、すぐに適切な対応をとれるようにするためで、その結果として、適正、迅速な事件の解決が得られるのです。なお、どこまで具体的な記載が必要かについては、予想される相手方の対応などによって異なります。

（3）**訴訟費用**　訴訟の提起および訴訟の追行には、一定の費用がかかります。その費用のうち、法律（民事訴訟費用等に関する法律2条）が定める「訴訟費用」は敗訴した相手方から回収することができます（61条）。これは、訴訟で正当だと認められるような主張をした結果として勝訴した当事者は、そのような主張をせざるを得ない立場に追い込んだ相手方（敗訴者）に費用負担を負わせることが公平であるという考え方に基づくものです。ここでいう訴訟費用は、裁判費用と当事者費用とに分けられます。

（a）**裁判費用**　裁判費用は、当事者が訴訟追行するにつき国庫に納付する義務がある費用です。これには、提訴手数料、その他申立て手数料、証拠調べに必要な経費（証人等の旅費や日当）、書類送付の郵便料金などがあります。この費用は、訴え提起の時点で納付しなければなりません。

（b）**当事者費用**　当事者費用は、当事者の訴訟追行によって発生した費用のうち、当事者が裁判所以外の者に対して直接支払わなければならないものです。ただし、当事者が自ら支出する費用のうち、法律が「訴訟費用」として認めているものに限られます（訴状等の筆記料、当事者が裁判所に赴くための費用など）。

（c）**弁護士費用**　以上に対して、弁護士費用は、「訴訟費用」には含まれません。ただし、資力が乏しい当事者は、総合法律支援法に基づいて、弁護士費用の立替払いを受けることができます⁽⁴⁾。なお、例外的に、交通事故等の不法行為を原因とする損害賠償訴訟では、相当額の弁護士費用を損害額に算入することができるので（最判昭44・2・27民集23巻2号441頁）、勝訴すれば、相手方から弁護士費用を回収することができます。

2　訴状審査

訴状は、裁判所の窓口に提出され、裁判所がこれを受け付けると、毎年初め

に決めた規則にしたがって、担当裁判官へ機械的に配付されます。

　訴状がその必要的記載事項を欠く場合には、裁判長は、相当の期間を定め、その期間内に不備を補正すべきことを命じます（137条1項前段）。提訴手数料を納付しない場合は、裁判所書記官が相当の期間内にその手数料を納付すべきことを命ずる処分をします（137条の2第1項）。仮に、原告が不備を補正しないときや、手数料を納付しないときは、裁判長は、命令で、訴状を却下しなければなりません（137条2項・137条の2第6項）。

3　訴状の送達

（1）**送　達**　裁判長の訴状審査にパスすると、裁判所は、訴状を相手方へ送達します（138条）。実際上は、原告が提出した訴状の副本（コピー）を裁判所書記官が郵便を利用して被告に送付します（98条・101条・102条の2）。同時に、第1回口頭弁論期日の呼出しが行われます（139条・93条・94条1項）。

（2）**答弁書**　訴状等の送達を受けた被告は、定められた期限内に、答弁書を作成して、裁判所に提出し、原告にも直接送付しなければなりません（規則80条・83条）。答弁書とは、原告から受け取った訴状に記載されている原告側の言い分に対して、被告側の言い分を記載した文書（準備書面）のことで、訴状の請求の原因に対応した具体的な記載が求められます（規則80条1項）（→本章の末尾の答弁書サンプルを参照）。

4　訴状における住所、氏名の秘匿

（1）**趣　旨**　DVや性犯罪の被害者が、加害者側に対してその加害行為などを原因とする損害賠償を求める訴えを提起しようとする場合、原告およびその法定代理人の氏名および住所が訴状の必要的記載事項となっているので（→Ⅳ-1（2））、訴え提起によって、被害者を特定する住所や氏名といった情報が相手方に伝わってしまいます。しかし、このような被害者は、加害者による二次的な被害を避けるために、住所（または住所と氏名の両方）を秘匿して生活しているので、住所、氏名が相手方に伝わるのであれば、結局訴えを提起することをあきらめてしまうおそれが大きいと考えられます。そこで、被害者を保護する観点から、一定の条件の下で、訴訟の相手方さらには第三者に対し

て、被害者の住所、氏名を加害者に対し秘匿して、訴訟を追行することができる制度が導入されました（133条以下）。

（2） 住所、氏名の秘匿 この制度を利用することができるのは、訴えなどの申立てをする者とその法定代理人（申立人等）です。申立人等は、その住所、居所その他その通常所在する場所（例えば勤務先や学校）といった居住関係の情報だけではなく（133条1項前段）、住所と氏名の両方の秘匿を申し立てることもできます（133条1項後段）。この申立てが認められると、住所や氏名が相手方に対し秘匿され（133条5項）、相手方だけではなく第三者も、訴訟記録を閲覧して、その中に含まれている申立人等の住所や氏名のほか、それらを推知させるような情報を入手することが制限されます（133条の2第1項・2項）。

Ｖ　民事訴訟のIT化とオンラインによる訴え提起

1　オンラインによる訴え提起

2022年改正によって、訴状という書面を提出することによるアナログ形式での訴え提起（→Ⅳ）と並んで、オンラインによる訴え提起が可能となりました。また、訴えだけではなく、その他の書面によって行うべき申立てや準備書面の提出も、オンラインにより行うことができるようになりました（132条の10第1項・2項）。訴状の提出ですが、原告は、裁判所の事件管理システムに利用登録することにより、裁判所のシステムにオンラインでアクセスすることができるようになり、訴状に記載すべき事項を電子データとして入力して提出に代えることができます。提訴手数料は、電子納付によります。

2　オンライン利用の義務付け

弁護士その他事件の委任を受けた訴訟代理人は、オンラインによる訴え提起が義務付けられています（132条の11第1項）。

3　民事訴訟のIT化

（1） 訴訟記録などの電子化 民事訴訟のＩＴ化によって、訴訟記録も電子化され（電磁的訴訟記録）、裁判所のサーバに保存されます（その閲覧等の方法は91条の2参照）。書面で訴えなどの申立てなどが行われた時も、それは電子

データ化されて裁判所のファイルに記録されます（132条の12第1項・132条の13）。口頭弁論期日の調書も電子化されます（160条）。さらに、判決書も電子化されます（252条）。

（2）　**裁判関係書類の送達**　　電子データ化された裁判関係書類の送達については、プリントアウトした書面を送達する方法（109条）のほか、システム送達の方法が採用されています（109条の2）。これは、送達を受けるべき者が裁判所のサーバにアクセスして、送達されるべき電子データの閲覧をし、それをダウンロードすることができるための措置を裁判所書記官が行い、その者に対しオンラインのシステムを利用してこのような措置がとられたことを通知する方法で送達するものです。この場合、その者が閲覧をしたか、または通知が発せられて1週間を経過したときのいずれか早い時点で、送達の効果が生じます（109条の3第1項）。弁護士その他事件の委任を受けた訴訟代理人がいる場合は、システム送達の方法が優先されます（109条の4第1項）。

（1）　それ以外の訴えの類型がありうるのかについては、議論がある。また、民法424条の詐害行為取消しの訴えのように、1つの訴えにおいて複数の類型が合体している場合もある。
（2）　離婚原因の存在確認の訴えを起こしても、それだけでは離婚という法律効果は得られないので、離婚の訴えは確認の訴えだと理解しても意味がない。よって、形成の訴えは、第3の類型だということになる。
（3）　請求を理由付ける事実は、仮にその事実が真実であれば原告がただちに勝訴判決を受けることができるような事実すべてを意味する。このような事実を訴状に記載しておくと、被告が訴えに対して一切応答をしないときであっても、直ちに請求認容判決を受けられるというメリットがある。
（4）　法テラス（日本司法支援センター）が、経済的な余裕がない人でも法的サービスを受けられるように総合的な支援活動をワンストップサービスの形で行っている。
（5）　第1審民事事件は単独の裁判官が担当し、3人合議制が採られることはむしろ例外である（裁26条1項）。137条が「裁判長」といっているのは、合議制ならば裁判長がその権限を有し、単独の場合は、その裁判官が権限を有することを意味している。

訴　　状

令和4年5月1日

京都地方裁判所民事部　御中

　　　　　〒612-○○○○　京都府京都市伏見区
　　　　　　　　　　原　告　X

　　　　　〒612-○○○○　京都市伏見区××××
　　　　　　　　　　　　　　△△ビル9階（送達場所）
　　　　　　　　　原告訴訟代理人弁護士　L1　　（職印）
　　　　　　　　　　電　話　075-×××-××××
　　　　　　　　　　ＦＡＸ　075-×××-××××

　　　　　〒606-○○○○　京都府京都市左京区
　　　　　　　　　　被　告　Y

売買代金支払請求事件
　　訴訟物の価額　　150万円
　　貼用印紙額　　　1万2000円

第1　請求の趣旨
　1　被告は原告に対し、150万円及びこれに対する令和4年3月2日から支払い済
　　みに至るまで年3分の割合による金員を支払え。
　2　訴訟費用は被告の負担とする。
との判決並びに仮執行の宣言を求める。

第2　請求の原因
　1　原告は、被告に対し、令和4年3月1日、別紙目録記載の普通乗用自動車（以
　　下、「本件乗用車」という）1台を代金150万円で売った（甲第1・2号証）。
　2　原告は、令和4年3月1日に被告の自宅において本件乗用車を引き渡し、売
　　買代金の支払いを求めた。しかし、被告は前記売買契約をしていないと主張し、
　　代金の支払いに応じなかった。そして、その後も支払いを拒絶している（甲第3
　　号証）。
　3　よって、原告は、被告に対し、前記売買契約に基づき、代金150万円の支払い
　　を求めるとともに、これに対する売買目的物引渡しの日の翌日から民事法定利率
　　の割合による遅延損害金の支払いを求める。

証　拠　方　法

1　甲第1号証　売買契約書
2　甲第2号証　物件目録
3　甲第3号証　納品書

附　属　書　類

1　訴状副本　　　　　　　　　　　　　1通
2　甲第1号証から第2号証までの写し　各1通
3　訴訟委任状　　　　　　　　　　　　1通

令和4年（ワ）第1200号　売買代金請求事件
原　　告　X
被　　告　Y

答　弁　書

令和4年6月11日

京都地方裁判所民事第○部　御中

〒606-○○○○　京都府京都市左京区××××（送達場所）
被告訴訟代理人弁護士　L2　　（職印）
電　話　075-×××-××××
ＦＡＸ　075-×××-××××

第1　請求の趣旨に対する答弁
　1　原告の請求を棄却する。
　2　訴訟費用は原告の負担とする。
との判決を求める。

第2　請求の原因に対する答弁
　1　請求の原因1は争う。たしかに、被告は、令和4年3月1日、原告との間で本件乗用車の売買について交渉をした。しかし、原告が提示した売買代金額は、相場である 80 万円と比較して高額に過ぎることから、値引きしてほしいと要求したが、原告が聞き入れなかったので、合意することを拒絶したものである。
　2　請求の原因2は争う。原告から本件乗用車の引渡しを受けたことはない。

附　属　書　類

1　訴訟委任状　1通

以　上

Lesson 3　訴え提起の効果

Ⅰ　基本的な効果

1　訴訟行為としての訴え

訴え（→Lesson 2 - Ⅰ）は訴訟行為の 1 つです。訴訟行為とは、それによってもたらされる主要な法的効果が訴訟法的な意味を持つ効果（訴訟上の効果）である行為をいいます。

訴えが適法に提起されると、訴訟係属の成立という訴訟法的な効果が生じるだけではなく、裁判上の請求による時効の完成猶予（民147条 1 項 1 号、民訴147条）その他の実体法上の効果（民189条 2 項、手70条 3 項など）も生じます。しかし、訴えは、訴訟手続を開始させる点にその主要な目的があるので、もっぱら実体法上の効果を生じさせる法律要件である法律行為ではなく、訴訟法によって規律される訴訟行為に該当します。

2　訴訟係属

訴訟係属とは、その事件が受訴裁判所の審判を受けることができる状態のことをいいます。その発生時点は、相手方に訴状が送達され、訴え提起の事実が相手方に了知された段階です。この段階になってはじめて、裁判所と原告・被告の三面関係（これを訴訟法律関係という）が成立します。

Ⅱ　裁判上の請求による時効の完成猶予

事例 3 - 1

　Ｘは、Ｙに対して平成22（2010）年 3 月 1 日に100万円を弁済期 1 年後の約束で貸し渡した。弁済期が経過しても弁済がないことから、Ｘは100万円の貸金返還請求の訴えを提起した。この場合、時効はいつ、どの範囲でその完成が猶予されるか。訴えがなければ、いつ時効が完成するか。

事例 3 - 2

　Xは、Y電鉄で発生した事故によって負傷し、逸失利益1500万円の損害をこうむった。Xは、Yの過失の立証がかなり困難であることを考慮して損害額のうち500万円に限定して損害賠償を求める訴えを提起し、勝訴した後に、残りの損害額を訴えによって請求することを計画した。500万円に限定した訴えの提起によって、残りの損害額についても消滅時効の完成が猶予されるか。

1　消滅時効の完成

　事例 3 - 1 の訴訟物は貸金返還請求権であり、債権者が権利を行使することができることを知った時から 5 年、権利を行使することができることを知らなくても、権利を行使することができる時から10年の経過によって消滅時効が完成します（民166条 1 項 1 号・ 2 号）。消滅時効が完成すると、その債権は消滅します。貸金返還請求権は期限付き債権なので、期限が到来したとき（平成23（2011）年 3 月 1 日）が権利を行使することができる時です。しかし、期間の計算において初日は算入しないことが原則なので（民140条本文）、平成23年 3 月 2 日が消滅時効期間の起算点となります。Xが期限の到来日を知らないことはありえないので、 5 年後の平成28（2016）年 3 月 1 日の終了によって（民143条 2 項本文）時効が完成します。

　次に、事例 3 - 2 の訴訟物は、不法行為に基づく人身損害賠償請求権であり、被害者が損害および加害者を知った時から 5 年（民724条 1 号・724条の 2 ）の経過によって、消滅時効が完成します。したがって、Xの負傷についていわゆる症状固定（治療の結果これ以上は回復しないという後遺症が確定すること）の時点から 5 年の経過によって時効が完成します。なお、権利を行使することができることを知らなくても、権利を行使することができる時から20年の経過によっても、消滅時効が完成します（民167条）。

2　時効の完成猶予

（ 1 ）　定　義　　時効の完成猶予とは、一定の事由がある場合に（民147条か

ら151条）、その事由が終了するまでの間、時効の完成が猶予されることをいいます。ここでは、訴えの提起の効果である裁判上の請求による時効の完成猶予（民147条1項1号）を説明します。

消滅時効の完成前に**事例3-1・3-2**のＸが給付の訴えを提起すると、消滅時効の完成猶予のために必要な裁判上の請求があったとされます（民訴147条）。訴えの提起時は、訴状提出の時点であって、訴状の送達時ではありません。そして、訴えが提起され判決が確定するまでは、時効は完成せず、確定した時から新たに時効期間が進行します（民147条2項）。これを時効の更新といいます。

（2） 完成猶予の対象となる権利関係　時効の完成猶予の対象は、裁判上の請求の対象となる権利義務関係です。**事例3-1**では、訴えによって主張された貸金返還請求権が裁判上の請求の対象なので、この債権全体について消滅時効の完成が猶予されます。(1)

（3） 一部請求の場合　では、**事例3-2**はどうでしょうか。**事例3-2**では、不法行為に基づく損害賠償請求権として請求が可能な1500万円のうち500万円に限って給付の訴えが起こされています。このようなタイプの訴えを明示の一部請求といい、一部請求で勝訴した原告は、後に残りの請求を行うことができると考えられています（→Lesson23-Ⅱ）。しかし、判例によれば、一部請求の訴えがあっても、残部請求について裁判上の請求があったとはいえません（最判昭45・7・24民集24巻7号1177頁）。したがって、500万円の一部請求の審理が難航し、Ｘが勝訴した後で、残額1000万を請求しようとしたら、すでに5年の消滅時効の期間が経過していたという場合が起こりえます。その場合は、残りの1000万円の支払いを請求する訴えを起こしても、Ｙが時効を援用すると敗訴してしまうのです。この難点を解消するために、判例は、一部請求の訴えが係属している間は、残部請求について裁判上の催告（民147条1項かっこ書き参照）が継続しているとの考え方を加えました（最判平25・6・6民集67巻5号1208頁）。この判例によると、一部請求訴訟の係属中に残部について請求を拡張するか、一部請求を認容する判決の確定後6ヶ月以内に残部請求の訴えを提起すれば、残部請求についても消滅時効が完成しないことになります。

Ⅲ　二重起訴の禁止

事例3-3
　Ｘは、Ｙに対する150万円の売買代金支払請求の訴え（訴えＡ）を大阪地裁に起こしたが、その後、Ｘは、Ｙを相手にして全く同じ売買代金支払請求権について150万の支払を求める訴え（訴えＢ）を京都地裁（または大阪地裁）に起こした。なお、管轄の問題は考慮しないこと。

1　趣　旨
　民事訴訟法142条は、ある事件について訴訟係属が成立すると、その効果として、同じ訴えをさらに起こすことが「できない」（＝禁止する）としています。このルールを二重起訴の禁止といいます。
　なぜ二重起訴が禁止されるかは、①訴訟経済、②相手方の二重応訴の負担防止、③矛盾判決（既判力の矛盾抵触）の防止の3点から説明されています。①は、同じ事件について二重に訴えを起こすことで、限りある司法資源（司法の人的・物的資源）を無駄遣いすることは許されないという意味です。②は、被告は応訴せざるを得ない（この訴えは意味がないと思って無視すると敗訴判決を受ける可能性があるので、訴えには何らかの応答をしなければならない）という不利な立場にあるために、このような応訴の負担を二重に負わせるべきではないという意味です。③は、二重に起こされた訴えについて相反する判決が行われるという好ましくない事態が生じないようにすべきであるという趣旨です。

2　要　件
　二重起訴禁止の要件について条文は、「裁判所に係属する事件について」「当事者」が「更に訴えを提起すること」と定めています。これは、前に係属した訴えと後で提起された訴えの当事者が同一であり、かつ、2つの訴えの請求（訴訟物）が同一であることが、この条文を適用するための要件であることを意味しています。なぜならば、この2つの要件を満たす場合こそが、二重起訴禁止の目的がすべて当てはまる場合だからです。

事例で見ると、訴えAおよびBの当事者は同じであり、請求はXのYに対する同一の貸金返還請求権なので、二重起訴禁止の要件を満たします。

3　効　果

禁止されている訴えを起こしてしまった場合、この訴えは、142条に反する不適法な訴えとなります。事例では、訴え却下という裁判所の判決によって訴えBの手続は終了します。

二重起訴の状態が生じていることに裁判所がまったく気づかず、同一の2つの訴えに対して判決がされて両方が確定した場合、再審により、後で確定した判決の取消しを求めることができます（338条1項10号）。

もっとも、同じ当事者が同じ訴えを二重に起こすようなことは、実際上まれなケースです。そのため、二重起訴の禁止は、厳密な意味では同じ事件について二重に訴えが起こされたわけではないけれども、二重起訴禁止の目的が当てはまるという場合に拡張、類推されています。その重要な事例である相殺の抗弁と二重起訴については後で説明します（→Lesson 30 - Ⅱ）。

（1）　判例によれば、訴えによって請求をしていなくても、裁判上の請求があったのと同様に扱われることがある。債務不存在確認の訴えで、被告が債権の存在を主張して棄却を求めても裁判上の請求があったとされる（大判昭14・3・22民集18巻238頁）。また、判例は、被告の権利主張に時効の完成猶予の効果を認めることがある。例えば、被告が所有権移転登記請求訴訟中に、訴訟物の前提となる原告の所有権を否認して自己の所有権を主張し、それが認められた場合、裁判上の請求に準じるとされる（最判昭43・11・13民集22巻12号2510頁）。さらに、動産引渡請求訴訟で、被告が留置権の抗弁を提出してその被担保債権の存在を主張し、それが認められた場合、裁判上の催告があったとされる（最判昭38・10・30民集17巻9号1252頁）。

Lesson 4　裁判所と管轄

Ⅰ　管　轄

1　管轄とは

　管轄とは、日本国内の各裁判所間での事件分担の定め、各裁判所の権限行使の範囲を意味します。これについては、職分管轄・事物管轄・土地管轄の３つの管轄概念の区別をすることが必要です。⁽¹⁾

2　職分管轄

　（1）　定　義　　職分管轄は、国家の裁判権に属するいろいろな作用をどの裁判所に分担させるのが相当かという観点から立法政策上定められるものです。これには、民事訴訟を担当する判決（受訴）裁判所と民事執行を担当する執行裁判所の区別、審級管轄、簡易裁判所の管轄範囲（少額訴訟、起訴前の和解は簡易裁判所の担当とされていること）などの問題が含まれます。

　（2）　審級管轄　　裁判所法によれば、裁判所としては、最高裁判所のほか、高等裁判所、地方裁判所、家庭裁判所、簡易裁判所の５種類が存在します。このうち家庭裁判所は通常の民事事件を扱わないので（裁31条の３）、民事事件においては、それ以外の４種類の裁判所のうちのどれが第１審の担当裁判所となり、どの種類の裁判所が上訴審の担当裁判所になるかという各種裁判所

図４-１　審級制度

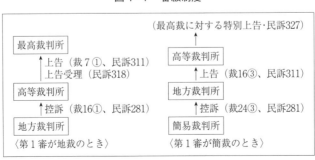

間の権限分配が問題になります（図4-1を参照）。

上訴については、Lesson 29で説明します。

3　事物管轄

> **事例4-1**
>
> 　Xは、観光のために自動車で神戸市内の某所に立ち寄った際、Y運転の自動車がYの過失によりXの自動車に追突し、Xの自動車が全損した。そこで、XはYに対して不法行為に基づく損害賠償を求める訴えを提起した。

　（1）**定　義**　　事物管轄とは、民事訴訟事件の第1審受訴裁判所を地方裁判所と簡易裁判所のいずれに担当させるかという問題を扱うものです。

　（2）**第1審裁判所**　　裁判所法における審級管轄の定めによれば、通常民事事件の第1審は、地方裁判所と簡易裁判所が担当する権限を有します（裁24条1項・33条1項1号）。両者の関係ですが、訴訟の目的の価額が140万円を超えない請求（行政事件訴訟にかかる請求を除く）は、簡易裁判所が第1審裁判所となります（裁33条1項1号）。訴訟の目的の価額が140万円を超えるときは、地方裁判所が管轄します（裁24条1号）。また、訴額が140万円以下であっても不動産に関する訴訟は、地方裁判所が管轄します（裁24条1号）。

　（3）**事例の解決**　　事例では、Xの請求する損害賠償額が140万円を超えるかどうかによって、簡易裁判所と地方裁判所のいずれが事物管轄を有するかが決まります。その上で、どこの土地を管轄する簡易または地方裁判所が実際の管轄を有するかは、次の土地管轄の問題です。

4　土地管轄

> **事例4-2**
>
> 　2の事例と同じで、Xの住所は徳島市、Yの住所は大阪市、事故発生地は神戸市である。この事例の損害額が140万円を超えるとしたとき、第1審となる地方裁判所の土地管轄について説明しなさい。

　（1）**定　義**　　最高裁判所以外の下級裁判所は多数存在することから、あ

る事件について職分管轄（例えば控訴審が高等裁判所であるとき）、事物管轄（例えば第1審が地方裁判所であるとき）を有する裁判所が所在地を異にして複数存在する場合が生じます。そのときに、いずれの裁判所に管轄権を認めるのかという問題を扱うのが、土地管轄です。⁽⁵⁾

（2）　**土地管轄の原則**　　土地管轄の原則ルールを定める民事訴訟法4条1項は、「訴えは、被告の普通裁判籍の所在地を管轄する裁判所の管轄に属する。」としています。この条文がいう裁判籍とは、土地管轄の発生原因となる要素のことであり、普通裁判籍とは、民事訴訟事件について一般的原則的に認められる人的な裁判籍（当事者との関係で認められる裁判籍）をいいます。ここで「普通」とは、事件の具体的な個性を問わずに一般的に認められるという意味です。

　次に、人の普通裁判籍は、①住所（民22条）、②日本国内に住所がないときまたは住所が知れないときは居所（民23条1項）、③日本国内に居所がないときまたは居所が知れないときは最後の住所により、定まります（4条2項）。法人その他の社団・財団の普通裁判籍は、①その主たる事務所または営業所、②事務所または営業所がないときは代表者その他の主たる業務担当者の住所により定まります（4条4項）。⁽⁶⁾

　以上を組み合わせると、土地管轄の原則ルールは、「訴えは、被告の住所を管轄する（地方または簡易）裁判所において提起することができる。」となります。

（3）　**「原告は被告の住所で提訴しなければならない」ことの理由**　　では、なぜこのような考え方が原則とされるのでしょうか。土地管轄は、その事件と密接に関連する地点を管轄する裁判所に認められるべきものです。ここで、事件と土地とを関連付ける要素としては、請求権の性質、契約地、事件の発生地、当事者の住所などいろいろなものが考えられます。しかし、普通裁判籍はすべての民事訴訟事件に共通するルールですから、個別の請求権と関連する要素を基準とすることはできません。また、刑事訴訟（刑訴2条1項参照）とは異なり、事件の発生地に注目しても、すべての事件を規律することはできません。そこで、すべての事件に共通して存在する要素である訴訟当事者に注目して、事件と裁判地との関連性を決定することになります。

次に、いずれの当事者に注目して関連性を決定するべきかという問題が生じます。これについては、次のような考慮から、被告に注目します。すなわち、原告は十分な準備の下に訴えを提起するという積極的な行動をとることができるのだから、裁判地の選択についても優先的な地位を与える必要は原則として認められません。それに対して、被告はその訴えに応訴しなければならないという受動的な立場にあります。(7)そこで、被告の生活上・業務上の本拠地での提訴を原則とすることによって、被告の応訴負担をある程度やわらげる必要があります。また、被告と関係がない地点で訴えが提起できるとするならば、被告の応訴が困難であることを予測した上で理由がない訴えを提起するという濫用的な行動を誘発することにもなりかねません。

　以上から、土地管轄の原則ルールは合理的なものということができます。

（4）　**特別裁判籍**　普通裁判籍（4条）は、訴えにより主張される請求や当事者となる者の属性を問わないのに対して、民事訴訟法5条は、請求や当事者の具体的属性を考慮して、個別の事件と最も密接に関連する土地について土地管轄を認めるための15種類の特別裁判籍を定めています。その事件で特別裁判籍が認められると、原告にとっては、被告の住所地以外での提訴が可能となります。5条が定める特別裁判籍のほとんどは、証拠調べなど審理の便宜や、原告の提訴上の便宜を図ることを目的としています。

（5）　**事例の解決**　事例に対する答えは、次のようになります。

①原則：被告Yの普通裁判籍所在地である大阪市を管轄する大阪地方裁判所

②特別裁判籍1：Xの請求は不法行為に基づく損害賠償請求なので、証拠が集中する不法行為地である神戸市を管轄する神戸地方裁判所（5条9号）

③特別裁判籍2：Xの請求は財産権上の請求でありまた、その義務履行地（弁済場所）は債権者Xの住所地となるから（民484条1項後段）、Xの住所地である徳島市を管轄とする徳島地方裁判所（5条1号）

④Xは、①から③のいずれかの土地管轄を任意で選択することができる。

（6）　**併合請求の裁判籍**

事例4-3

　X（住所＝京都市）はY1（住所＝彦根市）との間で500万円の金銭消費貸

借契約を締結し、Ｙ２（住所＝京都市）が連帯保証人となった。Ｘは、Ｙ１とＹ２を共同被告にして１つの訴えでそれぞれに対する債務の履行請求訴訟を起こしたい。

　ここでＸが求めている訴えは、共同訴訟といいます。→通常共同訴訟（Lesson26‐Ⅱ）

　では、被告２人の住所が異なるときに、Ｘにとってより便利なＹ２の住所を管轄する京都地方裁判所に共同訴訟を起こすことはできるでしょうか。

　土地管轄の原則は、「被告の住所を管轄する裁判所が土地管轄を有する」です。この事例では、各被告の住所が異なりますから、原告Ｘは、Ｙ１とＹ２を別々に訴えなければならないようにみえます（Ｙ１については大津地方裁判所彦根支部）。しかし、貸金債務と連帯保証債務とは相互に密接な関係があるので、１つの訴えで主債務者と保証人を訴えることができたほうが便利ですし、被告らにとってもそれは覚悟しなければならないということもできます。そこで、この場合は、民事訴訟法７条ただし書きおよび38条前段によって、Ｙ２の住所地でＹ１も訴えることができます。

Ⅱ　管轄の合意

事例４‐４
　京都市内のＲ大学３回生のＢが、Ａから借りている部屋の賃貸借契約書を読んでみると、その最後に「この契約に関する一切の紛争は大阪地方裁判所の管轄に属するものとする。」との条項があることを知った。

1　趣　旨

　当事者は第１審裁判所に限っては、合意によって裁判所を定めることができます（11条１項）。これを管轄の合意といいます。管轄の合意は、企業間取引だけではなく、金銭貸借、不動産賃貸借など多くの場面で利用されています。管轄の合意は、多くの場合、原告となる可能性が高い当事者の方が、自分に有利な管轄地を事前に押さえておくために利用されます。また、約款による定めが

通常であることから、消費者保護と関連した論点ともなりますが、民事訴訟法上、特別な規制はされていません⁽⁸⁾。

2　管轄の合意の要件

（1）　**要　件**　　管轄の合意の要件は、11条1・2項によると次のとおりです。なお、提訴前に合意がされるのが通常ですが、提訴後に合意をして当事者から移送の申立てをすることもできます（19条1項参照）。

①第1審裁判所の選択であること（第1審の事物管轄または第1審の土地管轄もしくはその双方を対象とした合意のみが許される）

②一定の法律関係についての合意であること

③書面によること

（2）　**管轄の合意が許されない場合**　　公益的な要請に基づいて裁判所の管轄が定められている場合は、管轄の合意によって、法律が定めるルールを変更することはできません。例えば、職分管轄について、合意によって高等裁判所を第1審裁判所と合意しても無効です。また、事物管轄・土地管轄を法律の規定によって特定の裁判所にのみ認めている場合があります（340条1項、会社835条・848条・856条・857条・862条・867条など）。この場合は、合意によって法律の定めとは異なる裁判所に管轄を生じさせることはできません（13条1項）。

以上のように、法律が定める管轄を合意によって変更することができない場合、そのような管轄を専属管轄といいます。これに対して、合意によって変更することが可能な管轄を任意管轄といいます⁽⁹⁾。

（3）　**事例4-4の解決**　　**事例**では、A・B間での部屋の賃貸借契約書において管轄の合意が行われています。この例では、第1審の事物管轄と土地管轄の双方を合意しています。Bは、「この契約に関する一切の紛争」という表現が「一定の法律関係に基づく訴えに関し」という要件（11条2項）を満たしていないという疑問を持ったかもしれませんが、賃貸借契約上の権利義務に関する紛争という形で限定がされていますから、これで「一定の法律関係に基づく」といってさしつかえありません。よって、Bはこの合意に拘束されます。

3 管轄の合意の効果

事例 4 - 5
　事例 1 の貸主 A は弁護士から、合意の趣旨をはっきりさせるために、「この契約に関する一切の紛争については、大阪地方裁判所を第 1 審の専属的合意管轄裁判所とする。」に今後は改めるべきであるというアドバイスを受けた。

（1）　**専属的合意と付加的合意**　　管轄の合意には、専属的合意と付加的合意の 2 種類があります。専属的合意とは、可能な管轄をすべて排除して合意した裁判所だけに管轄を限定する合意をいいます。付加的合意とは、可能な管轄裁判所のほかに合意した裁判所の管轄も付加的に認める合意のことです。**事例 4 - 5** での弁護士のアドバイスは、専属的合意であることを明確にすべきであるという趣旨です。

（2）　**合意の効果**

　（a）　専属的合意が成立すると、合意した裁判所だけに管轄が認められ、それ以外の法律上可能な管轄は排除されます。したがって、事例 2 では、大阪地方裁判所だけが、A・B 間の賃貸借契約から生じる紛争について事物・土地管轄を有することになります。B が、例えば京都地方裁判所で A を被告として敷金返還を求める訴えを起こすと、この事件は大阪地方裁判所に移送されます（16 条 1 項）。もっとも、事案によっては、大阪での提訴・応訴しか許されないとすることが当事者間のバランスを欠くような場合もありえます。その場合は、大阪で提訴されたとしても、京都地方裁判所へ移送される可能性があります（17 条・20 条 1 項参照）。

　（b）　付加的合意が成立すると、法律上は管轄が認められない裁判所であっても、さらに管轄が認められるという効果が生じます。

III　移　送

1　定　義

　移送とは、審理をするのにより適切な裁判所に事件を移すことをいいます。ある裁判所においていったん係属した事件を別の裁判所に移送すると、その送

付先の裁判所に初めから事件が係属していたものとして扱われます（22条3項）。

2　管轄違いの場合の移送

　裁判所は、訴訟の全部または一部がその管轄に属しないと認めるときは、申立てによりまたは職権で、これを管轄裁判所に移送します（16条1項）。これは、管轄の選択に誤りがあった場合（管轄違い）、改めて訴えを起こしなおさなくて済むという原告の便宜を考慮したものです。例えば、提訴手数料の二重納付をしなくてよい、訴え提起による時効の完成猶予効をそのまま維持できるなどのメリットがあります。

　管轄違いには、次のような場合があります。

①　事物管轄・土地管轄の誤り。例えば、被告の住所を勘違いした、訴額が140万円を超えるにもかかわらず簡易裁判所に提訴したなどが考えられます。

②　職分管轄の誤り。例えば、人事訴訟が家庭裁判所（人訴4条1項）でなく、地方裁判所に誤って提起された場合が考えられます。

③　審級管轄の誤り。例えば、1審を管轄しない高等裁判所や最高裁判所にいきなり訴えが提起された場合が考えられます。

3　裁量移送

　17条は、当事者および尋問を受けるべき証人の住所、使用すべき検証物の所在地その他の事情を考慮して、訴訟の著しい遅滞を避け、または当事者間の衡平を図るため移送することを認めています。これは、原告と被告の具体的事情を考慮して土地管轄ルールを微調整するものです。つまり、原告が選択した裁判所には土地管轄が認められるけれども、その裁判所で事件の審理を行うことは適切でないという場合に、申立てによりまたは職権で、審理を行うに当たりより適切な土地を管轄する裁判所に事件を移送することができるとする規定です（多くの適用例があるが、大阪地決平11・1・14判時1699号99頁を参照）。

　なお、専属的合意管轄が利用された場合でも、この規定によって、より適切な裁判所へ移送することができます（20条1項かっこ書はこのような趣旨の規定です）。

4 管轄ルールの弾力化

> **事例4-6**
> X（大阪市在住）は、Y（京都市在住）に売却した目的物の代金の支払い
> を求める訴えを起こそうとしている。管轄の合意はない。
> (a) 代金は80万円であるが、京都地裁に提訴された。
> (b) 代金は80万円であり、京都簡裁に提訴されたが、関連する事件が京
>   都地裁で提起されているなどの事情があり、むしろ地裁で審理した方
>   が望ましい状況である。
> (c) 代金は80万円であり、Xは大阪簡裁に提訴した。第1回期日前に、
>   Xは大阪地裁での審理を希望して移送の申立てを行い、Yもこれに同
>   意した。
> (d) 代金は80万円であり、Xは大阪簡裁に提訴した。第1回期日前に、
>   Xは京都簡裁での審理を希望して移送の申立てを行い、Yもこれに同
>   意した。

　民事訴訟法は、申立てまたは職権により、事物管轄や土地管轄の規定を弾力
的に運用することを認めています。これを事例に基づいて説明します。
　（1） 簡易裁判所・地方裁判所間の事物管轄の弾力化　　事例4-6(a)で
は、事物管轄の誤りがあるので申立てまたは職権により京都簡易裁判所に移送
しなければならないはずですが、地方裁判所の方がむしろ人的物的にも充実し
ているので、地方裁判所が自庁で審理、裁判をすることを相当と判断したとき
は、自庁で処理することができます（16条2項）。
　事例4-6(b)では、事物管轄の誤りはありませんが、すでに関連する事件が
係属している地方裁判所で審理した方が、充実かつ迅速な解決が得られると判
断できるのであれば、地方裁判所に事件を移送することができます（18条）。
　（2） 当事者の意思を尊重した土地管轄の弾力化　　事例4-6(c)では、事
物管轄について事後的に管轄の合意があったのと同じ形になり、このような当
事者の希望に拘束されると公益に反するという事情もないことから、申立てお
よび同意に基づき、移送を認めなければなりません（必要的移送：19条1項）。
この事例は、簡裁→地裁の移送の例ですが、地裁→簡裁の移送も認められま

す。

　事例4-6(d)では、土地管轄について**事例4-6**(c)と同様に事後的に管轄の合意があったのと同じ形になり、申立ておよび同意に基づき、移送を認めなければなりません（必要的移送：19条1項）。この事例は、A簡裁→B簡裁の移送の例ですが、A地裁→B地裁の移送も認められます。

（1）　管轄と似た概念として「裁判権」がある。これは、日本国憲法が定める司法権（憲76条1項）の作用として民事訴訟事件を処理するために行使される国家権力の作用で、この概念は、例えば、日本の民事裁判権が外国国家に対して及ぶのかといった形で問題となる（対外国民事裁判権法1条以下参照）。裁判権は、裁判所に管轄が認められることの論理的前提ということもできる。

（2）　非財産権上の請求は訴額算定が不可能なので140万円を超えるものとして扱う（8条2項）。訴額の算定が極めて困難な場合も同様である。

（3）　この場合、簡易裁判所の事物管轄は排除されていないので、原告はどちらかを任意に選ぶことができる。なお19条2項参照。

（4）　高等裁判所は8庁、地方裁判所は50の各都道府県庁所在地に各1庁、家庭裁判所は地裁に準じ、簡易裁判所は438庁ある。

（5）　3条の2以下は日本の裁判所の管轄権（国際裁判管轄）を定めている。一般の事件でこの管轄権の有無が問題となることはないが、その事件の具体的な事実関係から見て、事件と日本との関連性が微妙な場合には、日本の裁判所がその事件について管轄権を有するかどうかが問題となる。例えば、外国法人同士の売買契約であっても、売買代金債務の履行地が原告の支社がある日本国内とする約定がある場合は、その事件と日本とは関係があるとされ、日本の裁判所が管轄権を有する（3条の3第1号）。

（6）　事務所とは非営利団体（NPOなど）がその事務を行う場所、営業所とは営利団体（会社など）がその事務を行う場所のことをいう。

（7）　「応訴しなければならない」ことの意味は、Lesson3の二重起訴の禁止の説明を参照。

（8）　業者側に一方的に有利な専属的合意管轄が消費者契約法10条により無効となることがあるとの議論が、裁判例や学説において論じられていることに注意。

（9）　被告が法律上管轄を有しない第1審裁判所において、管轄がないことを主張せずに応訴した場合、応訴の効果としてその裁判所には管轄が生じる（12条）。これを応訴管轄といい、事後的に当該裁判所について管轄の合意をしたのと同じことになる。ただし、専属管轄を排除する形の応訴管轄は認められない（13条1項）。

Lesson 5　当事者 1

I　形式的当事者概念

　民事訴訟の当事者とは、「訴えまたは訴えられることにより、判決の名宛人となるもの」と定義されます（形式的当事者概念）。では、なぜこのような実質的な内容を伴わない定義をしなければならないのでしょうか。言い換えれば、「権利義務が帰属する主体が当事者である」とか「権利を主張する者が原告で、義務の履行を求められる者が被告である」などの内容を盛り込んだ定義をすることが、なぜできないのでしょうか。

　まず、前者の定義によると、審理の結果、権利義務の存在が認められないときには当事者が存在しないことになるという奇妙な結果になってしまいます。また、第三者の権利義務をその権利義務の主体以外が当事者となって訴訟の対象とする第三者の訴訟担当（→Lesson 9 - II）があることを説明できません。後者の定義は、給付の訴えには当てはまりますが、確認の訴えとくに消極的確認の訴えや、形成の訴えには当てはまりません。このため、無内容な定義で満足するしかないのです。

II　当事者権の保障と手続の中断

事例 5 - 1
　　Xは Y に対して150万円の売買代金支払請求の訴えを提起したが、その訴訟係属中に X（または Y）が死亡した。Z が唯一の相続人である。

1　手続の中断・受継
　民事訴訟の係属中に当事者の一方が死亡すると、その訴訟はどうなるでしょうか。民事訴訟は、原告と被告という相対立する当事者が争う形式（二当事者対立構造）をとるので、当事者の一方が欠けたままで訴訟を進めるわけには行きません。また、新しく当事者となるべき相続人は、被相続人が訴訟を行っていたことを知らない可能性があります。そこで、新しい当事者に対して訴訟に

関与して主張、立証する権限を保障するために、訴訟手続の中断・受継という制度が採用されています（124条1項）。

　事例5-1では、当事者Ｘの死亡と相続の開始により、相続人Ｚへの当事者の地位の承継（交代）が当然に生じますが、新しい当事者に対して実際上手続に関与する機会を保障するために、訴訟手続の中断・受継の措置が採られます。すなわち、手続が中断し、Ｚがその手続を受け継がなければなりません⁽¹⁾（124条1項1号）。

　例外として、死亡した前の当事者に訴訟代理人がいるときは、訴訟代理権は消滅せず（58条1項1号）、その審級が終了するまでは（55条2項3号参照）、中断しません（124条2項）。この規律は、事件処理の効率性を優先させるものであり、個人的信頼関係を基礎とする委任契約とは異なる考え方です（民653条1号参照）。これは、訴訟代理権が弁護士制度に対する信頼に基礎付けられていることを示すものであると考えられます。

　民事訴訟法が定める中断・受継が生じる場合をまとめると、次のようになります。

（１）　当事者の地位の交代を伴う中断事由

　当事者の死亡（124条1項1号）、法人の合併による消滅（同2号）、当事者である受託者・信託財産管理者・信託財産法人管理人・信託管理人の任務終了（同4号）、資格当事者の資格喪失（同5号）、選定当事者全員の資格喪失（同6号）、所有者不明土地管理命令が発せられたとき（125条）

（２）　当事者地位の交代を伴わない中断事由

　訴訟能力喪失、法定代理人の死亡または代理権消滅（124条1項3号）

2　訴訟が終了する場合

事例5-2

　国ＹがＸに対する生活保護の支給額を減額する処分をした。Ｘは、これが憲法25条違反だとして処分取消しを求める訴えをＹに対して提起したが、その訴訟係属中に死亡した。Ｚが唯一の相続人である。

　当事者が死亡したが、当事者としての地位を承継する者が存在しない場合

は、二当事者対立構造が維持できないので訴訟は終了し、中断の問題は生じません。また、判例によれば、訴訟物である権利関係が一身専属的であるためにそれを承継する者が存在しない場合には、その訴訟は当然に終了します（最判昭42・5・24民集21巻5号1043頁）。

　事例5-2は、後者の例に当たり、Zが訴訟を受継することはできません。

Ⅲ　当事者の確定

1　問題となる場面

　訴状の当事者欄に記載された当事者が、本当にその訴訟の当事者なのかが疑われる場合があります。事例5-3は、ある者が他の者になりすまして訴訟を追行する場合です（氏名冒用訴訟）。事例5-4は、当事者の一方が訴え提起段階ですでに死亡していたのに当事者として表示されている場合です（死者名義訴訟[(2)]）。これらの場合、実際に訴訟を追行している者と訴状に表示された者のどちらがその訴訟の当事者として確定されるべきなのかという問題が生じます。

　より具体的に何が問題となるのかを述べると、次のようになります。**事例5-3**については、氏名を冒用されたYを被告と確定すると、離婚判決の効果がYに及ぶはずですが、そのように考えていいのかが問題となります。また、**事例5-4**については、死者Yを被告と確定し、死者に対して判決をしてみても無効です。しかし、相続人が訴訟を行っているのだからZを被告と確定して判決の無効を避けるべきではないかということが問題となります。さらに、2

つの事例において、手続の開始直後に、Y本人ではなくZが訴訟に関与していることが判明した場合、裁判所はどのような処置をとるべきかという問題も生じます。

2　考え方

（1）　従来の学説　　当事者の確定のための判断基準をどのような要素に求めるのかについては、次のような学説が主張されてきました。行動説は、当事者として行動した（当事者らしく振舞った）者が当事者だとする見解です。また、原告ないし裁判所の意思で当事者を決めるという意思説もあります。しかし、行動説では、代理人や使者と当事者とを明確に区別することができません。また、意思説に対しては、内心の意思という不確かなものが基準となるのは問題であるとか、原告が原告の意思で決まるのは背理であるし、裁判所が原告を決めるのであれば、訴えなければ裁判なしの原則（→ Lesson 2・Ⅱ）に反するなどの批判があります。その結果、通説は、訴え提起行為を基準にして当事者を確定するべきであり、訴状に住所氏名職業などを用いて当事者として表示された者が当事者であるとする見解をとっています（表示説）。

（2）　判　例　　原告側の氏名冒用訴訟の例で、大審院（大判昭10・10・28民集14巻1785頁）は、原告Xの名をかたったAが自身の行為として訴訟行為をしていれば、Aが当事者だとする一方、AがX名義の委任状を偽造して代理人を選任しているときは、Xに判決の効果が及ぶので再審を請求できると判断しています。前半は行動説、後半は表示説と解釈することができそうです。

　また、Xが死者Aに対して金銭支払いを求める訴えを起こしたところ、未成年のYがAを相続しており、その親権者である亡Aの妻が訴状を受領していた（これは昔の「家」制度下の事件です）という事件で、大審院（大判昭11・3・11民集15巻977頁）は、訴状の当事者の表示がまちがっているだけであるとして、訴訟の効力を維持しています。この判例は、Xの意思はYを被告にするものであると考えたのでしょう。したがって、意思説に近いといわれることがあります。

（3）　新しい学説　　通説は、（2）の判例が表示説を採らないことを激しく批判しました。しかし、ある有力な学者は、判例を読み直してみると、むしろ結論的に妥当ではないか、表示説をそのまま適用すると妥当でない結果にな

るのではないかと考えて、次のような見解を主張しました。つまり、これから
手続を進める場合（訴状、呼出状の送達）にだれを当事者とするかが問題となる
時は、基準が明確な表示説を適用するべきである。しかし、既に進行した手続
を振り返ってだれを当事者だったのかを問う場合（特に、判決の効果がだれに及
ぶかを問う場合）は、だれを当事者とすれば紛争解決に最も適切で、かつ手続
の結果を押しつけても問題がない程度に手続に関与できたかを検討して当事者
を確定すべきであるというわけです。[3]

3　事例の解決

ここでは、通説である表示説ではどうなるかを検討します。

（1）　**事例5-3**　訴状の表示上被冒用者Yが当事者と確定されます。訴
訟の開始段階でなりすましが発覚したときは、当事者でない冒用者Zを手続か
ら排除します。具体的には、訴状をY宛に改めて送達することからやり直すこ
とになります。

Zのなりすましに気付かずに離婚判決まで至った場合、表示説では被冒用者
Yに判決の効果が及ぶといわざるを得ません。これは表示説の欠陥ですが、Y
はいわば適切に代理されずに自分名義の判決を受けている状態なので、再審の
規定（338条1項3号）を類推適用して、確定した判決を取り消すことができま
す。あるいは、この事例では、Yは一切手続に関与できなかったのだから、判
決自体が無効だと考えてもいいかもしれません。

（2）　**事例5-4**　訴訟の開始段階でYの死亡が発覚した場合、表示説で
は死者Yが当事者であるので、訴えは却下されます。この場合は、Xは相続人
を相手にして改めて提訴をし直すしかありません。[4]

Y死亡の事実に気付かなかった場合、どうなるでしょうか。表示説では死者
が当事者であるところ、死者に対する判決は無効です。**事例5-4**では、相続
人Zが実質的に訴訟追行していたのですから、この結論は表示説の欠点といわ
ざるを得ません。もっとも、相続人が訴訟追行をしながら、例えば上告審に
なってはじめて、当事者Yがすでに死亡していたことを主張するのは、信義則
に反すると考えられます（最判昭41・7・14民集20巻6号1173頁）ので、その限度
では表示説を維持することは可能でしょう。

4　訴状の当事者欄の訂正と任意的当事者変更

> **事例5-5**
> 　Xは、「明智小五郎」を被告にして貸金の返還を求める訴えを提起した。しかし、これが彼の使用している5個の仮名の1つであることがわかったので、本名「池田一郎」に訴状の被告欄の記載を訂正することにした。
>
> **事例5-6**
> 　Aは、毎読興産株式会社の経営者である。Bは、Aが自己所有地を占有していると判断し、Aを被告と表示して所有権に基づく土地の返還請求の訴えを起こした。ところが、土地を不法占拠しているのはA個人でなく、毎読興産株式会社であることが判明した。被告を毎読興産に変更するにはどのような手続をとることになるか。

（1）　**議論の分岐点**　　訴訟係属中に訴状の当事者の表示に修正を加えた場合、当事者の同一性が修正の前後で維持されているかどうかによって、扱い方が変わります。すなわち、当事者の同一性が維持されるときは当事者の表示の訂正、同一性が失われるときは、任意的当事者変更となります。

　事例5-5では、被告「明智」と「池田」は同一人格ですから、これは、当事者の表示の訂正です。これが許されることには疑問はなく、裁判所に対して訴状の訂正を申し出れば足ります。これに対して、事例2では被告Aと毎読興産とは別人格ですから、これは、任意的当事者変更となり、その要件と効果を考えなければなりません。

（2）　**任意的当事者変更の要件**　　通説によれば、任意的当事者変更とは、新当事者による訴え、または新当事者を相手とする訴えを改めて起こし、元の手続に併合してもらい、元の訴えを取り下げるものであるとされています。これは、前の訴えを新しい訴えと交換するイメージです。原告側変更の場合は、新旧原告の合意が必要とされ、旧原告が訴えを取り下げるには、被告の同意が必要な場合があります（261条2項）。被告側変更の場合は、前の訴えを取り下げるに当たって前の被告の同意が必要となります。なお、控訴審での当事者変更は、控訴審での新しい訴えの提起となるので、許されません。

（3）　**任意的当事者変更の効果**　　通説は、訴状の補正流用や裁判上の請求による時効の完成猶予の効果の引継ぎを別にすれば、新しい当事者が今まで争われてきたことの結果を引き受けなければならない理由は原則として認められないとします。しかし、それでは、任意的当事者変更という制度を考える意義に乏しいことから、旧当事者の訴訟追行の結果に拘束されると論じる見解も有力です。

　事例5-6のように、旧当事者のAと新当事者の毎読興産とが実質的に同一である（毎読興産はAに代表されて訴訟を行うからです）ときは、従来の訴訟の結果がAに不利だとしてそれに拘束されないと主張することは許されないとする点では、おおむね意見は一致していますが、新旧当事者の関連性が乏しい場合の扱い方については、まだ議論がまとまっていません。

（1）　当事者の死亡に気付かなくても中断の効果は当然に生じ、その間の訴訟行為は原則として無効である（132条1項の反対解釈）。
（2）　この事例では、訴えの提起以前にYが死亡していることに注意。訴えの提起以後の死亡の場合は、2の中断・受継によって対応する。
（3）　この説の適用について述べる。**事例5-4**であれば、Zの手続関与の程度により結論は異なる。Zが何も知らずに敗訴判決を受けた場合は、Zとの関係では判決は無効である。Zが実際に訴訟活動していれば、Zを当事者として判決の効果が及ぶ。前掲大判昭11・3・11は、当事者になるべき側が関与していたことが結論の決め手となったと思われる。**事例5-3**については、Yに対して判決の効力を及ぼすことはできないとの結論となる。前掲大判昭10・10・28の考え方もこれに近い。
（4）　ただし、例えば、訴訟代理人に依頼直後（訴状の送達前）に原告が死亡した場合には、訴状を流用するために手続の中断・受継の規定（124条1項1号）を類推することができる（最判昭51・3・15判時814号114頁参照）。

Lesson 6　当事者2

Ⅰ　当事者能力

1　当事者能力

　当事者能力とは、民事訴訟の当事者となるために必要な一般的資格のことです。民事訴訟法28条は、訴訟当事者が当事者能力を備えているかどうかは、民法を基準にして判断するとしています。これは、民法上、権利能力が認められるかどうかを基準として、当事者能力が認められるかどうかが決まるということを意味します。したがって、自然人（民3条1項）および法人（民34条）は当事者能力を有しています。

　権利能力は、権利義務の主体となることができる資格であり、民事訴訟は私法上の権利義務関係をその対象とするので、権利能力があるものには当事者能力が認められるのは当然です。ところが、次の2については、権利能力がないものに例外的に当事者能力が認められています。

2　権利能力のない社団の当事者能力

事例6-1

　P大学校友会Yは長年の伝統を有する同窓会組織で、代表を定め、独自の事務局を持ち、定期総会を年2回行い、会費を積み立ててさまざまな活動をしている。Yは、ある年度の秋季総会をXホテルで行ったが、会場使用料の支払いがないので、Xは、Yを被告として使用料支払請求の訴えを起こしたい。

（1）　29条の趣旨　　この事例で民事訴訟法29条の適用が認められると、法人でない校友会Yには被告になることができる資格、つまり当事者能力を認めることができます。

　社会には様々な団体（社団、財団）が存在していますが、そのすべてが法人として権利能力（法人格ともいう）を有しているわけではありません。むしろ、

権利能力はないけれども社会的に実在し、活動をしている団体が多く存在しています。このような団体の実在性を訴訟上もはっきりと承認するために、29条が作られたのです。

　この条文がないとすると、権利能力がない社団の財産関係は構成員の総有とされていることから（最判昭39・10・15民集18巻8号1671頁）、構成員全員を当事者とする固有必要的共同訴訟（→Lesson27-Ⅰ-2）となり、相手方だけでなく団体側においても提訴上の困難が大きくなってしまいます。このような困難を避けることが、この条文の目的となっています。

　（2）　要　件　　判例は、29条が適用対象とする権利能力のない社団は、民法上の権利能力がない社団と同じものであると考えています（最判昭42・10・19民集21巻8号2078頁）。そのため、民法の判例（前掲最判昭39・10・15）に準じて、①団体としての組織を備え、②多数決の原理が行われ、③構成員の変更にもかかわらず団体そのものが存続し、④その組織において代表の方法、総会の運営、財産の管理その他団体としての主要な点が確定していることの4点を満たす社団には29条が適用されます。言い換えると、このような基準を満たす団体には29条の制度趣旨が当てはまり、この規定を適用するべき必要性が認められるということになります。

　事例の校友会Yについては、この①から④の要件は満たされると考えられるので、Xは、Yを被告にして訴えを起こすことができます。

　（3）　効　果　　29条の適用が認められると、その社団には当事者能力が認められるので、その社団は、民事訴訟一般について（どのような請求であっても）原告または被告となることができます。(3)

Ⅱ　訴訟能力・法定代理

1　訴訟能力

　訴訟能力とは、自ら単独で訴訟行為を行い、または裁判所や相手方の訴訟行為を受けるのに必要とされる資格です。28条は、訴訟当事者が訴訟能力を備えているかどうかは、民法を基準にして判断するとしています。これは、民法上、行為能力が制限される者は、訴訟能力にも一定の制限がかかるということを意味しています。(4)

行為能力とは、法律行為を単独で有効になしうる資格です。これが制限されるのは、未成年者（民5条）、成年被後見人（民7条）、被保佐人（民11条）、被補助人（民15条）です。これらの者は、その判断能力が不十分であるために、民法の世界では一定の保護を受けますが、訴訟でも同様の保護を与えるために、訴訟能力が制約されるのです。

2　訴訟能力が制限される場合

（1）　未成年者・成年被後見人

事例6-2
　未成年者Xは、Yから購入した商品の引渡しを求める訴えを提起したい。Yは、Xに売却した商品の代金支払を求める訴えを提起したい。どのような手続が必要か。Xが成年被後見人である場合はどうか。

　(a)　未成年者と成年被後見人は、その訴訟能力が全面的に制限されています。つまり、訴訟能力が認められないのです。そのため、未成年者や成年被後見人が訴訟当事者として有効な訴訟行為をするためには、必ず法定代理人（未成年者：親権者（民818条）・後見人（民838条1号）、成年被後見人：後見人（民838条2号）によって代理されなければなりません（31条）。法定代理人がいないか、または代理権を法律上行使できない場合で、未成年者らに対して訴訟行為[(5)]をしようとするものは、特別代理人の選任を申し立てることができます（35条）。

　未成年者や成年被後見人が単独で訴訟行為を行った場合、たとえ法定代理人の同意があっても、その行為は無効です。[(6)]これは、民法上の行為能力に関するルール（民5条・9条参照）とは異なります。その意味で、訴訟当事者である未成年者や成年被後見人は、法律行為の場面以上に保護されています。

　(b)　**事例6-2**で、Xが訴えを提起する場合は、法定代理人に代理されなければなりません。Yが訴えを提起する場合、Xの法定代理人に対して訴状が送達され（99条1項）、法定代理人に代理されることでXは応訴できます。したがって、訴状の当事者欄には、当事者と並んで法定代理人の表示が必要です（134条2項1号）。なお、Xが成年被後見人の場合の扱いは、Xが未成年者であ

る場合と同じです。

（2）　被保佐人・被補助人

事例6-3
　被保佐人Ｘは、Ｙから購入した土地の引渡しを求める訴えを提起したい。Ｙは、Ｘに対して代金支払を求める訴えを提起したい。それぞれ、どのような手続が必要か。Ｘが被補助人である場合はどうか。

　(a)　被保佐人は、その訴訟能力が制限されています。被保佐人が訴えなどの訴訟行為をするには、保佐人による同意が必要です（民13条1項4号。さらに民訴32条2項）。被保佐人が保佐人の同意なしにした訴訟行為は、無効です。法律行為とは異なり（民13条4項）、取消し可能な行為ではありません。

　(b)　**事例6-3**で、Ｙが被保佐人Ｘに対して訴えを起こした場合に、Ｘがこれに応訴するためには保佐人の同意は必要がありません（32条1項）。もし同意が必要だとすると、被告側が原告の提訴を妨害する目的で同意を拒むという不当な事態が生じるからです。

　(c)　被補助人については、裁判所が補助開始の審判とともに訴訟行為を同意必要事項と定める旨の審判をした場合に限り（民15条1項・3項、17条1項ただし書き、13条1項4号）、訴訟能力の制限が生じます。よって、この審判があった時に限り、被保佐人についての説明(a)・(b)が当てはまることになります（32条1項かっこ書きを参照）。

　(d)　訴訟行為に関する代理権付与の審判があった場合（民876条の4第1項・876条の9第1項）の保佐人および補助人は、訴訟行為について法定代理権を有します（124条5項参照）。

（3）　訴訟行為の追認

訴訟の途中で当事者について訴訟能力が欠けることが明らかとなった場合、従来の訴訟の結果をできるだけ維持することが望ましいので、権限がある者によって追認することができます（34条2項）。追認には遡及効があり、今までの訴訟行為を一括して追認しなければなりません。つまり、自己に都合がよい訴訟行為だけを追認することはできません。

　このように、訴訟能力がない者の訴訟行為は追認可能なので、訴訟能力がない者が当事者となっているからといって、裁判所はただちに訴訟をやめさせる

のではなく、一定期間内の補正を命じます（34条1項）。ここで補正とは、過去の訴訟行為を追認し、将来の訴訟行為が有効にできるための措置（保佐人の同意を得る、法定代理人を関与させる、特別代理人を選任するなど）を意味しています。

Ⅲ　訴訟代理

1　訴訟委任による訴訟代理

　日本法では、民事訴訟の当事者には必ず訴訟代理人が付かなければならないというルール（弁護士強制主義）になっていません。したがって、訴訟代理人を選任するかどうかは、訴訟当事者の任意の判断に委ねられています。訴訟代理人が付かない訴訟を本人訴訟といいます。

　民事訴訟で訴訟代理人を選任する場合は、弁護士を選ぶことが要求されています（弁護士代理の原則、54条1項本文）。弁護士は、法律の知識があることがその資格要件となっているだけでなく、弁護士会の監督に服し、不正行為等があったときは、弁護士会の懲戒を受けることになっています。したがって、依頼者の利益を守る仕組みが制度として確立しているからです。

　弁護士代理の原則の例外として、次のようなものが認められています。

①　簡易裁判所については、弁護士でない者も裁判所の許可を得て代理人となることができる（許可代理：54条1項ただし書）。

②　法務大臣から簡裁訴訟代理関係業務の認定を受けた司法書士は、簡裁事件の代理人になれる（司法書士法3条2項）。

③　弁理士は、特許法178条1項などに定める訴訟について訴訟代理人となれる（弁理士法6条）。また、いわゆる特定侵害訴訟においては、特定侵害訴訟代理業務試験に合格し、所定の付記を受けたことを要件として訴訟代理権を有する（弁理士法6条の2）。

④　法令による訴訟代理人は、弁護士の資格を必要としない。．

　弁護士と当事者との間で行われる契約を訴訟委任契約といいます。これは、委任契約（民643条以下）のひとつであり、委任契約によって訴訟代理権が付与されます。この訴訟代理権には、次のような特徴があります。

①　訴訟代理権は、特定の事件についての包括的なものである（55条1項）。

② ある審級かぎりの代理であることが原則である（審級代理の原則：55条2項3号参照）。

③ 上訴などの重大な行為をするには、別に授権が必要である（55条2項各号）。

④ 権限事項を制限してもそれは内部的な意味しかなく、裁判所や相手方に対して権限事項の制限を主張することはできない（55条3項）。

⑤ 委任者である本人の死亡によっても消滅しない（58条）。

2　法令による訴訟代理人

　法令による訴訟代理人は、法令により裁判上の行為をすることができる代理人（54条1項）のことです。つまり、弁護士ではないが、ある地位に就任すると法律の規定によって、訴訟代理権が認められる場合をいいます。商法上の支配人は支配人に選任されると、その営業に関して訴訟代理権を認められます（商21条1項）。例えば、貸金業者による訴訟で支配人として商業登記されているものが法令上の訴訟代理人となる場合がこれに該当します。また、国を当事者とする訴訟では法務大臣が国を代表します（国に利害の関係のある訴訟についての法務大臣の権限に関する法律1条）が、その代理人となる国の指定代理人も法令による訴訟代理人です（同法2条）。

　法令による訴訟代理人については、本人が、その代理人となる者を支配人などの一定の地位に就任させないかぎり、訴訟代理権が生じません。このことは、訴訟委任による訴訟代理人と同じですが、訴訟代理権の根拠が本人の意思ではなく法令に求められる点で異なります。また、法令による訴訟代理人は弁護士に限られないことも、訴訟委任による訴訟代理人とは異なります。

3　補佐人

　補佐人とは、裁判所の許可を得て、当事者または訴訟代理人とともに期日に出頭し、これらの者の陳述を補足し、補助する者をいいます（60条）。専門的知識の補足（弁理士、税理士など）が必要となる場合などに利用されますが、当事者の言語、聴覚に障がいがある場合などの補助目的で利用されることもあります。

補佐人は、単独で訴訟上の行為をすることはできませんが、当事者や訴訟代理人ともに出頭したときは、独自の判断で行動することができます（60条3項参照）。

（1）　国および地方公共団体も当事者能力がある（民訴4条6項、地自2条1項参照）。行政庁は行政訴訟に限って当事者能力が認められる（行訴11条2項、38条）。

（2）　社団とは一定の目的のために結合した人の集合体、財団とは一定の目的のために結合された一団の財産のことをいう。29条はこの両者を規律の対象とするが、本書では社団のみを対象として説明する。

（3）　「権利能力はないが、当事者能力はある」という状態を論理的に説明することは難しい。学説は、その訴訟事件を解決する限りでは社団に権利能力が認められるのと同じ扱いをするのが29条の趣旨だとする。しかし、判例は、このような考え方を認めていない。

（4）　意思能力がない当事者の訴訟行為は無効であるが（民3条の2参照）、意思能力の有無は個別の当事者ごとに判断される。

（5）　例えば、親権者・後見人と未成年者本人との間の取引は、利益相反行為になるので、代理権を行使することができない（民826条・860条）。

（6）　なぜ取消しが可能という考え方が採られないのかというと、民事訴訟は当事者および裁判所のする多数の訴訟行為の積み重ねによって成立するので、ある訴訟行為がいったん成立しても後に取り消すことができるとすると、訴訟手続の安定性が害されるからである。

Lesson 7　訴訟物・訴訟上の請求

I　訴訟物概念

1　定　義
　訴訟物とは、請求の趣旨および原因によって特定された裁判所の審判対象である権利関係の主張をいいます。訴訟物の「物」とは「対象・客体」のことを意味します。したがって、訴訟物とは、「訴訟の対象・審判の対象」を意味します。また、訴訟物と同じ意味で、「訴訟上の請求」の語も用いられます。

　民事訴訟法の条文上、訴訟物という語は用いられていませんが、随所で、別な語によって表現されています。例えば、8条1項の「訴訟の目的」、41条1項の「訴訟の目的である権利」、7条・134条2項・136条・143条から146条の「請求」の語は、訴訟物のことを意味しています。

2　訴訟物概念の役割
　例えば、「ＸＹ間で起こっている紛争について相当な判決を求める」というような訴えは、訴訟物が特定されていないので、不適法として却下されます[(1)]。というのも、裁判所に提起された訴訟の対象が不確定なままでは、裁判所は訴訟を進めることができず、相手方も適切に応答することができないからです。つまり、訴訟物には、訴訟の開始段階で、何がその訴訟の審判対象＝最終目標であるのかを明示するという機能があります。

　さらに、訴訟物は、裁判所が判決をすることができる範囲を指示する（246条→Lesson20-Ⅳ）ほか、既判力の対象を決定する（114条1項→Lesson21-Ⅱ）などの重要な役割を有しています。以上から、訴訟物は訴訟において必要不可欠な概念であるということができます。

3　訴えの定義と訴訟物
　訴えは、原告が裁判所に対して被告との関係における一定の権利主張を提示し、その当否についての審理および判決を求める要式の申立てであると定義さ

れています（→Lesson2-I-1）。この定義のうち、原告の被告に対する権利主張が、訴訟物または訴訟上の請求を意味しています。したがって、訴えは、原告が特定した訴訟物について（一定の内容、形式の）判決を求める申立てであると言い換えることもできます。

Ⅱ　給付訴訟の訴訟物

事例7-1
　Xは、胃の不調を訴えてY病院（個人経営）を受診した。内視鏡検査では異常がないと診断された。しかし、実際には最初の検査で発見可能な胃潰瘍があり、発見が遅れて症状が悪化したので、別な病院で入院、治療しなければならなくなった。そこで、XはYの医療ミスを主張して、支出した医療費等5000万円の損害賠償を求める訴えを起こした。

1　請求権競合

（1）　考えられうる法的根拠　　この事例では、Xが訴えによって主張できる実体法（民法）上の請求権は、2つ考えられます。それは、①債務不履行に基づく損害賠償請求権（民415条1項）、②不法行為に基づく損害賠償請求権（民709条）です。①は、Yの医療ミスによる損害を診療契約上の債務がその本旨に従って履行されなかったことの結果生じた損害として構成するものです。②は、Yの医療ミスによる損害をYの過失による違法な侵害行為の結果生じた損害として構成するものです。

　この事例で2つの請求権を想定することができるということは、1つの事実関係（Y病院の患者Xに対する特定の医療上の事故があったこと）にもかかわらず、それに対して適用可能な民法上のルールを複数想定することができるということを意味しています。

（2）　請求権競合説　　①と②の請求権の関係ですが、民法の伝統的な学説と判例によれば、2つの請求権は、それぞれの要件が充足する限り、互いに無関係に成立し、併存するといわれています（請求権競合説）。例えば、①が成立する場合は②の成立が排除される（法条競合説）とか、いずれか一方が他方の

請求権に吸収されるなどとは考えられていません。[(2)]

2　請求権競合があるときの訴訟物

（1）　**議論の概要**　　民事訴訟法でも、民法上の請求権競合説と同様に考えることになるのでしょうか。すなわち、1つの事実関係から競合して生じる民法上の請求権の数に対応して、複数の訴訟物（訴訟上の請求）が認められることになるのでしょうか。この問題については、民法で請求権競合が認められる場合には、民事訴訟法でも複数の訴訟物を認める考え方である旧訴訟物理論（実体法的訴訟物理論）と、1つの訴訟物しか認めない考え方である新訴訟物理論（訴訟法的訴訟物理論）とが対立しています（→Ⅳ）。

（2）　**旧訴訟物理論**　　旧訴訟物理論は、実体法（民法）上の請求権の主張が訴訟物であると定義します。したがって、事例のように請求権が競合する場合は、債務不履行に基づく損害賠償請求権と不法行為に基づく損害賠償請求権の2つを、それぞれ別個独立の訴訟物とすることができます。この学説は、民法の世界で、同じ目的のために複数のルートが認められているならば、民事訴訟法の世界でも、複数の訴訟上の請求（訴訟物）があるものとして扱うわけです。

（3）　**新訴訟物理論**　　新訴訟物理論は、給付を求める法的地位の主張、または、全実体法秩序により1回の給付を受けられる地位（受給権）が訴訟物であると定義します。この説によると、事例のように請求権が競合する場合は、債務不履行に基づく損害賠償請求権と不法行為に基づく損害賠償請求権の2つをそれぞれ別個独立の訴訟物とすることはできません。なぜならば、この場合、1つの事実関係から生じた人身損害を二重に賠償してもらうことはできないので、この事実関係に基づく給付を求める法的地位は1つしかありえないからです。この学説によれば、実体法が目的とする給付が1回限りのものであれば、実体法の世界では請求権が競合する場合でも、民事訴訟法の世界では訴訟物は1つしかないものとして扱われます。**事例7-1**の訴訟物は、「原告が被告に対して5000万円の給付を求める法的地位」（の主張）と定義されます。

3　請求権競合がないときの訴訟物

（1）　**1個の売買契約による代金支払請求権**　　請求権が競合しない場合、

例えば、原告が被告に対して1個の売買契約に基づく売買代金150万円の支払いを求める訴えを提起した場合にように、同じ事実関係から他に競合する民法上の請求権が生じ得ないときの訴訟物は、どのようになるかを確認しておきます。

旧訴訟物理論では、その訴訟で問題となる民法上の請求権それ自体を給付の訴えの訴訟物とするので、「売買契約に基づく売買代金支払請求権」（の主張）が訴訟物となります。

新訴訟物理論は、訴訟物と実体法上の請求権とを切り離して定義するので、この場合の訴訟物は、「原告が被告に対して150万円の給付を求める法的地位」（の主張）となります。

（2）　**複数の売買契約による代金支払請求権**　同じ原告・被告間で複数の売買契約が行われた場合は、どうなるでしょうか。このような場合、新訴訟物理論でも、各売買契約による請求権ごとに訴訟物が異なり、訴訟物は、訴状の請求の原因に記載された事実関係（当事者間での各売買契約締結の事実）を参照することによって特定されます。旧訴訟物理論でも、請求の原因によって訴訟物が特定されます。したがって、この場合は、訴訟物を実体法と結び付けて表現するかどうかという点で異なりますが、異なる請求の原因によって複数の異なった訴訟物が特定されるということでは、2つの学説には違いがありません。

Ⅲ　確認訴訟・形成訴訟の訴訟物

1　確認訴訟の訴訟物

確認訴訟の訴訟物は、原告によって主張されている特定の権利・法律関係です。例えば、ある土地の利用権確認の訴えの場合、その根拠として地上権（民265条）と賃借権（民601条）の2つが考えられますが、訴訟物としては「利用権」としてこれらをまとめることはできず、「地上権の確認」または「賃借権の確認」として別々に訴訟物を考えます。

しかし、ある土地の所有権確認を求めるという場合は、相続・売買などの所有権取得原因により異なった内容の所有権が発生することはないので、所有権取得原因ごとに別々な訴訟物へと細分化されることはありません。したがって、売買による所有権確認で敗訴した原告が相続による所有権確認の訴えを提起すると、同じ訴訟物についての再訴として既判力が作用します（最判平9・

3・14判時1600号89頁参照）。

2　形成訴訟の訴訟物

　形成訴訟の訴訟物については、給付訴訟の訴訟物と同じように考えます。つまり、新訴訟物理論では形成を求める地位が訴訟物となり、同じ当事者間で同時に複数回の同じ目的をもつ形成を求めることができなければ、訴訟物は１個です。旧訴訟物理論では、１つの法律関係の形成について形成原因が複数あれば、訴訟物は複数とみなされます。

　例えば、離婚訴訟では、旧訴訟物理論によれば、民法770条１項が定める離婚原因ごとに訴訟物が異なります。新訴訟物理論では、同時に複数回の離婚を行うことはできないので、訴訟物は１個です。ただし、人事訴訟法25条１項により、１つの離婚原因で敗訴した当事者が他の離婚原因により再訴することは禁止されるので、当事者は１回の離婚訴訟ですべての離婚原因を争うことが強制されます。したがって、２つの説の対立は大きな違いを生じないと思われます。なお、離婚原因についていわゆる破綻主義を徹底化して、「婚姻を継続し難い重大な事由があるとき」に一本化してしまえば、どのような訴訟物理論からも訴訟物は１個となります。

Ⅳ　訴訟物論争

1　訴訟物論争とは

　Ⅱ-2で説明したように、給付訴訟の訴訟物をどのように考えるのかという問題については、２つの異なった学説が対立しています（形成訴訟も同様である。Ⅲ-2）。この議論の対立を訴訟物論争といいます。

　この議論は、２の事例について、以下の４つの問題で相反する結論を導きます。

　問題１：既判力が後の訴えに及ぶか（114条１項：「主文に包含するもの」か）

　Xは債務不履行にのみ基づいて訴えを提起したが、請求棄却判決がなされ、この判決が確定した。その後、Xは不法行為を理由にして同じ訴えを提起した。この訴えはどのように扱われるか。

　問題２：訴えの併合か（136条：「数個の請求」か）

　Xは１つの訴えの中で同時に、債務不履行と不法行為を理由として主張し

図7-1　訴訟物論争

	旧訴訟物理論	新訴訟物理論
問題1	既判力は及ばない	既判力は及ぶ
問題2	訴えの併合になる	訴えの併合にならない
問題3	二重起訴禁止に反しない	二重起訴禁止に反する
問題4	訴えの変更になる	訴えの変更にならない

た。これは訴えの併合として扱われるか。また、訴えの併合になる場合、二重の給付判決は可能か。

問題3：後の訴えは二重訴訟の禁止に反するか（142条：同じ「事件」についての訴えか）

Xは債務不履行にのみ基づいて訴えを提起したが、この訴訟と同時並行的に、Xは不法行為を理由にして同じ訴えを別の裁判所に提起した。この後の訴えはどのように扱われるか。

問題4：訴えの変更か（143条：「請求」の変更か）

Xは初め、債務不履行にのみ基づいて訴えを提起したが、この訴訟の係属中に、請求の理由付けを不法行為に変更した。これは訴えの変更として扱われるか。

2　各説の適用結果

（1）　既判力の範囲（問題1）　　旧訴訟物理論では、債務不履行による損害賠償請求権を訴訟物とする請求を棄却する判決の既判力は、不法行為に基づく損害賠償請求権という別の訴訟物には及びません（→Lesson 21-Ⅱ）。したがって、Xは請求権が成立することをあらためて主張、立証することができ、理論上は勝訴する可能性があります。最近の旧訴訟物理論は、この問題を避けるために、実質的に同じ訴訟を蒸し返すことは信義則に反すると論じています（→Lesson 23-Ⅳ）。これに対して、新訴訟物理論では、訴訟物の範囲によって決まる既判力の範囲が個別の請求権ごとに区切られることはないので、不法行為による訴えは、既判力の作用により棄却されます。

（2）　訴えの併合（問題2）　　問題2で、いずれの請求権も認められると判断された場合、新訴訟物理論では、訴えは併合されておらず訴訟物は1個ですから、1つの給付判決のみが行われます。旧訴訟物理論によれば、訴えの併合があり、併合された2つの請求権についていずれも認容しなければならず、二重の給付判決をすることになるはずです。しかし、選択的併合があるとし

て、1つの給付判決のみを行う工夫がされています（→ Lesson 25 - Ⅱ - 5）。

（3）**二重起訴の禁止（問題3）**　二重起訴の禁止については、旧訴訟物理論を採ると、事例で、債務不履行による訴えと不法行為による訴えとを別々に係属させても二重起訴にはなりません。新訴訟物理論では、後の訴えは二重起訴の禁止に反します。

（4）**訴えの変更（問題4）**　旧訴訟物理論を採ると、事例で、債務不履行から不法行為に請求の根拠を変更するためには、訴えの変更の手続を経る必要があります（→ Lesson 25 - Ⅲ - 1（2））。新訴訟物理論では、請求を理由付ける原因が変更されただけで訴訟物の変更はないので、訴えの変更の手続をとる必要はありません（訴状の請求原因欄の補充訂正となる）。

3　まとめ

旧訴訟物理論は、給付訴訟のテーマは原告が主張する特定の民法上の請求権の存否であるということを、そのまま単純に訴訟に投影して訴訟物を決める発想です。これは、訴訟物を考えるに当たり、どのような権利義務関係をどのようにして行使するのかは原告の自由であるという思想に基づくものです。

これに対して、新訴訟物理論は、1つの訴訟による紛争解決のサイズを大きく把握することで、訴訟の機能を高めるべきであるという考え方です。その背後には、訴訟の社会性（司法資源の浪費防止）や、原告と被告の立場の実質的な公平性という観点があります。要するに、訴えを起こす原告は最大限の努力をすべきであり、目的が一つならそのための理由をすべて考えて訴訟をするべきであるということが求められています。

以上のように、2つの考え方は、大きく異なった思想に立脚しているため、なおこの論争は終結していません。

（1）　簡易裁判所では、訴訟物を特定する請求の原因に代えて紛争の要点を訴状に記載すれば訴状としては適法だとされる（272条）。ただし、訴訟物を特定する事実の陳述が最終的にできなければ、訴訟物は特定できず、本案判決をすることはできない。

（2）　両者には、要件・効果の点で違いがあるとされてきた。しかし、2017年の民法改正では、不法行為の短期消滅時効や相殺禁止といった効果上の重要な違いが解消された。要件上は、不法行為は債務者の過失を要件とする（請求原因になる）一方で、債務不履行はこれを要件としないという違いが残されている。

Lesson 8　訴訟要件1

Ⅰ　訴訟要件

1　定　義

訴訟要件とは、訴えについて本案判決（請求認容または棄却判決）をするために具備しなければならない要件のことをいいます。

訴訟要件は訴訟の成立要件ではないので、訴えについて客観的にはなんらかの訴訟要件が欠けている状態であったとしても、訴えの提起があったことによって訴訟手続は成立し、訴訟要件の存否は、その成立した手続内部で調査されます。調査の結果、裁判所に提起された訴えが訴訟要件を1つでも欠くときは、裁判所は、その訴えを不適法として却下する判決（訴え却下判決。本案判決に対して訴訟判決という）をします。この判決は終局判決（243条1項）であり、当該手続はそれによって完結します。

訴訟要件は、その訴えが本案判決を受ける資格があるかどうかを判定するための事項（訴えの適法性の問題）であり、本案の審理対象である訴訟上の請求・訴訟物の当否の問題とは、理論的に区別されます。なお、この2つの問題の審理順序については、後（3（1））で説明します。

2　種　類

訴訟要件は、訴えの適法性に係る事項であることから、訴えの定義を踏まえて、裁判所またはその権限に関する訴訟要件、当事者に関する訴訟要件、訴えまたは請求に関する訴訟要件の3種類に分類することができます。

（1）　裁判所またはその権限に関する訴訟要件

①　事件が法律上の争訟（裁3条1項）に当たり、憲法76条1項が定める司法権の範囲に属すること

②　当事者が日本の民事裁判権に服すること（対外国民事裁判権法5条以下）

③　事件につき日本の裁判所の管轄権（国際裁判管轄）があること（3条の2以下）

④ 受訴裁判所がその事件につき管轄を有すること（裁24条・33条など、民訴4条以下）

（2）　当事者に関する訴訟要件

① 当事者が実在し、かつ当事者能力を有すること（28条・29条）

② 当事者がその請求につき当事者適格を有すること

③ 原告において訴訟費用の担保提供の必要がないこと、または担保を提供したこと（75条・78条）

（3）　訴えまたは請求に関する訴訟要件

① 訴えにつき訴訟係属が成立していること（訴え提起の適式性と訴状送達の有効性の双方が具備していること）

② その請求につき訴えの利益があること

③ 二重起訴の禁止（142条）、再訴禁止（262条2項）、別訴禁止（人訴25条）のように法律上その訴えが禁止されていないこと

④ 仲裁合意（仲裁14条1項本文）や不起訴の合意など当事者間でその訴えを禁止する合意がされていないこと

⑤ 併合の訴えまたは訴訟内の訴えなどについて必要な特別要件が具備していること（38条・136条・143条・145条・146条など）

（4）　訴訟要件かどうかについて争いがある事項

　訴訟能力（→ Lesson6-Ⅱ）および代理権（→ Lesson6-Ⅲ）の存在が訴訟要件に属するのかどうかは議論があり、通説は、この2つは訴訟要件ではなく、個別の訴訟行為についての有効要件にすぎないと考えています[2]。

3　訴訟要件の調査

事例8-1
　XはYに対して土地所有権確認の訴えを提起した。Xは、所有権の存否について当事者間で争いが生じていること（＝訴えの利益としての確認の利益があること）を特に陳述しておらず、Yも争いがあるかどうかについて陳述していない。そのため、確認の利益の存否がはっきりしない。

（1）　審理の順序　　事例で、裁判所は、確認の利益の存否について調査を

遂げたうえでないと、所有権の存否を審理できないのでしょうか。

　訴訟要件は、訴えの適法性にかかわる要件ですから、まず訴訟要件の具備を調査、確認した上で、本案（訴訟物・請求の成否）の審理に入ることになりそうです。しかし、現在の訴訟制度は、訴えの適法性にかかわる訴訟要件の審理段階と請求の成否にかかわる本案の審理段階とを区別しない仕組みを採用しています。そのために、本案審理に先立って訴訟要件の具備が審理されなければならないわけではなく、訴訟要件と本案の審理は同時並行的に行われます。したがって、事例においては、確認の利益があることを確定した上で、所有権の存否を審理するわけではありません。そのため、本案の審理過程で、確認の利益が欠けることが判明するということがありえます。その場合、それまで行われた本案の審理は無駄になりますが、許されない審理を行ったと評価されるわけではありません。

（2）　職権調査事項・抗弁事項

　(a)　訴訟要件の大部分は、職権調査事項とされています。職権調査事項とは、当事者からの申立てを待つことなく裁判所が自発的にその有無を調査すべきものをいいます。

　事例において、当事者がその訴えについて確認の利益の存否について主張していなくても、その点に疑問を抱いた裁判所は、職権によってこの問題を取り上げて、調査を遂げなければなりません。訴訟要件のほとんどが職権調査事項とされるのは、訴訟要件の存在が本案判決による紛争の強制的解決の前提になるという意味で、公益にかかわると考えられているからです。

　(b)　これに対して、被告からの申立てがない限り、その存否を問題とする必要がないものを抗弁事項といいます。抗弁事項である訴訟要件には、仲裁契約の存在（仲裁14条1項）や不起訴の合意、訴訟費用の担保の不提供（75条1項）があります。ここで抗弁という語が用いられるのは、調査を開始するには被告の申立てを要するという趣旨を表現するためです。訴訟費用の担保は日本国内に住所がない原告が訴訟費用の支払いをせずに負け逃げすることを防止する制度なので、それによって守られるべき被告が担保の提供をせよと申し立てたときに限り、その必要性を調査すれば足りると考えられています。仲裁契約や不起訴の合意は、国家の裁判所を利用しないという当事者間での特別な合意であ

り、その存在が被告側から主張された場合に限り、その効力を調査すれば足りると考えられています。

（3）**判断資料の収集方法**　職権調査事項である訴訟要件の存否の判断は、公益性の観点から、裁判所が進んで行うべきものですが、その判断のために必要な資料（訴訟要件の存否に関する事実と証拠）の収集も裁判所の職権によって行わなければならない（職権探知主義という）のでしょうか。公益性といっても、例えば民事裁判権の存在（裁判権行使の前提）と、**事例8-1**で問題となる確認の利益（請求に対する本案判決の必要性）の間には、かなりの差があります。このために、ある訴訟要件の存否を判断するための資料の収集を当事者の責任に委ねることができる場合がある（弁論主義）といわれています。

通説によれば、民事裁判権、専属管轄、当事者能力、訴訟能力、訴訟係属の成立などの判断資料については、職権探知主義が適用されます。これに対して、任意管轄（ただし3条の11・14条）、対世効がない場合の当事者適格、訴えの利益は、その判断のために必要な資料は当事者の主張した事実や証拠に限られ、そのような事実や証拠だけに基づいた判断が行われるべきであると考えられています。

事例は後者に該当しますので、確認の利益の存在を基礎付ける当事者間での争いの経緯にかかわる事実関係は、当事者が主張、立証するべきことがらになります。

Ⅱ　訴えの利益

1　定　義

訴えによって立てられた請求について本案判決をすることの必要性、実効性が認められる場合、その訴えには訴えの利益があるといいます。すなわち、その訴えに対して本案判決をする必要性があり、かつ本案判決をすれば当事者間の紛争が実効的に解決すると認められなければ、その訴えは訴訟要件としての訴えの利益を欠くものとして、却下判決を受けるのです。

訴えの利益の具体的な内容や判断方法は、現在給付の訴え、将来給付の訴え、確認の訴え、形成の訴えのそれぞれで違いがあります。

2　現在給付の訴え

> **事例 8-3**
> 　Xは、弁済期が到来しているYに対する貸金の返還を求めるために、Yに対して貸金返還請求の訴えを提起した。
>
> **事例 8-4**
> 　XはYに対する貸金返還請求の訴えを提起し、請求認容判決を得た。ところが、この判決が確定した後にふたたび同じ訴えを提起した。

　事例 8-3・8-4 は、現在給付の訴えです。現在給付の訴えは、すでに弁済期の到来している給付請求権を主張する場合であるため、訴えの利益が認められるのが当然であり、それが否定されるのは特別な例外であるといわれています。すでに弁済期の到来している給付請求権は即時に実現されるべきものなので、それについて本案判決をする必要性は当然認められます。また、その請求権に関する当事者間の紛争は、本案判決をすれば実効的に解決するので、その定義上、訴えの利益が認められることは明らかです。あるいは、請求権の本質からいって、給付請求権には裁判によりその履行を求められる権能が含まれており、給付の訴えはその権能の行使であるから、それが否定されることは原則としてありえないという説明も可能です。なお、被告が弁済を約束していても、それによって本案判決をする必要性が失われることはありません（ただし62条）。

　以上から、**事例 8-3** では訴えの利益は当然に認められます。⁽³⁾

　問題は、**事例 8-4** です。この場合、通説によれば、すでにXは執行力がある債務名義を得ているのだから、もう1回訴える利益がない（権利保護の必要がない）とされます。これは、現在給付の訴えの利益が否定される例外的な場合です。なお、Xが、時効の完成間際に完成猶予の目的で提訴した場合は、訴えの利益が認められます。ただし、この場合は、給付の訴えではなく、請求権の存在確認の訴えのみを許すべきでしょう（→ Lesson 21 - Ⅱ-2（3））。

3　将来給付の訴え

（1）　将来給付の訴えとその訴えの利益

未だ弁済期が到来していない給付請求権を訴訟物とする将来給付の訴えは、

あらかじめその請求をする必要があるならば、適法であるとされています（135条）。将来給付の訴えを利用することによって、債権者は、停止条件の成就前や弁済期の到来前に、確定給付判決という債務名義（民執22条1号）を得ることができ、その後に停止条件の成就等により執行が可能な状態になれば、そのことを証明して債務名義に対する執行文を得られ（民執27条1項・30条1項参照）、それによって強制執行を申し立てることができます（民執25条）。したがって、将来給付の訴えは、あらかじめ債務名義を得ることを目的とするものであり、債権者の便宜のための制度ということができます。それだけに、訴えの適法性を基礎付ける要件については、多くの問題が含まれています。

（2）「あらかじめその請求をする必要がある場合」とは

次の3つの類型については、135条が言う「あらかじめその請求をする必要」があるとされ、将来給付の訴えの利益があるとされています。

（a）弁済期到来時における即時給付が特に必要なもの　例えば、履行期が到来していない定期行為（民542条1項4号参照）の履行請求権は、後日到来する履行期限に給付しなければ本旨弁済になりえないので、履行期到来前であっても、あらかじめ将来給付の訴えを提起することが許されます。また、生活費や扶養料の請求権は、履行期限において即時に給付されないと生活保障にならないので、口頭弁論終結以降に履行期が到来する部分についても、あらかじめ将来給付の訴えを提起することができます。

（b）将来の履行が期待できない場合　元本請求に附帯して請求される遅延損害金請求権、土地の明渡請求に附帯して請求される明渡日までの地代相当額の損害賠償請求権が訴訟物になる場合は、現在履行期にある部分について不履行状態である以上は、将来履行期が到来する部分も任意に履行される可能性が低いと考えられるので、将来の請求権の部分についても、あらかじめ訴えを起こす利益があるとされています。

また、停止条件ないし期限付き債権は、条件未成就、期限未到来であっても、将来給付の訴えの対象とすることができます。ただし、将来期限が到来し、あるいは停止条件が成就した時点における被告による任意履行が期待し得ないということが、現段階ではっきりしていることが必要です。[4]

（c）代償請求　特定動産の引渡請求に、将来の執行不能を考慮して損害

賠償（填補賠償）請求を併合提起すること（→ Lesson 25 - Ⅱ - 1）が判例上認められています（最判昭30・1・21民集9巻1号22頁）。この場合の損害賠償請求は、口頭弁論終結以降に例えば目的物が滅失することを予想した上での将来給付の訴えとして、訴えの利益があるとされています。

（3）　将来給付の訴えの請求適格

事例 8 - 5
　ＹはＸの所有する土地を不法占有している。そこで、ＸはＹに対して、所有権にもとづく土地の明渡しを請求する訴えを提起し、この訴えに、 a）不法占有開始時点から口頭弁論終結時までの間の賃料相当額の損害賠償と、 b）口頭弁論終結以降土地明渡しをするまでの間の賃料相当額の損害賠償を求める訴えを併合提起した。

　　(a)　将来の損害賠償請求訴訟における主張・立証　　この事例で、aとbはいずれも土地所有権侵害を理由とする不法行為に基づく損害賠償請求権を訴訟物とする給付の訴えですが、aは現在給付の訴え、bは将来給付の訴えです。このうち、bのように将来に向けて継続的に生じる土地所有権侵害による損害賠償を、今の時点で、あらかじめ一括して請求することができるとするならば、Ｘにとっては、大きな利益になります。なぜなら、継続的な不法占有によって損害が発生するごとに、現在給付の訴えとしての損害賠償請求の訴えを起こし続け、同様な請求原因を主張、立証するという面倒な作業から解放されるからです。

　これに対してＹは、bの訴えで、将来のどこかの時点で土地の明渡しをする予定があり、そのことで賠償義務が消滅することを主張、立証して棄却判決をしてもらうことはできません。そもそも、Ｙが主張どおりの時点で明渡義務を履行する保証がないので、そのことを考慮して判決をすることはできないからです。Ｙは現実に明渡しをしない限り、債務の消滅を主張、立証することができません（これは請求異議の訴え（民執35条）で行うことができます）。

　このように考えると、原告は現在と同じ損害が将来に向けても生じ続ける可能性を明らかにできれば、将来の損害を事前に請求することができる一方で、被告は、自らが証明責任を負う債務の消滅原因をあらかじめ主張、立証するこ

とができません。そのため、将来の損害賠償を現在の時点で求める訴えを広く適法だとしてしまうと、原告側を優遇しすぎるのではないかという疑問が生じます。

（b）　判例の解決　　判例（最判昭56・12・16民集35巻10号1369頁）は、将来給付の訴えが許されるのは、①請求権発生の基礎をなす事実上・法律上の関係が存在し、その継続が予測されること、②請求権の成否・内容につき債務者に有利な将来における事情の変動があらかじめ明確に予測できる事由に限られること、③将来の事情変動について請求異議の訴えによりその発生を証明してのみ強制執行を阻止し得るという負担を債務者に課しても格別不当といえないこと、の３点を満たす場合に限られるとしました。

（c）　事例の解決　　事例のｂについて判例を当てはめてみましょう。要件①は明確に存在します。②は、土地の明渡しという明確に予測できる事由に限られます。③は、明け渡したのになお損害が生じているとして強制執行が申し立てられたという例外的な場合に限り請求異議の訴えを起こせばよいのだから、そのようなＹの負担はそれほど重くないでしょう。よって、請求ｂを将来給付の訴えの対象にすることは許されます。要するに、この請求では、Ｙが直ちに明渡義務を履行すれば賠償義務を免れるという単純な関係にあるので、将来の損害賠償を命じても両当事者のバランスを欠くことにはならないということができます。[(5)]

4　確認の訴え

（1）　**確認の利益**　　ある確認の訴えについて、その原告の法律的地位に現存する不安や危険を除去するために、特定の権利・法律関係の存否を、反対の利害関係人である被告との間で判決によって確認することが必要かつ適切であると認められるならば、その訴えには、確認の利益があり、適法であるとされています。確認の利益とは、確認の訴えについての訴えの利益のことを意味しています。

現在給付の訴えについては、訴えの利益があるかどうかを問題とする必要がないのが通例である一方で、確認の訴えについては、確認の利益があるかどうかを、個別の訴えごとに吟味する必要があるといわれています。それは、次の

３点において、現在給付の訴えとの違いがあるからです。

　第１に、確認判決には執行力がなく、紛争解決の実効性が大きくないことから、執行力に頼らずに紛争解決ができる場合でなければ、確認の利益を認めることはできません。このことは、次の（２）の基準１へとつながります。

　第２に、確認の対象となりうるものが無限に想定されるため、原告による確認の対象（＝確認訴訟の訴訟物）の選び方が適切でないことがありえます。適切でないというのは、その確認の対象について本案判決をしても、当事者間に存在する紛争を有効適切に解決することにならないことを意味します。このことは、（２）の基準２へとつながります。

　第３に、確認の訴えは、現在給付の訴えとは異なり、紛争が現実化しない前であっても提起できることから、当事者の目の前に現存している紛争を解決するという確認の訴えの趣旨に反する訴えが起こされる危険があります。このことは、（２）の基準３へとつながります。

　（２）　**確認の利益の判断基準**　　具体的な訴訟における確認の利益の存否は、（１）で説明した観点を踏まえて、以下の３つの基準を利用して判断します。

図8-1　確認の利益の判断基準

基準１　確認の訴えという方法選択の適否
基準２　確認の訴えの対象選択の適否
基準３　即時確定の現実的必要性（法律上の利益）があること

　（a）　**基準１：方法選択の適否**　　確認の訴えという方法選択の適否とは、確認の訴えよりも適切な他の手段があれば、それが優先するのが原則であるということを意味します。より適切な手段とは、同様の目的を達成することができ、かつ、よりコストが低くて解決の実効性がある手段のことを意味しています。例えば、売買代金支払いを請求する現在給付の訴えが提起できるのであれば、それを容認する判決は売買代金支払請求権の存在を確定する既判力があるだけでなく、執行力があるので、売買代金支払請求権の存在確認を求める利益はありません。

　これに対して、所有権に基づく土地明渡請求の訴えが提起できる場合でも、所有権の帰属について争いがあるときは、所有権確認の訴えの利益が認められます（最判昭29・12・16民集8巻12号2158頁参照）。所有権に基づく土地明渡請求

の訴えは、所有権の帰属自体を既判力によって解決することができない（→Lesson 21-Ⅳ）一方で、所有権確認訴訟では当該土地の帰属が既判力により確定できるので、これに基づいて、所有権の帰属という当事者間の紛争の根本的な原因を抜本的に解決できるからです。

(b) 基準2：対象選択の適否　　確認訴訟の対象（訴訟物）が適切に選択されているかどうかについては、次の3つの原則の存在が認められています。

① 確認の訴えの対象は、事実関係でなく、権利・法律関係であることが必要である。

これは、民事訴訟が私法上の権利義務関係・法律関係に関する争いを対象とすることから導かれるものです。

ただし、法的に重要な事実の存否を例外的に確認の対象とすることができる場合があります。それが、134条の2が定める証書真否を対象とする確認の訴えです。証書真否確認の訴えとは、契約証書や遺言状など法律関係を証明する書面について、それが作成者だとされる者の意思に基づいて作成されたかどうかという事実（→Lesson 16-Ⅳ-3）の確認を求める訴えです。例えば、遺言状が被相続人の意思に基づいて作成された事実が確定すれば、相続人間の争いが収束するという状況があれば、この事実を確認対象とする訴えが許されます。

② 確認の訴えの対象は、過去または将来の法律関係でなく、現在の法律関係であることが必要である。

確認の訴えは、原告の法的地位に対する現在の危険の除去をその目的とします。ところが、過去の一時点での法律関係の状態を確定しても、この目的を達成することができないのが原則です。なぜなら、法律関係は時間の経過によって変動（発生、変更、消滅）するので、過去の一時点での姿を確定しても、その後にその姿が変化しているかもしれないからです。では、次の事例はどうでしょうか。

事例8-6
　ＸＹの父であるＡが遺言を残して死亡した。遺言の内容は明確なものではなかったが、Ｙは、Ａの残した店舗、敷地、営業用動産一切を自分に与

えるのが遺言の趣旨であると主張している。これに対してＸは、Ａの遺言能力がなかったとして遺言無効確認の訴えを提起した。

　ここで確認の対象となっているのは、Ａが過去にした遺言の効力であり、このような過去の法律行為の効力や法律関係を確認の対象にする確認訴訟を起こしても、原告の法的地位に対する現在の危険の除去という目的は実現できないのが原則のはずです。この原則論によれば、Ａの遺産を構成する個別の財産すべてについて、遺言の無効を前提とした法定相続分に基づく持分権存在確認訴訟や引渡請求訴訟を行うべきだということになりそうです。しかし、これは極めて煩雑ですし、遺言の効力が当事者間の紛争の根本的な原因である以上、その点を正面から確認の対象にして判決によって確認すれば、その後は、その判決を前提として当事者間の争いを解決することができるので、確認の利益を認めることができます（最判昭47・2・15民集26巻1号30頁参照）。したがって、②の原則はあくまでも原則であり、過去の法律関係や法律行為を確認の対象とすることが、当事者間における現在の紛争解決のためにむしろ適切なことがありうるということに注意が必要です（最判昭45・7・15民集24巻7号861頁の大隅裁判官補足意見を参照）。⁽⁶⁾

　過去の法律関係と同様に、将来の法律関係は原告の現在の法的地位の基礎にならず、また、将来の姿を現段階で予測しても、その予測が外れる可能性があるので、将来の法律関係の確認は、原告の現在の法的地位の保護には役立たないのが原則です。次の事例を見てください。

事例8-7
　Ｙ１は、甥のＹ２が老後の面倒を見てくれたこともあって、所有不動産の主要部分を遺贈する旨の公正証書遺言を作成した。Ｙ１の息子Ｘは、そのような遺言があることを知り、遺言の方式違背などを主張して、Ｙ１の生存中に遺言無効確認の訴えを提起した。

　遺贈という法律行為は、遺言者の死亡という不確定期限付きの法律行為なので（民985条1項）、Ｙ１が死亡してはじめて遺贈の効果が生じます。したがって、この訴えの対象は、将来生じる法律関係か、あるいは、まだ生じていない

法律効果ということができます。判例（最判平11・6・11判時1685号36頁）は、この訴えの趣旨を「Ｙ２が遺言者であるＹ１の死亡により遺贈を受けることとなる地位にないことの確認を求める」ものであると解釈した上で、このような受遺者の地位は、現在の法律関係として存在しえないから、確認訴訟の対象になり得ないと論じています。つまり、Ｙ１が生存している現在の時点で、Ｙ２がＹ１の死亡により遺贈を受けることとなる地位があるかないかを判定することは不可能だから、これは完全に将来の法律関係であって、基準２②によれば確認の対象にすることはできないとしたわけです。[7]

③　積極的確認訴訟が消極的確認訴訟よりも優先する。

　　例えば、ある土地の所有権の帰属がＸＹの間で争われているとき、Ｘに所有権があることの確認の訴えは適切ですが、Ｙに所有権がないことの確認の訴えは適切ではありません。なぜならば、「所有権がＹにない」ことを確定しても、そこから「所有権がＸにある」との論理的帰結を引き出すことはできないからです。では、次の場合はどうでしょうか。

事例8-8
　抵当権設定者Ａに対する２番抵当権者Ｘが、Ａからすでに弁済を受けているはずの１番抵当権者Ｙによる抵当権実行を防ぐために、Ｙの１番抵当権の不存在確認の訴えを起こした。[8]

　この事例について、Ｘが自己の抵当権の積極的確認を行うべきであるとの考え方もありますが、Ｙに抵当権がないことを正面から確定してもらわないと抵当権の実行を確実に止めることはできないので、Ｘには確認の利益があると考えることができます（大判昭15・5・14民集19巻840頁参照）。したがって、消極的確認訴訟の方が有効だということはありえます。

　(c)　基準３：即時確定の必要　　これは、原告が確認訴訟によって保護を求めている地位が法律上の保護に値するかどうかを問題とするものです。より具体的には、①原告が保護を求めている地位が具体的、現実的なものであり、②その地位が被告の行動等により危険、不安に瀕していること（原告の目の前に差し迫った危険が生じていること）が必要とされます。次の事例を見てください。

事例8-9
　推定相続人である養子Xが原告となって、養親Y1と第三者Y2の間で
された土地の売買契約の無効確認の訴えを起こした。Xは、この売買契約
はXの相続権を奪うために仕組まれたと主張している。

　この場合、原告が訴えによって保護を求めている「推定相続人としての相続
期待」は事実上の期待にすぎず、具体的・現実的なものではありません。ま
た、差し迫った危険があるともいえないので、即時確定の必要が認められませ
ん（最判昭30・12・26民集9巻14号2082頁参照）。

5　形成の訴え

　形成の訴えは、形成の利益が認められる場合を特に法律上類型化したもので
す。したがって、法律が形成原因としている事実が原告から主張されていれ
ば、それだけで形成の利益があると考えることができます。例えば、不貞行為
があったことを主張して離婚の訴えが提起されれば（民770条1項1号）、この訴
えには、本案判決をする必要性および判決による紛争解決の実効性のいずれも
認めることができます。

　もっとも、訴訟の途中で形成訴訟の対象が消滅した場合は、形成判決をする
必要性、実効性が欠けることになるので、口頭弁論終結時を基準にして形成の
利益がないとの理由から、その訴えは却下されます。例えば、株式会社役員選
任の総会決議取消訴訟が係属中に、その決議で選任された役員が任期満了に
よって退任し、別の役員が選任された場合は、特別な事情（退任した役員の選任
決議を取り消すことに特別な実益があること）がない限り、訴えの利益は消滅した
としてその訴えは却下されるといわれてきました（最判昭45・4・2民集24巻4号
223頁）。しかし、最近の判例（最判令和2・9・3民集74巻6号1557頁）によれば、
役員選任決議の取消しを求める訴えに、その決議が取り消されるべきものであ
ることを理由として後任の役員を選任する決議の効力を争う訴えが併合されて
いる場合には、先行する決議の取消しを求める訴えの利益は原則として消滅し
ないとされています。2つの判例の関係をどのように理解するべきなのかにつ
いては、学説上まだ一致した意見は見られません。

（1）　補正不可能な訴訟要件が欠ける場合は、口頭弁論を経由することなく、訴え却下の判決をすることができる（140条）。例えば、当事者能力がないことが明らかな場合など。

（2）　訴訟の途中で当事者の訴訟能力が失われても、そのことから本案判決をすることができないとして、ただちに訴え却下という結論になるわけではない。成年後見開始の審判を受けた場合は訴訟の中断・受継が問題となる（124条1項3号）。保佐・補助開始の場合は、少なくともその審級については保佐人等の同意なしに訴訟行為ができる（32条2項参照）。したがって、訴訟能力は、訴え自体の適法性を左右する要件ではない。もっとも、訴訟能力がない当事者（例：法定代理人に代理されていない未成年者）が訴えを提起し、または訴状の送達を受けた場合は訴訟係属が成立しないので、訴訟係属の成立という訴訟要件が欠けるとして、訴えは却下される。そこで、通説は、訴訟能力は訴訟要件ではないが、訴訟係属の成立過程を構成する行為について訴訟能力が存在することは訴訟要件になると説明する。代理権の存在も同様である。

（3）　請求認容判決に基づく強制執行が事実上不可能であっても、給付の訴えの利益は認められる。最判昭41・3・18民集20巻3号464頁参照。

（4）　停止条件が成就する可能性が低い場合や、履行期限が数十年後などの場合は、あらかじめ請求する必要がないと考えられる。

（5）　これに対して、将来に向けて継続的に生じる航空機騒音被害による損害賠償を、今の時点で、あらかじめ一括して請求することについては、判例の要件①から③をすべて満たさないとされている。本文の判例（大阪国際空港事件）のほか、最判平19・5・29判時1978号7頁、最判平28・12・8判時2325号37頁など。

（6）　過去の法律関係、法律行為の効力確認の訴えが法律上許されている場合として、株主総会決議無効・不存在確認の訴え（会社830条）、婚姻無効の訴え（人訴2条1号）、行政処分無効確認の訴え（行訴36）などがある。また、法律に定めがないが、父母の両者または子のいずれか一方死亡後の親子関係存否確認の訴え（最判昭45・7・15民集24巻7号861頁）、社団の決議の効力確認（最判昭47・11・9民集26巻9号1513頁、最判平16・12・24判時1890号46頁）、いわゆる国籍訴訟（最判昭32・7・20民集11巻7号1314頁）、遺産確認の訴え（最判昭61・3・13民集40巻2号389頁）などで判例は、確認の利益を認めている。

（7）　賃貸借契約存続中の敷金返還請求権存在確認の訴えについて判例は、停止条件付の法律関係は現在の法律関係として確認対象になるとする（最判平11・1・21民集53巻1号1頁）。この場合は、事実上の期待ではなく、法的保護を受ける期待権が対象になっているということであろう。しかし、このような形式的理由ではなく、確認訴訟によって保護されるべき原告の現在の法的地位の存否（次の基準3）を問題とすべきではなかろうか。本文の事例でも、推定被相続人がしたまだ効力が生じていない処分によって推定相続人の地位に現実の危険が生じているのかという観点から検討することも可能で、推定相続人には現段階では法的な保護に値する地位がないから確認の利益を認めることができないと論じることもできる。

（8）　2番抵当権者に他人間（ＡＹ間）の権利関係の存否を争う原告適格はあるかという問題設定の方法も可能である。

Lesson 9　訴訟要件 2

Ⅰ　当事者適格

1　当事者適格とは

（1）　**意　義**　　当事者適格とは、訴訟物である特定の権利、法律関係について当事者として訴訟を追行し本案判決を求めることができる資格のことです。つまり、だれが、その訴訟において、本案判決を受ける価値がある最も適切な当事者（正当な当事者）なのかを選別する概念です。その訴訟において当事者となっている原告や被告に対して本案判決をすれば、その訴訟の訴訟物に関する紛争が有効適切に解決できるという関係があれば、その当事者には当事者適格が認められます。

なお、当事者適格には、本案判決を求めて訴訟追行する正当な権限という意味も含まれていることから、訴訟追行権といわれることもあります。

（2）　**当事者適格と当事者能力**　　当事者適格は、その訴訟の当事者（形式的当事者概念による当事者→Lesson5-Ⅰ）に、その訴訟物との関係で原告や被告になるべき資格があるかどうかの判断をするための訴訟要件であり、民事訴訟の当事者になるための一般的な資格である当事者能力（→Lesson6-Ⅰ）とは区別されます。

2　給付訴訟の当事者適格

事例 9-1
　Ｘは Ｙ との間で150万円を弁済期 1 年後と定めて金銭消費貸借契約の合意を行い、金銭を交付した。しかし、弁済期限が過ぎても返済がない。

（1）　**自己の権利義務関係の主張と当事者適格**　　この事例で、150万円の貸金返還請求権を訴訟物とする貸金返還請求の訴えが起こされる場合、だれが原告になる資格を持ち、だれが被告になる資格を持つのでしょうか。給付訴訟では、訴訟物である給付請求権の主体と主張する者が原告となり、それに対応

する給付義務者だと主張された者が被告になって本案判決がされれば、両者間の紛争は有効適切に解決します（最判昭61・7・10判時1213号83頁、最判平23・2・15判時2110号40頁参照）。よって、この事例では、XおよびYに当事者適格（Xについては原告適格、Yについては被告適格）があります。

（2）　**請求の当否と当事者適格の区別**　　事例で、審理の結果、債務者はYでなくAであること（または債権者がXではないこと）が判明した場合、どのような判決がされるでしょうか。当事者適格は、XがYに対する権利義務関係を主張すれば、それによって確定的に認められます。よって、債務者がYでなくAであること（例えば、Yが名義貸しをしただけで実はAが借主であったこと）が証拠上明らかになった場合は、XのYに対する貸金返還請求権の存在が認められないとして請求棄却の本案判決がされます。XまたはYの当事者適格がないことが後で判明したとして、訴えが却下されるわけではありません。

3　確認訴訟の当事者適格

確認訴訟では、その当事者間で法律関係の確認を行うことが有効適切かという確認の利益の判断（→Lesson8-Ⅱ-4）の中に、当事者適格の判断が含まれるので、その訴えについて確認の利益があれば、当事者適格も認められるのが原則です。例えば、ＸＹ間で所有権の帰属が争われているために起こされたＸのＹに対する所有権確認の訴えでは、ＸＹ間で所有権の存否を確定すれば紛争が解決するので、この訴えには確認の利益があり、同時に、ＸＹには当事者適格が認められます。

4　形成訴訟の当事者適格

形成訴訟では、当事者となる資格がある者が法律上定まっていることが通常なので（民424条の7第1項・744条・770条1項・787条、一般法人269条、会社828条2項・831条1項・834条、人訴12条・42条1項など）、その限りでは、当事者適格の存否が独自の問題となることはありません。ただし、再審の規定のように当事者適格について法律に定めがない場合には、解釈によって当事者適格が認められる場合を判断しなければなりません。[1]

Ⅱ　第三者の訴訟担当

1　第三者の訴訟担当

（1）**定　義**　権利義務の帰属主体である者（実質的利益帰属主体という）以外の第三者が、その者のために訴訟追行権を取得し訴訟当事者になることを、第三者の訴訟担当といいます。これには、法律上一定の資格がある当事者に対して訴訟追行権が付与される場合（法定訴訟担当）と、第三者が実質的利益帰属主体の意思に基づいて訴訟追行権を授権される場合（任意的訴訟担当）があります。

（2）**何が問題か**　第三者の訴訟担当の場合、その当事者（訴訟担当者）は、当事者となっていない他人（被担当者）の権利義務について、当事者となって訴訟を追行します。しかし、訴訟物である権利義務とは無関係の人に対して訴訟追行権を与え、本案判決をしてみても、その訴訟物についての紛争が実効的に解決することはないはずです。それにもかかわらず、第三者の訴訟担当では、訴訟追行権があり当事者適格が認められることがあると考えられているのです。では、どのような場合に第三者の訴訟担当が許されるのでしょうか。

2　法定訴訟担当

事例9-2

　AはYとの間で150万円を弁済期1年後として貸し付けた。しかし、弁済期限が過ぎても返済がない。他方、XはAに150万円を弁済期1年後として貸し付けており、その期限が到来しているとする。ほかにAにはみるべき資産がない場合（＝AはYに対する貸金債権以外に金銭的価値がある財産がない無資力状態である）、Xが原告になって、Yを被告にして、「YはXに150万円を支払え」（または「YはAに150万円を支払え」）との判決を求めた。

（1）**問題状況の整理**　この事例の訴訟物は、AのYに対する貸金返還請求権です。そして、原告は、Yに対する債権者Aでなく、Aに対する債権者Xです。したがって、Xは、他人の権利義務について、当事者となって給付訴訟

を起こしていることになります。よって、Xは「XのYに対する債権」を訴訟上行使していないから、当事者適格がないことになりそうです（→I - 2）。

（2）**債権者代位権（民423条）**　しかし、民法423条が定める債権者代位権の要件が備わっていれば、代位債権者Xには、他人である債務者Aの第三債務者Yに対する権利についての当事者適格が認められます。つまり、Aが無資力状態になった場合には、Xは、自分の債権の実現を確保する必要性が極めて高くなるため、AのYに対する債権をAに代わって行使することが許されるのです。

（3）**検　討**

（a）債権者代位権行使の要件が充足する場合、Aが訴訟当事者で、Xがその利益を保護する法定代理人であるという法律構成は可能でしょうか。代位債権者Xは、Yに対して直接Xに金銭を支払うように求めることができ（民423条の3）、XのAに対する金銭返還義務とAのXに対する債務とを相殺して弁済を得たのと同じ状態を作り出すことができます。このように、代位債権者Xは自己の債権を保全する目的でYの権利を行使するため、債務者の利益を守る代理人だということは難しいでしょう。したがって、代位債権者は債務者の法定代理人ではありません。

よって、代位債権者による債権者代位権の行使は、民法が、資格がある者に対して、他人である債務者の権利についての当事者適格（訴訟追行権）を認めた場合であると見ることが最も適切であり、法定訴訟担当の一例だということになります。

（b）では、債権者代位権行使の要件が充足する場合、Xには他人であるAの権利についての当事者適格が、なぜ認められるのでしょうか。この点は、次のように説明されています。まず、他人の権利義務についての訴訟追行権限が認められる根拠は、その権利義務という財産権についての管理処分権に求められています。つまり、訴訟で仮に敗訴すると、訴訟物となった財産権を処分したのと事実上同じことになります。他方で、当該財産の管理処分権が帰属する主体は、有効な形で財産の処分行為を行うことができます。このことから、たとえ訴訟物が他人の権利であっても、その管理処分権を握る者が当事者となったときは、その訴訟物についての訴訟追行権が認められると説明されるの

す。

このことを前提にすると、債権者代位訴訟の場合、当事者適格を基礎付ける債務者財産の管理処分権が、民法423条の適用によって、権利の帰属主体でない代位債権者に与えられることから、そのことに基づいて当事者適格が認められると説明されます。[(2)]

（4）　その他の法定訴訟担当　　法定訴訟担当は、①担当者のための訴訟担当と、②職務上の当事者とに区別されます。①は、自分の利益または自分が代表する者の利益のために第三者に対して訴訟物たる権利義務関係について管理処分権が認められ、それに基づいて当事者適格が認められる場合をいい、②は、実質的利益帰属主体が訴訟を行うことが不可能なので、その者のために第三者が当事者適格を得る場合をいいます。

①の例としては、代位債権者（民423条）のほか、差押債権者（民執155条・157条）、債権質権者（民366条）、代表株主（会社847条）、破産管財人（破78条1項）などがあげられます。②の例としては、遺言執行者（民1012条）、当事者適格者死亡後の検察官（人訴12条3項）、海難救助料支払に関する権限を持つ船長（商803条2項）などがあげられます。

3　任意的訴訟担当

（1）　問題の所在　　任意的訴訟担当は、他人の権利義務に関して、その他人の意思に基づいて訴訟追行をする形となるため、弁護士代理原則（54条1項）および訴訟信託禁止原則（信託10条）[(3)]の実質的な潜脱になりうることのほか、本来当事者となるべき者が匿名化されることによって実体と訴訟関係との間にずれが生じることから、その適法性が問題とされています。以下では、前者の問題点をより具体的に検討します。[(4)]

（2）　許されない任意的訴訟担当

事例9-3

　BはYに対して弁済期1年後と定めて500万円を貸し付けた。しかし、弁済期限が過ぎても返済がない。BはYからの債権回収に困り、法律知識が豊富で交渉力があるが弁護士でないXに対して、自分のために原告に

なって訴訟を起こしてほしいと依頼した。そこで、Ｘが原告になって訴え
を提起し、「ＹはＸに500万円を支払え」（または「ＹはＢに500万円を支払
え」）との判決を求めた。

　この事例で、訴訟物はＢのＹに対する貸金返還請求権ですが、原告はＹに対
する債権者Ｂでなく、Ｂから依頼を受けたＸです。この事例では、第三者が権
利義務の帰属主体の意思に基づいて訴訟追行の権限を授権されているので、任
意的訴訟担当となります。

　では、この事例で、本人Ｂが第三者Ｘに訴訟担当者＝当事者になってもらい
たいと考えているのだから、本人の意思を尊重して、任意的訴訟担当を許すべ
きだということができるでしょうか。抽象化していえば、第三者が権利義務の
帰属主体の意思に基づいて訴訟追行権を授権されて、他人の権利義務について
当事者適格を取得することを無制限に認めていいのでしょうか。

　原則的には、これは認めることができません。その理由を考えるに当たって
は、任意的訴訟担当として第三者に当事者になってもらうことは、第三者に自
分の事件処理を依頼する点で、訴訟代理人に事件処理を委ねることと実質的に
共通するということに注目しなければなりません。つまり、弁護士でない者を
訴訟代理人することはできないとする一方で、任意的訴訟担当者として当事者
にすることを無制限に許すと、弁護士代理原則という私人が勝手に破ることは
できない国家法上のルールの脱法になりうることから、単純に本人の意思を尊
重すべきだとはいえないのです。

　別な説明をすると、弁護士は、依頼者（本人）の代理人となり本人の利益を
実現することを任務とする公的資格を与えられ、また、不適切な事務処理をし
た場合は懲戒を受ける仕組みが整っています。つまり、本人の利益保護のため
のメカニズムが制度的に確立しているのです。しかし、弁護士資格がないＸの
ような人物に対しては、本人Ｂの利益保護のためのメカニズムが働きません。
さらに、このような事例で登場するＸは、反社会勢力とつながりを持っている
可能性があるので（事件屋などと呼ばれます）、この観点からも簡単に認めるこ
とができないのです。

（3）　判例上許される任意的訴訟担当

> 事例9-4
> 　民法上の組合Aでは、その組合規約で、業務執行者X１がすべての組合員X１〜X100のために自らの名において訴えを提起することができると定められている。そこで、X１は、右規約に基づいてただちに、取引先に対する売掛金支払請求の訴えを提起した。

　判例は、弁護士代理原則の脱法のおそれがなく、任意的訴訟担当を認める合理的な必要性があるならば、あえて任意的訴訟担当を禁止する必然性がないことから、この２つの条件をクリアする場合は、任意的訴訟担当を許容することができるとします。その上で、この事例についてこれらの要件が満たされるとして、任意的訴訟担当を許しています（最判昭45・11・11民集24巻12号1854頁）。この判例は、規範の当てはめ方が理解しにくいので、少し説明します。

　この事例で、訴訟物は、X１〜X100のYに対する売買代金支払請求権です。この訴訟物は、実質的には民法上の組合AのYに対する請求権ですが、組合は法人格がないので、形式上は債権者ではありません。では、だれが債権者なのかというと、法人格がない組合の財産は、組合の目的達成のために、組合員の個人財産から独立して管理される別な財産とされ、組合員全体が一体となって財産の主体となるので、民法的には、全組合員がそれぞれ持分を有する合有的な債権と説明されます（民676条２項参照）。したがって、事例の原告であるX１は、自己の持分を超える部分については、Yに対する債権者であるとはいえず、他人の権利義務について、権利義務の帰属主体の意思に基づいて訴訟追行権を授権されて、当事者となって訴訟を起こしていることになります。

　この事例について、任意的訴訟担当を認める必要性はあるのでしょうか。判例は、この点をはっきりと説明していないのですが、次のような理由から、必要性を認めることができると思います。つまり、取引先に対する売掛金の支払を請求することは、組合の通常の業務に属する財産管理権の行使であり、組合の業務執行者が訴訟上これを行使する場合に、いちいち弁護士に依頼しないと行えないのは不都合が大きいでしょう。だからこそ、原告となって提訴できるという組合規約を作ったのではないでしょうか。また、この事例で、業務執行

者の訴訟担当を否定すると、組合員全員が原告になるより方法がありません（Aが原告になるという方法もありますが、この点は棚上げします）。したがって、任意的訴訟担当を認める必要性は認められます。

　次に、この事例で任意的訴訟担当を認めてしまうと、組合や組合員全体の利益を害する危険はないのでしょうか。判例は、組合の業務執行者に対して「単に訴訟追行権のみが授与されたものではなく、実体上の管理権、対外的業務執行権とともに訴訟追行権が授与されている」ときには、弁護士代理原則の脱法にならないとしています。この判例の趣旨もわかりにくいですが、次のように考えられます。業務執行者に訴訟追行権限を含む包括的な財産管理権が与えられていることからすると、業務執行者が組合の実体関係について、他の組合員とは異なり、最も主体的に関与していると認められ、事例の訴訟は業務執行者にとって「他人事」ではなく、自らがなすべき任務ということができます。そして、業務執行者は、組合ひいては全組合員の権利実現を本来的任務としており、その任務に反する行為を行うことはできないという法的な拘束を受けています（民671条・644条）。以上により、弁護士代理原則が守ろうとしている本人の利益保護は果たされているということができます。

　なお、判例とは見方は変わりますが、事例では、業務執行者自身が勝訴しないと他の組合員の利益を確保できない関係にあるので、選定当事者（事例9-5を参照）と実質的に違いがなく、他の組合員の利益が保護されるメカニズムが働いているということもできます。

（4）　法律上許される任意的訴訟担当

事例9-5
　Y食品会社が製造し、全国のスーパーで流通している冷凍食品を食べた消費者多数に健康被害が発生した。原因として、製造過程で有害物質が混入した製造ミスが疑われている。そこで、被害者500人が集まって「Y食品による健康被害救済を求める被害者の会」を結成し、代表者X１がYと交渉を続けてきたが、決裂した。そこでYを被告として損害賠償請求訴訟を起こすことを検討中である。この場合、500名すべてが原告になるのではなく、X１をいわば代表原告にして、その他の499名がX１に対して自

分のために訴訟追行権を授与するという任意的訴訟担当を行おうとしている。

　立法者が、弁護士代理原則との実質的な抵触がないと判断して、任意的訴訟担当を法律上許容する場合があります。民事訴訟法では、選定当事者がこれにあたります（30条）。

　(a)　選定当事者は、共同の利益を有する多数の者の中から全員のために原告または被告となるべき1人または数人を選定するものです（30条1項）。この選定という行為は、選定者による選定当事者に対する選定者の権利義務についての訴訟追行権の授与を意味するので、選定当事者は、任意的訴訟担当の一例となります。

　この制度は、権利義務の主体が多数にわたるときにその全員が当事者となることの煩雑さを回避することを目的としています。選定当事者の訴訟では、選定当事者も自分の権利について訴訟を追行しており、自分自身が勝訴しないと選定者の権利についても勝訴できない関係にあるので、他人である選定者の利益を保護するために訴訟追行することは他人事ではなく、「共同の利益を有する多数の者」という要件設定によって、弁護士代理原則との実質的な抵触がないとされます。

　(b)　選定当事者の要件である「共同の利益」は、訴訟物である権利が同一の事実上および法律上の原因に基づくこと、主要な攻撃防御方法が選定者全員について共通することの2つの基準から判断されます（最判昭33・4・17民集12巻6号873頁）。これを事例でみると、訴訟物である各選定者の不法行為による損害賠償請求権は同一の事実上及び法律上の原因に基づくものであり、Yの製造ミスの有無という主要な攻撃防御方法が選定者全員について共通することから、選定当事者の利用により、被害者全員が原告となる共同訴訟の煩雑さを回避することができます。

　(c)　この事例でX1を選定する行為は、被害者全員が原告となって提訴した後でも可能です。その場合は、その他の原告だった者は訴訟から当然に脱退します（30条2項参照）。被害者の会が把握していなかった他の被害者は、自分で訴訟を提起することもできますが、選定当事者となっているX1を自分のた

めにも当事者になるべき者として追加的に選定することができます（30条3項）。

（1）　法人の機関決定の瑕疵を主張する決議取消訴訟では、決議の効力という基本的な法律関係について、判決によって画一的に解決しておく必要性がきわめて高いことから、少なくともその認容判決については、一般の第三者に対しても判決効が拡張すると解されており（会社838条参照）、判決には対世効が認められるといわれる。このような対世効を導くような形成訴訟では、だれを被告とすることが最も適切なのかという論点がある。最判昭44・7・10民集23巻8号1423頁は、法人に被告適格があるとの判断を示し、本文に引用した会社法834条16号は、これを踏襲した。しかし、そのように解するべき実質的根拠ははっきりせず、法人のみを被告としなければならないかという議論も残されている。

（2）　この説明を初学者が正しく理解することは相当困難である。とりあえずは、「民法423条の適用があると、債権者は、他人である債務者が持っている債権という財産権について、それを行使して弁済に充てる権限が認められる」ので、その権限をベースにして、訴訟上も自分が原告になって権利行使ができるのだ（＝当事者適格を得る）と理解すればよいだろう。

（3）　訴訟信託とは、訴訟行為をすることを主要な目的として訴訟物である権利義務関係に信託を設定することをいう。これは、他人に自分の事件処理を委ねるという実質があり、弁護士代理原則と同様の趣旨から、基本的に禁止されている。

（4）　後者の点について説明する。例えば、裁判官の除斥原因（23条）や手続の中断事由、被告の普通裁判籍などは当事者を基準にしてその存否が定まる。ところが、任意的訴訟担当の場合は当事者と権利主体が分裂する。そのため、本来の権利主体との関係では除斥原因がないのに担当者との関係で除斥原因が生じるなどの予期しなかったずれが生じる。

（5）　その他、債権管理回収業のサービサー（債権管理回収業に関する特別措置法11条1項）、区分所有建物の管理者（建物区分26条4項）、指定暴力団の事務所使用差止めなどについての都道府県暴力追放運動センター（暴対法32条の4第1項）などがある。

（6）　条文では、29条の適用があるときは30条を利用できないとされているが、現在の学説上は、このような条文の表現にこだわる必要はないといわれている。

Lesson 10　民事訴訟の審理における裁判所と当事者の役割分担

Ⅰ　職権主義と当事者主義

　今までは、訴訟の出発点となる訴えを中心に説明をしてきました。これから先は、訴えに続く審理を中心に説明をします。それに先立って、この項目では、民事訴訟の審理における当事者と裁判所との役割分担について説明します。

　民事訴訟の審理とは、判決をするために必要な資料を獲得するための手続段階です（→ Lesson1 - Ⅱ）。この手続段階での当事者と裁判所との役割分担を検討する場合、訴訟手続の進行、運営をどのように行うかを決定する場面と、判決をするための資料としてどのようなものを提出するかを決定する場面を区別し、それぞれの場面について、裁判所と当事者のいずれが主として（あるいはより多くの）権限、責任を負うかを考えることが必要です。この場合については、職権主義と当事者主義という2つの考え方があります。職権主義とは、裁判所が主として権限、責任を負う考え方で、当事者主義は、当事者が主として権限、責任を負う考え方です。

　民事訴訟法が立脚している基本的な考え方によれば、訴訟手続の進行については、職権主義があてはまります（職権進行主義→Ⅱ）。他方で、資料の提出については、当事者主義があてはまります（弁論主義→Ⅲ）。

　なお、裁判所または当事者の権限、責任は独占的、排他的なものではありません。訴訟進行の側面については、当事者に対して裁判所の手続進行に関する申立てや異議を述べる権利が与えられており、資料提出の側面については、裁判所に対して事案の適正な解明のために介入する権限（釈明権、149条）が与えられています。

Ⅱ　職権進行主義

1　趣　旨

手続の進行について、利害が鋭く対立して抗争している当事者に全面的な権

限、責任を認めると、当事者間の意見対立のあおりを受けて訴訟の進行が著しく遅延し、適正、迅速な裁判をすることができなくなります。このため、民事訴訟法は、訴訟手続を主宰する権限を公正中立な裁判所に与え、訴訟手続の進行に関しては、裁判所が最終的な責任を負うことを原則としています。これが、職権進行主義です。

2　内　容

職権進行主義に基づいて、裁判長（合議体のときはその長、単独体のときはその裁判官）に口頭弁論の訴訟指揮権が与えられます（148条）。また、手続の進行に関連する事項は、裁判所（受訴裁判所のこと）または裁判長が職権によって行うことができます。例えば、期日の指定や変更（93条・139条）、期間の裁定・伸縮・付加（95条2項・96条）、続行（129条）、中止（131条）、弁論の制限・併合・分離（152条1項）、弁論の再開（153条）、弁論準備手続の選択と実施（168条）などは裁判所または裁判長の権限事項です。また、訴状などの文書について職権送達主義が採用されること（98条1項）も、職権進行主義の表れです。

職権進行主義のもとでは、訴訟進行に関する当事者の合意に裁判所が拘束されることは、原則的に認められていません（93条3項ただし書きはその例外）。

3　職権進行主義と当事者の関係

（1）　職権進行主義は、訴訟手続の運営について裁判所の独断的な支配権を認めることを意味しません。すなわち、当事者は、裁判所の手続進行に違法な点があるときはそれを指摘して是正を求めることができます（90条・150条参照）。また、訴訟の進行に関してさまざまな申立てをすることができ（17条・18条・126条など）、裁判所は必ずその申立ての当否を判断しなければなりません。

（2）　さらに注意が必要なのは、訴訟の進行上重要な措置を裁判所が選択するときには当事者の意見を聴かなければならないとされることです（168条・175条など）。職権進行主義によれば、当事者の意見に裁判所が拘束されるわけではありませんが、当事者の協力がなければ合理的な手続運営は望めないことから、このような規定が定められています。

（3）　裁判所や相手方の訴訟行為が訴訟手続に関する規定に反している場合

（例、法定代理人を証人尋問の方式で取り調べた、当事者を証人尋問の方式で取り調べた）、異議を述べてその無効を主張することができます（責問権）。ただし、訴訟手続は多くの訴訟行為の積み重ねであるために、手続が進行してから、ある訴訟行為の違法を明らかにしてそれ以降の手続の進行をすべて無効とすることは不経済であり、手続を不安定なものとしてしまいます。そこで、違反を知りまたは知りえたのに遅滞なく異議を述べなかった場合、責問権は失われます（90条本文：責問権の喪失）。また、責問権を放棄することも許されます。しかし、訴訟制度の信頼性を確保する上で欠かせない強行規定（23条・249条2項・253条1項：公開原則、専属管轄の違背、裁判所の構成など）の違反は、責問権の喪失や放棄の対象になりません（90条ただし書き）。

Ⅲ　弁論主義

事例10−1

　Xは、令和4年3月1日に、中古普通乗用車aを、代金150万円で、Yに対して売る合意をしたと主張して、代金150万円の支払いを求める訴えを提起した。

① 　代金額のうち50万円がすでに弁済されていたことが判明したが、当事者からは何も主張がない場合について、弁済の事実を考慮して判決をすることができるか。

② 　Yが、X主張のような売買契約をしたことを争わない場合に、裁判所は、売買契約をしたことが疑わしいとして契約の成否を審理対象にすることはできるか。

③ 　Yは、①の弁済の事実を主張するが証拠を提出しない場合、裁判所が職権で証拠調べをすることができるか。

1　弁論主義

　請求（訴訟物）の当否は、その発生、変更、消滅をもたらす事実関係の存否を証拠に基づいて判断するという審理のプロセスを経由することで、はじめて判断できます（Lesson1）。そして、審理の対象になる事実と証拠を、どの範囲で裁判所に対して判断資料として提供するのかということを決定する権限は、

当事者に委ねられています。これを、弁論主義といいます（→ Lesson 12）。

　弁論主義は、次の3つの原則へと具体化されています。それは、第1に、裁判所は当事者から主張がない事実を判決の基礎とすることができないとの原則、第2に、当事者間で争いがない事実はそのまま判決の基礎としなければならないとの原則、第3に、裁判所は、当事者から申出のない証拠方法を取り調べてはならないとの原則です。

2　事例の解決

　事例の①は、訴訟物である権利義務関係の消滅をもたらす弁済という事実について当事者から何も主張がない場合です。それにもかかわらず弁済の事実を認定することは、当事者が提出しなかった事実を判決の基礎とすることになり、弁論主義に違反します（第1原則）。

　事例の②のように、Yが売買契約の成立を争わないことで（自白といいます）、これを争点としない意思を表明したときには、裁判所が勝手に、この点を争点として審理の対象にすることはできません（第2原則）（→ Lesson 14 - V）。

　事例の③ですが、弁論主義は、当事者間で争いがある事実を裏付ける証拠の収集、提出も当事者の権限事項であるとします。したがって、裁判所が職権で証拠調べをすることはできません（第3原則）。ただし、当事者尋問のように職権ですることができる証拠調べの方法もあります（207条1項参照）。

Lesson 11　口頭弁論

I　基本事項の整理

1　口頭弁論とは

　口頭弁論は、判決をするために必要な訴訟資料を裁判所の判断資料にするための手続段階または審理方式のことをいいます。民事訴訟において裁判所が行う審理方式としては、書面審理、口頭弁論および両者の混合の3つが考えられますが、裁判所が判決をするための資料は口頭弁論という手続方式によって得られたものに限られます（口頭弁論の必要性、必要的口頭弁論の原則→II）。

　口頭弁論は、さらに、当事者が裁判所に判決をするために必要な訴訟資料を口頭により提出するというという当事者の訴訟行為の意味で用いられることがあります（87条1項参照）。

　口頭弁論は裁判所がこれを主宰し（職権進行主義→ Lesson 10 - II）、当事者は口頭弁論で本案に関する申立てを行い（処分権主義→ Lesson 19 - I）、また、それを理由付けるための訴訟資料を提出します（弁論主義→ Lesson 12）。

2　当事者の主張

（1）**訴訟資料**　　判決をするために必要な資料は、事実関係の主張と、争いがある事実を証明するために提出される証拠から構成されます。これをあわせて広義の訴訟資料といいます。また、前者のみをもって狭義の訴訟資料といいます。

　ここで、事実と証拠の区別は注意が必要です。例えば、XがYに対して売った自動車の代金150万円の支払いを求める訴訟において当事者から主張されるべき事実は、「Xが、令和○年○月○日に、自動車を、代金150万円として売ったこと」であり、当事者はそのような事実を主張します。これに対して、当事者双方の署名捺印がある売買契約書は証拠であり、事実ではありません。なぜならば、売買契約書は、XY間で売買の意思表示がされて売買契約が成立したという事実そのものではなく、XY間で売買契約がされたという事実を証明す

るための手段（証拠方法）にすぎないからです。

（2）　**事実上の主張と法律上の主張**　　当事者の主張は、事実上の主張と法律上の主張とに区別されます。

事実上の主張は、具体的な事実の存否についての当事者の陳述であり、事実には（3）で述べるように、主要事実、間接事実、補助事実の区別があります。

法律上の主張は、法規の存否の主張や解釈適用に関する意見陳述（例、本件では民法109条が適用されるべきであり、その解釈はこのようにされるべきであるとの主張）のほか、具体的な権利関係（法律効果）の存否に関する主張（例、原告に所有権があるとの主張）をいいます。なお、前者のタイプの法律上の主張については、事案にかなった法規の解釈、適用は裁判所の職責である（「裁判官は法を知る」の原則）ことから、当事者からの主張を必要とするものではなく、また、当事者の一致した主張に裁判所が拘束されることはありません。後者のタイプの法律上の主張については、当事者間で一致した主張があったときに裁判所がそれに拘束されるかどうかが論点となります（権利自白→Lesson 14 - V - 3 - (5)）。

（3）　**主要事実、間接事実、補助事実**　　主要事実とは、権利の発生、変更、消滅という法律効果を判断するのに直接必要な事実です。間接事実は、主要事実の存否を推認するのに役立つ事実であり、補助事実は、証拠の証拠能力や証明力を明らかにする事実です（→Lesson 12 - Ⅲ - 1）。

Ⅱ　必要的口頭弁論の原則

（1）　**原　則**　　裁判所が判決をするための資料（広義の訴訟資料）は、口頭弁論という手続方式によって得られたものに限られ、当事者は、口頭弁論によって裁判所の前に訴訟資料を提出しなければなりません。これを、口頭弁論の必要性、必要的口頭弁論の原則といいます（87条1項）。訴えに対しては判決によって判断を示す必要がありますが（243条以下）、判決をするための資料を得るには、裁判所の面前における口頭弁論という当事者の平等性、手続の公正性、公開による透明性が保障された方式によらなければならないのです。

（2）　**任意的口頭弁論**　　決定の形式で裁判所の判断が示される事項につい

ては、迅速に判断を示す必要があるため、重装備の方式である口頭弁論を経由する必要はなく、口頭弁論を開くかどうかは裁判所の裁量に委ねられます（87条1項ただし書）。口頭弁論を開かないときは、申立書の記載のほかに、さらに書面の提出を求めまたは口頭の意見陳述である審尋をすることで、判断資料を追加的に得ることもできます（87条2項）。

（3）　**例　外**　特別な定めがあるときは（1）（2）の例外が認められます（87条3項）。（1）の例外として、口頭弁論を経由しないで判決により訴えを却下できる場合があります（78条・140条）。また、上告を棄却する判決は口頭弁論を経由しないですることができます（319条）。なお、口頭弁論を経由しないで判決でなく決定で訴えを却下できる特殊な場合があります（141条1項）。

（2）に関しては、決定をするにあたり審尋をしなければならない場合があります（50条2項・199条1項・223条2項・346条2項）。また、裁判ではないですが、支払督促は審尋をしないで発令されるとの規定（386条1項）があります。

Ⅲ　口頭主義、直接主義、公開主義

1　口頭主義

　口頭主義とは、審理の際の当事者および裁判所の訴訟行為（とくに弁論と証拠調べ）を口頭によって行う原則です。口頭主義と対立する概念が書面主義です。当事者が口頭で自由、活発に弁論することで、審理する裁判官は新鮮な心証を得ることができ、ひいては真実にかなった解決を得ることができるといわれています。しかし、口頭での充実した弁論のためには、書面による事前の準備が不可欠であり（書面による準備、準備書面）、準備書面の事前交換があれば相手方の適切な応答が期待でき、また、記録化することが容易になります。そのため民事訴訟法は、口頭主義を基調としつつ、書面主義によってこれを補充するという仕組みを採用しています（161条・162条）

　なお、弁論準備手続（168条）は口頭弁論でなく口頭弁論を準備するための予備段階ですが、裁判所と当事者が口頭で活発に議論することで、充実した弁論の準備ができると考えられており、口頭主義の趣旨が当てはまるとされています（→ Lesson 13 -Ⅳ）。

2　直接主義

（1）　**原　則**　　直接主義とは、判決をする裁判官と判決の基礎となる訴訟資料を収集するために審理を行う裁判官とが一致していなければならないとする原則です。これを審理方式から見ると、直接主義とは、受訴裁判所自らが当事者の陳述や証拠を直接知覚する審理方式だということができます。249条1項は、「判決は、その基本となる口頭弁論に関与した裁判官がする。」と定めて、判決をする裁判官と判決の基本となる口頭弁論を行う裁判官とが一致しなければならないという意味での直接主義が原則であることを明らかにしています。直接主義とは反対の考え方を間接主義といいます。間接主義は、弁論や証拠調べの審理を受訴裁判所以外の別な者に担当させ、その報告に基づいて判決をするという考え方です。

　民事訴訟法は、判決をする裁判官の面前で当事者が口頭による活発な議論を行うことによって、適正、公平な裁判が実現できるという点を重視し、口頭主義と結びつけた形で、直接主義を原則としています。人証について集中証拠調べを原則とする現行法のもとでは（182条）、判決をする裁判官が直接心証を得やすくなるので、直接主義の理念は実現されやすいということもできます。

（2）　**249条1項の解釈**　　直接主義を定める249条1項がいう「基本となる口頭弁論」とは、判決の基礎となる訴訟資料が提出された口頭弁論のことをいいます。通説は、複数の口頭弁論期日が行われたとしてもそのすべての期日の積み重ねが一体として判決の基礎になるという「口頭弁論の一体性」の原則から、「基本となる口頭弁論」とは、判決言渡期日前の最終口頭弁論期日のことを意味すると解しています。したがって、「基本となる口頭弁論に関与した裁判官」とは、判決言渡期日に直結する最終口頭弁論期日に関与した裁判官のことであるとされています。

　249条1項の違反は、絶対的上告理由（312条2項1号）または再審事由（338条1項1号）になると考えられています。

（3）　**弁論の更新**　　訴訟の審理が長期化すると、担当裁判官（単独体の裁判官、合議体の構成員の1人または複数）が転勤等の理由から交代することが避けられません。この場合、審理をやり直すことはできないので、弁論の更新というテクニックが用いられます（249条2項）。

弁論の更新とは、従来の弁論の結果を新しい裁判官に対して当事者が報告する行為であり、その新しい裁判官は、この報告を聴取することによって、基本となる口頭弁論にはじめから関与していた（249条1項参照）とみなされます。

　裁判官の交代があったが、弁論の更新がされることなく判決が言い渡された場合、判例は、249条1項違反になるとしています（最判昭33・11・4民集12巻15号3247頁など）。もっとも、判例は、交代のあった日に弁論の更新を忘れても、最終口頭弁論期日までに弁論の更新をした上で判決を言い渡した場合は、249条1項の違反にならないとしています（最判昭51・6・29判時823号52頁参照）。

　なお、単独の裁判官が代わった場合または合議体の裁判官の過半数が代わった場合で、その前に尋問をした証人について当事者が更に尋問の申出をした場合は、裁判所は、その証人の尋問を再度行わなければなりません（249条3項）。証人尋問では、証人の供述態度が信用性を判断するための重要な要素となるからです。

　（4）　例　外　　直接主義が徹底できない例外的な場合として、裁判所外での証拠調べ（185条）、受命裁判官等による証人尋問（195条）、大規模訴訟審理の特則（268条）があります。

3　公開主義

　（1）　原　則　　憲法82条1項は「裁判の対審及び判決」は公開法廷でされなければならないと規定しています。民事訴訟についてこれを具体化すれば、口頭弁論、証拠調べ、判決言渡しは一般大衆に公開された法廷で行わなければならないことを意味します。公開主義違反は、絶対的上告理由です（312条2項5号）。

　歴史的に見ると、裁判を非公開で行うことで、秘密裏に政治犯罪者を処罰するようなことが行われていました。このような歴史を反省して、非公開が可能な場合をできる限り制限して、透明性のある手続を国民に対して保障し、裁判に対する国民の信頼を確保するという点に、公開主義の目的があります。

　（2）　非公開が可能な場合　　憲法82条2項は、裁判官の全員一致で公の秩序または善良の風俗を害するおそれがあると判断したときは、対審を非公開とすることができるとしています。しかし、通常の民事訴訟事件で、弁論を公開

すると公序良俗に反するような事件はほとんど想定できないと思われますし、実際にも、民事訴訟法には、非公開にできる場合を具体的に認めた規定はありません（ただし203条の3第2項）。

　これに対して、当事者の私生活上の秘密にかかわる人事訴訟や営業秘密の保護が問題となる知的財産訴訟では、当事者尋問・証人尋問を非公開とする必要性が強いことから、非公開を認める特別な規定が導入されています（人訴22条、特許105条の7、不正競争13条。さらに特許法105条の4の秘密保持命令も参照）。プライバシーや営業秘密が公になることを恐れて訴訟の提起をためらうことは好ましくないことによるものです。もっとも、これらの特別規定が憲法82条2項となぜ抵触しないかを説明することは、必ずしも容易ではありません。

　（3）　**訴訟記録の公開**　　訴訟記録は、当事者の秘密保護のために閲覧制限（92条、133条の2）がかかっていない限り、だれでも閲覧することができます（91条1項・91条の2第1項）。訴訟の当事者は、その訴訟の記録の閲覧ができるほか、謄写などを求めることもできます（91条3項・91条の2第2・3項）。

Ⅳ　当事者の欠席と手続の進め方

1　規制の必要性

　口頭主義の下では、当事者（および代理人）の出席（条文では「出頭」といいます）がないと手続を進行することができないので、当事者の双方ないし一方が口頭弁論期日に欠席をすると、訴訟の進行が遅滞するおそれがあります。また、当事者の一方または双方が欠席を繰り返すということもあります。その結果として審理が長期間にわたり空転すると、裁判所全体の事件処理が遅れ、他の利用者にも迷惑となります。被告は訴訟に応訴せざるを得ない以上、その関与は最小限であるべきであり、また、原告は、できるだけ早く自分の勝敗を明らかにすることに強い関心を持ちます。これらの利益は正当な保護に値するので、一方当事者による引き延ばし策を認めるわけには行きません。また、当事者双方が欠席した場合の対策も考える必要があります。

2　当事者の出席を要しない場合

　証拠調期日（183条）、判決言渡期日（251条2項）には、当事者の出席を要し

ません。したがって、たとえ当事者双方が欠席であっても期日を行うことができます。判決言渡しの場面では当事者の訴訟行為は不要であり、判決書の送達を受けてから上訴するかどうかを熟慮することができるので（255条・285条）、判決の内容を当日法廷で知る必要もないからです。また、証拠調べ、とくに人証調べは当事者のなすべきことですが、適法に呼出を受けた当事者の欠席によって期日が流れると訴訟進行の重大な妨げになり、証人にも迷惑になることから、このような扱いが認められています。

3　最初にすべき口頭弁論期日の欠席

（1）　当事者一方の欠席

> **事例11－1**
> 　当事者双方が適法に呼出しを受けた最初にすべき口頭弁論期日で次のような事態が生じた。
> ⑴　原告だけが欠席した。
> ⑵　被告が、原告の請求を争う旨の答弁書を提出して欠席した。

　最初にすべき口頭弁論期日に当事者の一方が欠席した場合は、口頭主義の例外として、欠席した当事者がすでに提出している訴状または答弁書その他の準備書面の記載事項について陳述を擬制をすることが認められています（158条）。一方当事者の都合だけで訴訟が開始できないと、出席した当事者および裁判所に対する迷惑の度合いが大きいから、とりあえず訴訟を始めるための手段を講じたものです。

　なお、条文が「最初にすべき口頭弁論期日」と定め「第1回の口頭弁論期日」と表現していないのは、第1回期日を指定した後にそれが延期され、第2回期日ではじめて弁論が行われるようなことがありうるため、この規定が適用されるのは、実際に最初に行われた口頭弁論の期日であることを明確にしたいからです。

　以上から、**事例11－1**の⑴のように原告だけが欠席した場合は、すでに提出されている訴状の記載事項すべての陳述を擬制し、被告は口頭でそれに対する答弁書の記載事項を陳述し、手続を進めます。**事例11－1**の⑵のように被告が

原告の請求を争う旨の答弁書を提出して欠席した場合は、原告が口頭で訴状の記載事項を陳述し、それに対する被告の答弁書の記載事項がすべて陳述されたとみなして、手続を進めます。

（2）双方当事者の欠席　　事例11－1と同じ状況で、双方当事者が最初にすべき口頭弁論期日に欠席したときは、裁判所だけでこの期日を行うことはできず、訴状および答弁書の陳述擬制もできません。したがって、この場合は訴訟を開始できないので、あらためて期日を指定して双方当事者を呼び出すことになります。

4　最初にすべき口頭弁論期日で欠席した被告が争わない場合

事例11－2
　最初にすべき口頭弁論期日で原告は出席したが、次のような事態が生じた。
　(1)　適法に呼出しを受けた被告が答弁書を提出しないままに欠席した。
　(2)　被告が夜逃げして所在不明であるとして訴状・呼出状が公示送達された。

事例11－2の(1)つまり、最初にすべき口頭弁論期日に、適法に呼出を受けた（94条1項・139条参照）被告が、答弁書を提出しないまま欠席したらどうなるでしょうか。この場合、答弁書がないので、その陳述擬制はできません。しかし、口頭弁論期日に欠席した被告については、原告の主張した事実を争うことを明らかにしない場合と同一視され、原告の主張した事実を自白したものとみなされます（159条3項による159条1項の準用）。これを擬制自白といいます（→ Lesson 14 - **V** - 5）。訴状を受領し現実に呼出しを受けたにもかかわらず、なんらの防御活動をしない被告は、原告の主張を争う意思がないとして扱うのです。

　したがって、被告は、原告が主張した請求原因事実のすべてを自白したとみなされるので、裁判所は、請求原因事実のすべてがあるものと判断しなければならず（→ Lesson 14 - **V** - 5）、他に抗弁の提出もないことから、これにより裁判をするのに熟したと判断され、弁論を終結して終局判決をします（243条1

図11-1　当事者の欠席とその効果

最初の口頭弁論期日で当事者が欠席			原　告	
			出　席	欠　席
被告	出　席		—	訴状陳述擬制
	欠　席	答弁書あり	答弁書陳述擬制	新たな期日を指定・呼出し
		答弁書なし	擬制自白	同上
	所在不明（公示送達）		訴状陳述、立証	同上

2回目以降の口頭弁論期日に当事者が欠席		原　告	
		出　席	欠　席
被　告	出　席	—	被告主張の擬制自白あり
	欠　席	原告主張の擬制自白あり	なお続行期日指定しない→訴え取下げ擬制終局判決

項)。なお、この場合は、簡略な判決の方式が認められています（254条1項1号)。

　事例11-2の(2)つまり、被告が所在不明であるとして、訴状等が公示送達された場合（110条1項1号・111条・112条1項)、被告は答弁書を提出しないまま欠席しています。しかし、欠席した場合の擬制自白は、擬制的な送達である公示送達による呼出しのときは認められません（159条3項ただし書)。公示送達の場合は、被告は訴え提起の事実を知らないので、およそ防御活動をする余地がなく、訴えに応答しなかったからといって原告の主張を争う意思がないと見ることはできないからです。したがって、原告は、必要な主張立証により認容判決を得る活動をしなければなりません。しかし、契約書など確実な証拠がある場合それは難しくはなく、簡略な方式により判決がされます（254条1項2号本文)。

5　その後の口頭弁論期日の欠席

事例11-3
　2回目の口頭弁論期日以降の指定された期日で次のような事態が生じた。
(1)　一方の当事者が欠席した。
(2)　当事者双方が欠席した。

（1）　**一方当事者の欠席**　　事例11-3の(1)のように、その後の口頭弁論期日に当事者の一方が欠席した場合は、口頭主義の原則が適用され、準備書面の陳述擬制は、たとえそれが期日前に当事者間で交換されていた場合であっても、認められません。したがって、出席した当事者に準備書面を陳述させて、訴訟を進めます。ただし、準備書面に記載していない事項を主張することは、欠席した当事者に対して予告なしに主張することになるので、できないとされています（161条3項）。また、口頭弁論期日に欠席した当事者については、相手方の主張を自白したものとみなされる（擬制自白）ことがあります（159条3項による159条1項の準用）。ただし、その直後の期日で、争う姿勢を示せば自白の効果は生じません。

　以上の進め方の結果、当事者間においてもはや争点がなく、裁判をするのに熟したと判断されるときは、裁判所は、弁論を終結して終局判決をします（243条1項）。これに対して、終局判決をするには不十分と判断されるときは、期日を続行し、職権により次回期日を指定するか、期日につき、追って指定とします。

（2）　**双方当事者の欠席**　　事例11-3の(2)の場合は、やや複雑です。前回の期日ですでに裁判をするのに熟していたが、念のためさらに期日を続行したにもかかわらず、当事者双方が欠席したならば、裁判所は弁論を終結して終局判決をします。しかし、このような事情がない場合は、次のような選択肢が考えられます。

①　期日を続行し、職権により次回期日を指定するか、期日につき、追って指定とする。

②　期日を続行しないものとして、訴えの取下げ擬制の可能性を開く（→6）。

③　裁判所は、当事者の双方が口頭弁論の期日に出頭せず、または弁論をし

ないで退廷をした場合において、審理の現状及び当事者の訴訟追行の状況
を考慮して相当と認めるときは、終局判決をすることができる（244条）。

6　訴え取下げの擬制

> 事例11－4
>
> 　ある期日に当事者がどちらも出席しなかった。裁判所はその期日を終了
> することとし、続行または期日を追って指定するという措置を採らなかっ
> た。そして、当事者から期日指定の申立てがないままに時間が経過した。

　この事例11－4ですが、当事者双方が、口頭弁論の期日に出席せず、または
弁論をしないで退廷をした場合に、その期日から1月以内に当事者から期日指
定の申立てがないときは、訴訟を行う意思を失ったとみなして、訴えの取下げ
があったものとみなされます（263条前段）。当事者双方が連続して2回、口頭
弁論期日に出席せず、または弁論をしないで退廷をしたときも同じです（263
条後段）。

V　ウェブによる口頭弁論への参加

　2022年改正法は、裁判所が相当と認めるときは、当事者の意見を聴いて、
ウェブ会議システム（裁判所および当事者双方が映像と音声の送受信によって相手の
状況を相互に認識しながら通話することができる方法）によって、口頭弁論期日の
手続を行うことができると定めました（87条の2第1項）。この方式で期日に関
与した当事者は、その期日に出席したものとみなされます（87条の2第3項）。
立法者は、ウェブ会議システムが利用される場合であっても、口頭主義、直接
主義、当事者公開主義は守られていると考えたわけです。
このように、当事者には、ウェブ会議システムによって裁判所外から口頭弁論
期日に参加することが認められていますが、受訴裁判所は、リアルな法廷にお
いてその期日を開かなければなりません。これは、裁判の一般公開の原則（→
Ⅲ-3（1））を守るためです。したがって、バーチャル法廷やオンライン手続
のみで完結する訴訟手続は、いまのところ認められていません。

Lesson 12　弁論主義

Ⅰ　定　義

　弁論主義とは、事実と証拠の収集、提出を当事者の権限・責任とする原則をいいます。これと反対の原則を職権探知主義といい、裁判所が職権により収集した事実と証拠も裁判の基礎にすることができます。

　民事訴訟法が弁論主義を基本原則としていることの条文上の根拠は、次のとおりです。まず、民事訴訟法には、弁論主義から導き出される内容の一つである「当事者間で争いがない事実はそのまま判決の基礎としなければならない」ことを示す規定があるので（179条・159条1項）、この規定が、弁論主義を採用していることの手がかりとなります。また、民事訴訟の特別形態である人事訴訟については、「当事者間で争いがない事実はそのまま判決の基礎としなければならない」ことを排除する規定（人訴19条1項）と弁論主義の反対概念である職権探知主義を採用する規定（人訴20条）があることから、通常の民事訴訟では弁論主義が適用されることを逆に推論することができます。

Ⅱ　弁論主義の3原則

1　3つの原則

　弁論主義は、次の3つのルールの集合体であるといわれています。

第1原則：裁判所は、当事者から主張がない事実を判決の基礎とすることができない（訴訟資料と証拠資料の峻別）。

第2原則：当事者間で争いがない事実はそのまま判決の基礎としなければならない（自白の裁判所拘束力）。

第3原則：裁判所は、当事者から申出のない証拠方法を取り調べてはならない（職権証拠調べの禁止）。

2　弁論主義の第1原則

事例12－1
　Xは、令和4年3月1日に、中古普通乗用車aを、代金150万円で、Y
に対して売った（売買の合意をした事実）と主張して、代金150万円の支払
いを求める訴えを提起した。この訴訟で、Yは、売買の合意をした事実が
ないと主張した。証拠調べを行ったところ、売買の合意をした事実が認め
られるのと同時に、Yは、同年4月1日に、Xに対して、中古普通乗用車
aの売買代金として150万円を支払った事実（弁済の事実）も判明した。そ
こで裁判所は、この2つの事実を判決において認定し、Xの請求を棄却す
る判決をした。

（1）　事例の分析方法　　事例12－1では、弁論主義の第1原則（以下、「第
1原則」とする）が問題となります。この原則は、当事者から主張がない事実
を判決の基礎とすることができないというものです。したがって、当事者が主
張した事実と裁判所が認定した事実（＝判決の基礎にした事実）を比較して、当
事者が主張していないが裁判所が認定した事実があるかどうかを検討すること
で、この原則の違反があるかどうかが判断できます。

（2）　第1原則の趣旨　　第1原則をこの例に当てはめると、裁判所は、当
事者から主張がない弁済の事実を認定することはできません（この事実の意味に
ついてはさらにⅢ－1参照）。この事実を認定するということは、証拠資料（＝証
拠調べの結果得られた資料）を利用して、訴訟資料（＝当事者の事実主張）が欠け
ている部分について、裁判所がこれを勝手に補充したことを意味します。この
ような裁判所の行為は、当事者が形成した争点（この例では、XY間で売買の合
意があったかどうかということ）を無視した裁判を職権によってすることにな
り、裁判のテーマ設定に関する当事者の主体性を害することになるため、許さ
れません。これが、第1原則の趣旨です。

（3）　主張責任　　この例では、弁済の事実を認定することができないの
で、Xの請求は認容されます。この状況をYの立場から表現すると、弁済の事
実の主張がなければ、弁済による債務消滅という法律効果を認めることができ
ず、Yは敗訴します。このように、裁判上必要な事実が主張されないと、その

事実に基づく法律効果の発生が認められず、その効果を自己に有利に援用しようとする当事者は、敗訴という不利益を受けます。この意味での不利益を当事者の一方が負担することを、主張責任といいます。どちらの当事者がどの事実について主張責任を負うのかは、証明責任の分配原則によって定まります（→ Lesson 15 - Ⅱ）。

この例では、Ｘが売買の合意の成立について、Ｙは弁済について、それぞれ主張責任を負っています。

（４） **主張共通の原則**　この例で、Ｘが、Ｙから代金の弁済を受けたと主張した場合、弁済の事実は当事者から主張があった事実となり、裁判所は、この事実を判決の基礎にすることができます。このことを「主張共通の原則」といいます。第１原則は、「当事者」から主張がない事実を裁判所が考慮してはならないとのルールであり、主張した当事者にとってそれが自滅的な主張であっても、当事者から主張がある以上は、それを考慮することができるのです。[1]

（５） **訴訟資料と証拠資料の峻別**　第１原則は、「訴訟資料の不足を証拠資料によって補充してはならない」ルールであると言い換えることができます。例えば、事例１で、Ｙに対する当事者尋問が行われ、「Ｙは代金の全額を支払った」との供述をＹがしたとしても、代金支払の事実の主張があったことにはなりません（→ Lesson 16 - Ⅲ - 1）。当事者尋問での供述は、証拠調べの結果得られた証拠資料であり、訴訟資料（事実の主張）ではないからです。弁論主義の下では、訴訟資料と証拠資料は明確に区別されるのです。

3　弁論主義の第２原則

事例12-2
　Ｘは、令和４年３月１日に、中古普通乗用車 a を、代金150万円で、Ｙに対して売ったと主張して、代金150万円の支払いを求める訴えを提起した。この訴訟で、Ｙは、Ｘ主張の売買の合意をした事実を認める旨の陳述をした。

事例12-2では、弁論主義の第２原則（以下、「第２原則」という）が、以下の

ような形で、問題となります。この例で、Ｘは、「Ｘは、令和４年３月１日に、中古普通乗用車ａを、代金150万円で、Ｙに対して売った」との事実を主張し、Ｙは、この事実を認めると陳述しました。このＹの陳述は、「当事者が、口頭弁論において、相手方が主張する自己に不利益な事実を認める陳述」に該当するので、Ｙは、Ｘ主張の売買の合意をした事実について裁判上の自白をしたと扱われます。裁判上の自白が成立すると、第２原則により、裁判所は、自白が成立した事実をそれがあるものとして、そのまま判決で認定しなければなりません（179条）。言い換えれば、当事者は、自白することで証拠調べの対象を絞り込む権限があり、裁判所は、自白が成立した事実が存在することについて疑いを抱いてはならないのです。第２原則については、Lesson 14 - Ⅴ - 2 で別に説明します。

4　弁論主義の第３原則

> **事例12-3**
>
> 　Ｘは、令和４年３月１日に、中古普通乗用車ａを、代金150万円で、Ｙに対して売ったと主張して、代金150万円の支払いを求める訴えを提起した。この訴訟で、Ｙは、売買の合意をした事実がないと主張した。そこで、裁判所は、この点についての真実を知ると見られるＡを探し出し、職権により証人尋問した。

　事例12-3は、裁判所は、職権により証拠調べをしていることから、弁論主義の第３原則（以下、「第３原則」という）が問題となります。条文上、証人尋問（190条以下）という証拠調べは、当事者が、証明すべき事実を特定し、証人を指定した上で証拠の申出（180条１項、規則106条）をしなければ、行うことができません。第３原則は、証拠の取捨選択、申出に関する当事者の主体性を保障するものです。よって、**事例12-3**の証人尋問は違法であり、それによって得られた証拠資料を利用することはできません。

　もっとも、裁判所は、事実関係を迅速かつ適正な形で解明することに重大な利害関係を有していますので、その観点から、職権による証拠調べが例外的に許されることがあります（3条の11・14条・207条・237条、行訴24条など）。

III 第1原則の適用対象

事例12-4

　Xは、令和4年3月1日に、中古普通乗用車aを、代金150万円で、Yに対して売った（売買の合意をした事実＝請求原因事実）と主張して、代金150万円の支払いを求める訴えを提起した。

(1)　Yは、X主張の請求原因事実はないと主張した。そこで、証拠調べを行ったところ、売買の合意をした事実が認められるのと同時に、Xに対して、中古普通乗用車aの売買代金として150万円を支払った事実（弁済の事実＝抗弁事実）も判明した。そこで、この2つの事実を判決において認定した。

(2)　Yは、X主張の請求原因事実はないと主張した。そこで、証拠調べを行ったところ、「YはX所有の当該自動車を前から買い受けたいといっていた」、「YはXに当該自動車の買受について複数回問い合わせをしていた」との事実が判明した。そこで、裁判所は、これらの事実に基づいてX主張の請求原因事実が認められると判断した。

(3)　Yは、X主張の請求原因事実はないと主張した。そこで、Xは自分に有利な証言をする可能性があるAの証人尋問を申し出た。尋問の過程で、AはXの小学校以来の大親友であるとの事実が判明した。

1　主要事実、間接事実、補助事実

（1）**定　義**　　主要事実とは、権利の発生、変更、消滅という法律効果を判断するのに直接必要な事実です。間接事実は、主要事実の存否を推認するのに役立つ事実であり、補助事実は、証拠の証拠能力や証明力を左右する事実です。裁判をするにあたってはさまざまな事実が重要となりますが、これらの事実は、この3つの類型のどれかに該当します。

（2）**事例の検討**　　事例12-4(1)で、Xが主張する売買の合意の事実は、訴訟物である売買代金支払請求権の発生を導く請求原因事実なので、主要事実にあたります。また、当事者から主張がない弁済の事実も、代金債務の消滅を導く抗弁事実なので、主要事実です（請求原因、抗弁→Lesson18）。

(2)の「YはX所有の当該自動車を前から買い受けたいといっていた」などの事実は、請求原因事実の存在を推認させる事実なので、間接事実にあたります。

(3)で、この訴訟でXに有利な証言をした証人AがXとは小学校以来の大親友であるという事実は、Aの証言の信用性に影響を与える事実なので、補助事実にあたります。

2　第1原則は「主要事実」のみに適用される

通説は、第1原則は主要事実のみに適用され、間接事実や補助事実には適用されないとしています。したがって、通説によれば、当事者から主張がない間接事実や補助事実を証拠調べの結果（証拠資料）から引き出して、それを判決の基礎（訴訟資料）にすることが許されます。したがって、事例の(1)では、弁済の事実を認定した点が第1原則違反となりますが、(2)および(3)で間接事実、補助事実を当事者の主張なしに証拠資料から引き出して認定することは、第1原則に違反しません。

第1原則が主要事実のみに適用されるという通説は、どのような理由に基づくのでしょうか。通説は、証拠資料から判明した間接事実を当事者の主張がないとの理由から認定できないとすると、自由心証主義（247条→Lesson 14 - Ⅱ）に抵触するからであると説明します。これを事例の(2)で具体的に説明すると、「YはX所有の当該自動車を前から買い受けたいといっていた」などXY間での売買契約の存在を推認させる事実が証拠調べにより明らかになった以上は、それに基づいて売買契約があったと認定することができると考えるべきであるということです。反対に、間接事実の主張がなかったから、その事実を認定することは許されないと解すると、売買契約があったとの心証を得た裁判官に対して契約の成立を認めてはならないという不自然な事実認定を強いることになります。これは、裁判官の心証形成を不当に制約することになるので、自由心証主義と矛盾します。事例の(3)も同様です。

なお、ほかに、主要事実が法律効果の直接的な要件となる訴訟上重要な事実であり、最終的な証明対象だから、当事者の主張を要するが、間接事実はそうではないという理由付けも考えられます。⁽³⁾

Ⅳ 裁判所の釈明権・釈明義務

事例12-5

(1) Ｙは、Ｘが提起した金銭消費貸借契約に基づく貸金返還請求訴訟で、抗弁として、利息制限法に基づいて制限超過利息分を元本に充当することを主張するが、その具体的な計算に誤りがあることがわかった。裁判所は、この点について釈明権を行使して主張の補正を促すことができるか。この状況で、計算の誤りを知った裁判所は釈明すべき義務を負うか。

(2) ＸはＹに対して金銭消費貸借契約に基づく貸金返還請求訴訟を提起した。裁判所は、Ｙが債務の一部を弁済しているのではないかとの感触を持ったが、Ｙはこれを抗弁として主張しない。裁判所は、この事実を主張するようＹに促すことはできるか。この状況で、裁判所は釈明すべき義務を負うか。

1 定 義

　裁判所は、訴訟関係を明瞭にするために当事者に対して問いを発し、または立証を促す権限を有しています（149条1項）。この権限を釈明権といいます。[4]
この権限は、実体に合った裁判の実現、当事者間の公平性の回復などの目的から認められるものであり、裁判のテーマ設定について当事者の主体性を尊重する弁論主義を、裁判所が後見的な立場から補充するという役割を有しています。つまり、事例において、どのような主張をするのかは弁論主義により当事者が責任を負う事項だから、裁判所が、当事者の主張が適切でないことを知っても、黙ってその不適切な主張に応じた判決をすべきであるという考え方もありえます。しかし、それでは、適正な裁判の実現という理念が果たされず、司法に対する信頼も失われることから、弁論主義の形式的な適用による不合理さを修正するために、裁判所が当事者の主張、立証に介入できる権限が与えられたのです。

　釈明権は弁論主義の領域で機能するものですが、同様に裁判のテーマ設定について当事者の主体性を尊重する処分権主義（→ Lesson 19 - Ⅰ - 1）の領域で

も、釈明権は機能します。例えば、原告は売買目的物の引渡しを求めて訴えたところ、当事者間の主張、立証の結果、目的物が被告の責めに帰する事由により滅失していることが判明した場合、裁判所は、より適切な請求である損害賠償請求権へと訴えを変更するように釈明することができます（訴えの変更を促す釈明につき、最判昭45・6・11民集24巻6号516頁参照）。

　釈明権は、合議体では裁判長にこれを行使する権限があり、陪席裁判官は裁判長に告げて行使することができます（149条1項・2項）。また、期日外釈明という方法も認められています（149条4項、規則63条）。

2　積極的釈明と消極的釈明

　釈明は、消極的釈明と積極的釈明の2種類に分けられます。消極的釈明とは、当事者が一応必要な主張や申立てをしているが、それが理解できない、あるいは矛盾している場合に、裁判所から問い質すものをいい、事例の(1)がそれにあたります。積極的釈明は、必要な主張をしていない、必要な証拠を提出していない場合に、それをすれば勝つかもしれないと示唆し、当事者の主張、立証、申立てを促すものをいいます。事例の(2)がそれにあたります。

3　釈明義務

　裁判所による釈明権の行使が事案の適正な解明上必要とされる場合、裁判所は、釈明をする権限があるだけではなく、釈明権を行使するべき義務を負います。釈明義務があるということは、その場合に釈明権を行使しないで判決することが違法となるという意味です。

　釈明義務違反は控訴理由とすることはできますが、法令違反なので最高裁判所に対する上告理由にはなりません（312条参照）。ただし、上告受理申立ての理由にはなりえます（318条）。

　（1）　消極的釈明事項と釈明義務　　消極的釈明は、当事者の意図を明確に実現するために裁判所が助けを与えるものであり、正しい事件の解決には不可欠なものなので、消極的釈明の対象となる事項については、一般論として、釈明義務が認められます。事例の(1)でも釈明義務があると考えてよいでしょう。

　（2）　積極的釈明事項と釈明義務　　積極的釈明の対象となる事項について

も、抽象論としては、釈明義務があると解されています。釈明権が事件の適正な解決を目的とするのなら、ある主張や申立てがあればより適切な解決ができるということを知った裁判所は、事件の適正な解決のために釈明すべきだからです。しかし、積極的釈明の対象となる事項について釈明義務を認めると、裁判所が一方当事者をえこひいきするかのような外観が生じて、当事者間の公平を害する危険があります。また、適切な主張を組み立てることは当事者の責任なので、積極的釈明事項についての釈明義務を広く認めると、当事者が主体的な判断をせずに、裁判所に頼ってしまうという問題が生じます。

　結局は、個別の事件におけるさまざまな具体的状況を考慮した上で、釈明義務があるかどうかを判断するより仕方がありません。有力な学説は、その場合に考慮すべき要素として、①判決における勝敗逆転の可能性が濃いかどうか、②当事者の申立てや主張における法的構成が適切かどうか、③釈明権の行使をまたずに自発的な主張立証等を期待できるかどうか、④当事者間の公平を著しく害することにならないかどうか、⑤その他、一回的紛争解決の要請や釈明によって訴訟が著しく遅延しないかなどを総合考慮して、釈明義務があるかどうかを決定するべきであると論じています。

　事例の(2)も具体的状況次第ですが、弁済の抗弁のような勝敗を左右する典型的な主張について証拠資料からその成立が予測されるのに、釈明権を行使しないままに判決をすることは、違法と評価されるのではないでしょうか

V　弁論主義の合理性

　弁論主義とは、事例12-1で問題となったように、売買代金支払請求訴訟で当事者から主張がない弁済の事実をたまたま裁判官が知ったとしても、判決に反映させることが許されないことを意味します（ただし、Ⅳ-3の釈明義務は度外視します）。では、なぜ、このような考え方は、民事訴訟制度上合理的だといえるのでしょうか。弁論主義の本質論が、この問題を解明する手掛かりとなります。

　弁論主義の本質論については、いくつかの学説がありますが、通説は、本質説という考え方を採っています。この考え方は、私的自治の原則が支配する財産上の権利関係の実現については、当事者の意思を尊重した解決であることが

望ましいので、訴訟資料の収集、提出段階でも当事者の権限を最大限尊重するのが妥当であるとする見解です。その意味で、弁論主義は、民事訴訟の本質的な要請であるとします。

　本質説によれば、弁論主義を支える基本的な理念は、当事者の自己決定権、当事者の主体性の尊重に求めることができ、それに基づいて、弁論主義が合理的であるという説明をしてゆくことになります。

（1）　この主張をYが援用すると、Xにおいて裁判上の自白が成立する。

（2）　主要事実は要件事実といわれることもある。要件事実と主要事実の関係について、要件事実は実体法規の法律要件となっている類型的事実であり、その要件事実に該当する具体的な事実が主要事実であるとする見解がある。しかし、そのような類型的事実は当該法規の法律要件にすぎず、それを具体化した事実が要件事実である（要件事実と主要事実は同じ概念である）とするのが、いわゆる要件事実論の基本的な前提となっている。本書は、後者の立場による。

（3）　明確、決定的な証拠がない事件では、様々な間接事実の積み重ねから主要事実の有無を推測するという作業が欠かせない。そのような場合は、争点である主要事実を裏付ける間接事実、その不存在を推測させる間接事実も争点整理の対象とした上で、その存否について当事者の主張、立証を尽くさせなければ、適正な裁判をしたということはできず、不意打ちの事実認定の危険が高まる。その意味では、間接事実をおよそ第1原則の適用対象から排除するのは、形式論にすぎるように思われる。

（4）　ただし、釈明権の行使に応じて釈明するのは当事者であり、裁判所が釈明をするわけではない。

Lesson 13　審理の充実と訴訟促進のための手段

Ⅰ　審理の充実、促進の必要性

　民事訴訟の理念は、紛争の適正・迅速な解決であり、公正な手続に基づいて内容の正しい判決を迅速に行うことが目標となります。そのためには、訴訟の進め方を計画的に組み立てた上で、早期の段階で情報を集約して、当事者間の紛争の核心となる重要な争点を見つけ出し、その争点に対する裁判をするために必要な・質の高い証拠を集めることが必要です。つまり、内容の充実した審理を迅速に行うことが必要となります。

　ところが、昔の民事訴訟には、次のような問題点があったといわれています。

〔昔の裁判の問題点〕

① 　訴状、答弁書記載の形式化：訴状や答弁書では最低限の抽象的な主張のみが記載され、具体的な主張が記載されていなかった。

② 　口頭主義の形骸化：各期日は準備書面交換の場にすぎなかった。

③ 　審理の散漫化と長期化：争点を絞らないままに、隔月ごと何回も期日を開いていた。

④ 　証拠調べの長期化による事案解明度の低下：例えば証人が3人いる場合、1〜2カ月おきに3回の証拠調べ期日を実施した。その結果、前の尋問の結果を検討して、つじつまを合わせるようなトレーニングが可能であった。

⑤ 　直接主義の形骸化：1つの事件の審理が長期化すると、その間に裁判官の交代が避けられず、結果的に、訴訟記録の記載に依存する裁判が行われていた。

　このような旧来型の審理方式は、その後、次のような考え方に沿って改善されるべきであるといわれるようになりました。

〔改善のポイント〕

① 　訴状・答弁書記載事項の詳細化（早期に具体的な主張を行う）

② 口頭主義の復活（期日における口頭での議論）
③ 争点及び証拠の整理手続の実施：「争点＝証拠調べの対象」の絞込み、争点解明のために真に必要な証拠の絞込みを早期に実施
④ 集中証拠調べ（人証調べ）の実施

1996年の民事訴訟法改正は、このような方向をめざしたものです。現在の審理の流れは基本的に次のような形になっています。

図表13－1　現在の民事訴訟

訴えの提起	訴状では請求の原因のほか、請求を理由付ける事実を具体的に記載する（規則53条）

訴状の送達と第１回期日の指定・呼出し・答弁書の提出
答弁書での相手の主張を争う旨の記載は具体的でなければならない（規則80条）

第１回口頭弁論期日　訴状、答弁書の陳述と今後の進め方の協議、決定

争点整理手続　当事者（代理人）の出席の下、訴状、答弁書、その後に提出された準備書面を照合し、口頭での議論を通じて争点を絞り込み、また、争点の立証に必要な人証として誰を尋問するのかを決定する。

証拠調べ期日　複数の人証は１回の期日か（できるだけ間隔を短くした）連続する期日で
(集中証拠調べ)　取り調べる。

最終口頭弁論期日(弁論の終結)

判決言渡し

II　適時提出主義

1　攻撃防御方法

156条、157条１項、161条２項、167条、174条、178条などでは、攻撃または防御の方法（以下、「攻撃防御方法」という）という用語が用いられています。当事者は、請求について申立て（訴えによる請求の定立、請求棄却の申立て、訴え却下の申立てなど）を行いますが、この申立てを理由付けるために提出される訴訟資料のことを攻撃防御方法といいます。これには、当事者の事実上および法

律上の主張、事実上の主張に対する相手方の応答、立証（証拠の申出）、証拠抗弁（証拠の信用性に関する補助事実の主張）が含まれます。なお、攻撃方法とは、原告の申立てを理由付けるもの、防御方法とは、被告の申立てを理由付けるものをそれぞれ指しています。

2　口頭弁論の一体性と随時提出主義・適時提出主義

（1）　口頭弁論の一体性　争いがある事件では、口頭弁論の期日は複数回行われます。その場合、すべての期日の積み重ねが一体として判決の基礎になります。このことを、口頭弁論の一体性と呼んでいます。

（2）　随時提出主義か適時提出主義か　口頭弁論の一体性からすると、数回の期日が行われる場合、必要な攻撃防御方法は、最終の口頭弁論期日までであればどの段階で提出してもかまわないということになりそうです。このような考え方を随時提出主義といい、かつての民事訴訟法は、随時提出主義を採用していました。しかし、必要な攻撃防御方法はいつ提出してもかまわないとしてしまうと、無計画に攻撃防御方法を提出することを許すことになり、当事者は十分な事前の準備活動をしないままに訴訟に臨むことになりがちです。これは、審理の長期化、争点の拡散化を招きます。また、訴訟の最後の段階で、実はその争点は重要でなく、異なる争点や証拠があると主張することは、相手にとって不公平ですし、その争点を審理しなおすことによる時間の浪費は、その他の訴訟利用者を害します。

そこで、現在の民事訴訟法は、迅速かつ内容の充実した裁判のために、攻撃防御方法の提出は、「随時提出」でなく「適時提出」が原則であることを明確にしました（156条）。これを適時提出主義といいます。

3　時機に後れた攻撃防御方法の却下

適時提出主義を採る以上は、必要な主張や証拠が適当な時期に提出されず、かなり後になってから提出された場合、なんらかの制裁を受けることがあるとしなければなりません。そこで、裁判長は、準備書面の提出期間を裁定することができます（162条）。さらに、裁判所は、当事者が故意または重大な過失により時機に後れて提出した攻撃防御方法を却下することができます（157条）。

このような規定により、攻撃防御方法提出期間の遵守による訴訟の迅速化がめざされています。

Ⅲ　書面による弁論の準備

1　書面主義による口頭主義の補充

　攻撃防御方法の提出と相手方の提出した攻撃防御方法への応答は、書面によって行わなければなりません（161条1項）。この書面を、準備書面といいます。口頭弁論の準備が書面で事前に行われることで、当事者と裁判所は、その口頭弁論期日における当事者の主張を予測した上で当該期日に臨むことができ、その場で疑問点などを口頭で議論することができるので、充実した審理が期待できます。したがって、書面による弁論の準備は、口頭主義と矛盾するものではなく、口頭主義を補充するものということができます。

2　準備書面

①　訴状：訴状には、訴状の必要的記載事項（134条2項）以外に、請求を理由づける重要な事実なども記載しなければならず、この記載は、準備書面の意味を持ちます（規則53条3項）。

②　答弁書：被告がはじめに提出する準備書面のことです（規則80条）

③　その他の準備書面：各期日前に当該期日における当事者の主張などを記載した書面すべてを指します（161条、規則79条）

（→　訴状と答弁書のサンプルは Lesson 2 末尾）

　準備書面に記載すべき事項は、攻撃防御方法と相手方の請求および攻撃防御方法に対する陳述（応答）です（161条2項）。その他の記載については、民事訴訟規則で細かく定められています（規則2条1項・79条から81条）。また、準備書面は、裁判所に提出するとともに、相手方にファックスを利用して直送する方法がとられてきましたが、今後はオンラインによって裁判所に提出され、相手方は裁判所のサーバーに記録された準備書面を閲覧、複写する方法が広まると見込まれています。

　相手方が一定の方式によって受け取った準備書面に記載がない事実は、相手方が欠席しているときは、その口頭弁論期日では主張できません（161条3

項）。当事者は、準備書面によって、その期日に行う主張を相手方に対して予告します。したがって、予告があったのに、欠席してその主張に対する応答をしなかったときは、その主張を認めたと見られても仕方がありません（159条1項・3項により、擬制自白が成立します）。しかし、欠席した期日において、予告がなかった主張をいきなりされたときには、欠席したことでその主張を認めたとみなすことはできません。この規定は、以上のような趣旨を定めたものであり、欠席した当事者を優遇するものではありません。

IV　争点及び証拠の整理手続

1　手続の目的

　争点及び証拠の整理手続（以下、「争点整理手続」という）とは、①どのような事実関係が争点となるのか（何を証拠調べの対象とするのか）と、②その争点をどのような証拠方法によって証明するのかの2点を、証拠調べの手続（人証調べ）を実施する前に確定するために設けられた手続段階をいいます。この手続は、訴訟審理の充実と促進のために欠かせないものとして、1996年の民事訴訟法改正によって導入されました（164条から178条）。

2　種類と特徴

（1）　**準備的口頭弁論（164条）**　　準備的口頭弁論とは、公開法廷における口頭弁論で争点および証拠の整理を行うものです。これは、口頭弁論を争点整理目的のためだけに利用するものであり、口頭弁論において守らなければならない審理原則のすべて（→ Lesson 11 - II 以下）が適用されます。裁判所および当事者は、口頭弁論でできることは、中間的裁判や、すべての種類の証拠調べを含めてなんでも行うことができます。

（2）　**弁論準備手続（168条）**　　弁論準備手続とは、当事者および裁判所が、法廷以外の場所を利用して、一般公開制限の下に（169条）、争点と証拠について口頭で意見を交換することで、勝負の決め手となる争点と証拠の詰めを行うものです。弁論準備手続は口頭弁論ではなく、口頭弁論において守らなければならない審理原則（とくに公開主義）の適用が制限されることから、柔軟な運用が可能で利用しやすく、実際上も一番よく利用されています。

弁論準備手続は争点整理目的に特化しているため、そこで裁判所ができることには制限があります。すなわち、準備書面の提出を命じること（170条1項）、期日外でできる裁判、書証などの証拠調べ（170条2項。受命裁判官の権限には制約がある。171条2項・3項）、釈明権の行使、釈明処分、弁論の制限・分離・併合、攻撃防御方法の却下、準備書面提出期間の裁定など（170条5項）です。なお、裁判所が相当と認める場合、当事者は裁判所に行かずに電話会議システムやウェブ会議システムにより弁論準備手続をすることができます（170条3項）。

（3）　**書面による準備手続（175条）**　　書面による準備手続とは、当事者が遠隔地に住んでいる、弁護士の事務所が遠い、当事者が長期入院中で出席できない場合などについて、書面の交換だけで争点整理を行うものをいいます。書面による準備手続では、準備書面の提出と交換だけがなしうる行為ですが、そのほか電話会議システムやウェブ会議システムによる協議も可能です（176条2項）。

3　手続の担当主体
①　準備的口頭弁論：受訴裁判所（164条）
②　弁論準備手続：受訴裁判所（168条）または受命裁判官（171条1項）
③　書面による準備手続：受訴裁判所の裁判長（176条1項本文）または受命裁判官（176条の2）

4　要証明事実の確認
争点整理手続を行った裁判所は、争点整理手続の終了時に、その後の証拠調べにより証明するべき事実を確認するものとされています（165条1項・170条5項・177条）。これは、争点整理手続によって確定した争点＝証拠調べの対象事実を、裁判所および当事者が確認し、争点整理手続に連続して行われるべき証拠調べの目標となる争点についての認識を共有し、明確化するために必要なものです。

5 結果陳述

（1） **弁論準備手続**　　弁論準備手続の結果は、その後の口頭弁論で陳述しなければなりません（173条、規則89条）。なぜならば、弁論準備手続でも口頭主義が適用されていますが、口頭弁論ではないために、必要的口頭弁論の原則・公開主義・直接主義という審理原則が適用されないからです。つまり、弁論準備手続を受訴裁判所が実施したときは、この手続では、必要的口頭弁論の原則と公開主義が守られていません。また、受命裁判官が実施したときは、必要的口頭弁論の原則、公開主義のほか直接主義も守られていません。よって、弁論準備手続終了直後に、受訴裁判所が実施する口頭弁論の期日で当事者がこの結果陳述を行うことにより、口頭弁論ではない弁論準備手続という場で当事者が提出した資料を、口頭弁論で当事者が提出したという形に変換する必要があるのです。

（2） **準備的口頭弁論・書面による準備手続**　　これに対して、準備的口頭弁論と書面による準備手続に関してはこのような規定が存在していませんが、それはなぜでしょうか。まず、準備的口頭弁論では、口頭弁論が実際に行われているので、その結果を後の口頭弁論で陳述する必要がそもそもありません。

次に、書面による準備手続で整理された攻撃防御方法は、手続終結直後の口頭弁論期日に提出（口頭弁論への顕出といいます）されなければ、訴訟資料になり得ません。なぜならば、この手続では、およそ口頭による主張が行われていないだけでなく、必要的口頭弁論の原則、直接主義、公開主義のすべてが守られていないからです。よって、この場合は、結果陳述では足りず、整理された攻撃防御方法を口頭弁論で当事者が口頭により陳述しなければならないのです。このことはいわば当然のことなので、規定されていないのです。

6 争点整理手続が終わった後の攻撃防御方法提出に対する規制

準備的口頭弁論または弁論準備手続で、後に行われる予定の証拠調べで解明すべき争点が固まり、取調べの対象である証人が決まって、これらの手続が終了または終結したとします。その後に、別の重要な争点があるとの主張を追加し、あるいは、争点の変更を求め、取調べの対象となる証拠の追加、訂正（別の証人がいるという申出）を求めることは許されるべきではありません。このよ

うなことが許されるとすると、争点整理手続を行った結果が覆されてしまうからです。

　もっとも、場合によっては、手続が終わった後に、予期しなかった新事実が判明することがあるかもしれません。そこで、準備的口頭弁論の終了または弁論準備手続の終結後の攻撃防御方法提出に対しては、当事者にその合理的な理由を説明する義務を課することで（167条・174条）、その義務を果たした場合に限り、手続終了後の攻撃防御方法の提出を許すことにしています。書面による準備手続の終結後にも同様の規律が適用されます（178条）。

　条文によれば、争点整理手続が終わった後に新たな攻撃防御方法が提出された場合、相手方は、その争点整理手続でなぜ提出できなかったのかについて理由の説明を求めることができ、この説明が求められると、その当事者には、事前に提出できなかった理由の説明義務が生じます。

　この規律と時機に後れた攻撃防御方法の却下の規律（157条）の関係ですが、争点整理手続終結後にされた新たな攻撃防御方法の提出が直ちに却下されることはありませんが、合理的な説明ができなければ、157条の適用要件である故意または重過失が認定される可能性が高くなるという関係に立ちます。

V　計画審理

　大規模公害事件、医事関係事件、建築関係事件のように争点が複雑多岐にわたる民事事件は、1審の終結までに長期間かかることが多く、計画的な審理の必要性が従来から主張され、裁判所もさまざまな実践を積み重ねてきました。2003年の民事訴訟法改正では、2001年6月に発表された政府の司法制度改革審議会の意見書（Ⅱ第1の1）を踏まえて、次のような規定を整備しました。おおざっぱにいえば、2年以内の判決言渡しを目標にして（裁判迅速化法2条1項）、そのためには争点整理と証拠調べにどのくらいの期間が取れるかを考えて計画を立てることが求められます。

　第1に、裁判所および当事者は、適正かつ迅速な審理の実現のために訴訟手続の計画的進行を図らなければならないとされています（計画的進行主義：147条の2）。

　第2に、事件が複雑であることその他の事情によりその適正かつ迅速な審理

の実現のために審理計画を策定する必要がある事件については、裁判所に審理計画の策定を義務付けて、①争点及び証拠の整理を行うべき期間、②当事者本人、証人、鑑定人の取調べを行うべき期間、③口頭弁論終結・終局判決の予定時期を定めなければならないとしています（147条の3第1項から3項）。なお、審理計画は変更することもできます（147条の3第4項）。

　第3に、審理計画に従わなかった当事者に対しては、157条の規定よりも強力な制裁の規定が適用されます（157条の2）。

VI　専門委員

　民事事件の中には、争点整理、進行協議、証拠資料の評価に専門的知識を要する事件が存在します。医療ミスが争われる医事関係事件や、欠陥建築かどうかが争われる建築関係事件がその典型です。この種の事件で専門知識を裁判上有効に利用するには、鑑定制度を活用すればよいのですが、鑑定は証拠方法としての意味しかなく、鑑定人の人選は困難であり、かえって鑑定をすることで時間がかかってしまうなどの問題が指摘されていました。そこで、司法制度改革審議会の意見書（II第1の2）を踏まえて、2003年改正法は、裁判に専門家を関与させて、当事者の主張や証拠について専門家の立場からの意見を聴く仕組みを導入することにしました。これが、専門委員です（92条の2）。

　専門委員が関与できる場面は、①争点・証拠の整理、訴訟の進行協議（92条の2第1項）、②証人尋問、当事者尋問、鑑定人質問（92条の2第3項前段）のほかに、③和解の試み（92条の2第4項）にまで及んでいます。なお、当事者の意向に反するような形で専門委員が関与しないように規律が整備されています。

VII　当事者照会

　民事訴訟における争点は抽象的なものではなく、具体的な事実関係であることが通常なので、当事者には具体的な主張が求められます。しかし、主張を具体化するために必要な重要情報が相手方の支配領域にあり、そこにアクセスできないことがあります。例えば、交通事故損害賠償請求訴訟での加害車両の同乗者の住所氏名、製造物責任訴訟での製造物の設計図や製造工程表の有無・所在、医事関係訴訟での手術に関与した医師や看護師の氏名、患者に投与した薬

剤の種類・名称・数量などは、相手方の協力がなければ入手することができません。

このように、当事者がこれから主張立証を準備するために必要な情報を、訴訟係属中に（訴え提起前については132条の2）、事前に相手方に開示させる仕組みを当事者照会といいます（163条、規則84条）。当事者照会は、主張、立証を準備するための情報収集手段であり、審理の充実のための制度ということができます。

当事者照会には、裁判所は関与せず、当事者の相対交渉だけで行われます。当事者は、拒絶事由に該当しない限り（163条1号以下参照）照会に応じる義務を負いますが、それに応じなかったからといって制裁を受けることはありません。義務はあるが義務違反を制裁しないという点が、特徴的です。

Lesson 14　証明と証拠

Ⅰ　証明とは何か

1　証明の必要性

　民事裁判では、事実に対して法規を適用して、訴訟物である権利義務関係の存否を確定します（→ Lesson1 - Ⅰ）。ところが、裁判をするために必要な事実の存否が当事者間で争われるということが多く生じます。このような場合には、その事実が本当に存在するのかどうかを、客観的な証拠に基づいて確かめる必要があります。このことを証明といいます。

　ある事実について証明が成功した（＝証明された）といえるためには、その事実の存在（ある事実の不存在が実体法上証明の対象になるときはその事実の不存在）を裁判官が確信しなければなりません（→Ⅲ-2）。したがって、証明とは、当事者が裁判官に対してある事実の存在について確信を得るように証拠を使って働きかける活動であるということができます。

2　証明と疎明の区別

　訴訟物存否の判断に直結する裁判上重要な事実の存否が明らかでないときは、その証明が必要です。ところが、法律上、証明ではなく疎明で足りるとされる事項が存在しています（35条1項・91条2項・3項、91条の2第2項・3項、92条1項、133条1項、民保13条2項など）。ここで疎明とは、通常の証明よりも低い程度の心証で十分とされる場合に、そのような心証を得た状態、または、そのような心証を得るように働きかける当事者の活動をいいます。したがって、証明と疎明とでは、要求される証明度（→Ⅲ-2）が異なります。また、疎明は簡易迅速な論証手段なので、在廷証人や持参文書といった、その場で即時に取り調べることができる証拠方法のみによって行われます（188条）。

3　厳格な証明と自由な証明

　厳格な証明とは、法律が定める方式（180条以下）に従って行われるべき証明

をいい、自由な証明とは、法律が定める方式によらなくとも行いうる証明をいいます。訴訟物存否の判断に必要な事実の証明は厳格な証明による一方で、訴訟要件、経験則、決定手続で判断すべき事項は自由な証明によることができるといわれています。

　自由な証明は、判断事項の重要性が低い場合に、証拠調べを低コストで実施できるというメリットがあります。しかし、証拠調べの公正さを保障するための法律上の方式にしたがわなくてよい点で、大きな問題を抱えています。そのために、自由な証明の概念を承認することに懐疑的な意見も有力です。

4　証明の構造

　職権による証拠調べが許される場合を除き、証明の手続は、当事者による証拠の申出によって始まります。当事者は、証明すべき事実およびそれと証拠との関係を具体的に特定し（180条1項、規則99条1項）、また、取り調べの対象となる証人や文書など（証拠方法→Lesson16-Ⅰ-1）を特定した上で（219条、規則106条・127条・134条・150条）、証拠の申出を行わなければなりません。以上の手続が終わると、証拠調べ期日において証拠方法の取調べが行われ、証拠資料（取調べの結果得られた内容）が獲得されます。裁判所は、この証拠資料に基づいて、自由な心証により、証明すべき事実について証明が成功したかどうかを判断します。これを自由心証主義といいますが、詳しくは次のⅡで説明します。

Ⅱ　証明に至るプロセスと自由心証主義

1　自由心証主義

　（1）定　義　　自由心証主義とは、証明に至るまでの事実認定のプロセスに関する建前であり、判決の基礎となる事実関係の真偽は、証拠調べの結果と口頭弁論の全趣旨に基づいて、裁判官が得た心証によって判定するという考え方のことです（247条）。

　（2）事実認定のための資料　　247条によれば、事実認定のために利用できる資料は、証拠調べの結果と口頭弁論の全趣旨だとされています。証拠調べの結果とは証拠資料のことです。口頭弁論の全趣旨とは、口頭弁論に現れた一切の資料から証拠資料を除いたものをいいます。

口頭弁論の全趣旨には、当事者の陳述の内容、攻撃防御方法の提出態様・態度など口頭弁論における当事者の訴訟行為およびこれに付随する事情のすべてが含まれます（大判昭3・10・20民集7巻815頁）。口頭弁論の全趣旨は、証拠資料を補充するものとして事実認定の資料とされるのが普通ですが、判例・通説は、口頭弁論の全趣旨だけによって事実認定をすることもできるとしています（最判昭27・10・21民集6巻9号841頁）。

　（3）　**自由心証主義の目的**　　自由心証主義は、職業裁判官の知識、経験を信頼して、裁判官の心証形成のプロセスに対して余計な制約を課さず、自然な事実認定による適正な裁判が行われることを目的としています。これに対して、職業裁判官の制度が確立していなかった時代には、例えば、「契約書以外の証拠を用いて貸金契約の成立を認定してはならない」とか「3人の成人が一致した証言をする場合は、その内容を信用しなければならない」といったようなルールがあらかじめ定められていたことがあります。事実認定についてあらかじめ一定のルールを決めておく考え方を法定証拠主義といいます。法定証拠主義のもとでは、個別の裁判官の判断能力とは無関係に事実認定の質が保証されるともいえますが、社会で起こるあらゆる事象を判断することができるようなルールを事前に決めておくことは不可能ですし、そのようなルール自体が不自然な事実認定をもたらす危険もあります。そこで、現在では、法定証拠主義は例外的なものとされています（160条4項本文・228条2項・4項・352条1項・371条）。

　（4）　**自由心証主義の内容**　　自由心証主義には、2つのルールが含まれています。

　第1に、証拠能力の無制限というルールがあります。これは、あらゆる人や物を証拠方法とすることができるのが原則であり、あらゆる人や物に証拠能力（証拠方法になり得る資格）が認められることを意味します。

　第2が、証拠力の自由評価というルールです。これは、裁判官は、証拠調べから得られた証拠資料の証拠力（証明力）を自由に評価することができるとする原則のことで、裁判官は、証拠の信用性をさまざまな経験則を適用して判断することができます。

　この2つのルールのうち、証拠力の自由評価ということが、自由心証主義の

中核であるということができます（刑訴318条参照）。他方で、自由心証主義の
下でも、証拠能力に制限がかかることはありえます（次の２を参照）。

2　証拠能力

（1）**原　則**　　証拠方法の中には、その信用性が疑わしいものが含まれま
す。しかし、自由心証主義によれば、信用性が疑われるような証拠方法であっ
ても、それをはじめから排除せず、証拠能力を認めた上で、その信用性の判断
を裁判官に委ねるのが本則であると考えられています。例えば、紛争が生じた
あとで当事者によって作成された契約内容に関するメモであっても、証拠能力
が認められます（最判昭24・2・1民集３巻２号21頁）。また、小学生が証人となっ
て交通事故の目撃内容について供述する場合、小学生だからといって、その証
拠能力（証人能力）が否定されることはありません（203条の２も参照）。

（2）**証拠制限契約**　　では、予め両当事者間で証拠としては用いないとい
う合意があったのに、その合意に反して提出された文書は証拠能力があるで
しょうか。このように、当事者が裁判所に提出できる証拠を一定のものに限定
する旨の合意を証拠制限契約といいます。この契約は、弁論主義の第３原則
（→Lesson 12‐Ⅱ‐4）として認められている証拠申出に関する当事者の権限を
当事者自身が制限するものなので、基本的に有効です。そして、証拠制限契約
に違反した証拠申出は、相手方当事者の異議があれば、証拠能力がないとの理
由で却下されます。

（3）**違法収集証拠**　　例えば、夫婦関係の争いで、別居中の一方が他方の
家に侵入し電子メールの内容を取り出し、また愛人からもらった手紙などを持
ち去った上で、これを不貞行為の証拠として提出した場合、このように違法な
手段（住居侵入、窃盗罪に該当する）によって取得した証拠の証拠能力は認めら
れるのでしょうか。裁判における真実発見の必要性と証拠としての重要性を考
えると、証拠能力を否定するべきではないと考えることができそうです。つま
り、違法に収集されたという事実を裁判所が考慮に入れて証拠価値を判断すれ
ばよい、あるいは、仮にこうした行為が相手方の人格権（プライバシー権）を侵
害する態様のものであれば、不法行為による損害賠償で制裁すればよいという
考え方です。しかし、損害額の認定が難しいですし、訴訟ではそのような証拠

の利用が禁止されないと考えると、それならやったもの勝ちという感じを社会に与えかねません。

　結局は、取得手段が著しく反社会的か、人格権の侵害がはなはだしいかどうか、公益を保護するなど証明者の権利実現のためにどうしても必要か、証拠が決定的に重要であるかどうかなどの要素を総合的に判断するべきであろうと思われます。

3　証拠力の自由評価

事例14-1
　ＸはＹに対して売買代金支払いを求めて訴えを提起した。Ｘは売買契約の成立を証明するために従業員Ａの証人尋問を申請した。尋問の結果は、契約の不成立を主張するＹに有利である。

（1）　**証拠共通の原則**　　この場合、裁判所は、証拠資料（証拠調べの結果）をＹ勝訴のために利用してよいでしょうか。自由心証主義によれば、裁判所は、証拠資料の証拠力（証明力）を自由に評価してよいことから、尋問の結果が信用できる以上、Ｘに不利な事実認定をすることになります。

　このことに基づいて、証拠共通の原則が導き出されます。これは、「裁判官は提出された証拠を提出者の有利にも不利にも評価してよい」という原則であり、提出者に不利すなわち対立する相手方当事者に有利にも評価できるということを意味します。

（2）　**証拠申出の撤回**　　事例で、Ｘは、証人Ａの証言内容が自分に不利であることを知って、証人尋問の申請を撤回しようと考えたとします。これは可能でしょうか。撤回が、証拠調べ期日の前か証拠調べ開始後かで区別する必要があります。

　まず、証拠調べの開始前に証拠申出を撤回することは、当事者の自由です。

　証拠調べ手続の開始後は、証拠共通の原則が認められる結果として、相手方当事者にとって有利な証拠資料が得られる可能性があるので、その相手方の同意がなければ、証拠申出を撤回することはできないとされています。

　証拠調べ終了後は、裁判官が心証を得ているので、もはや証拠申出を撤回す

ることはできません。

Ⅲ　自由心証主義と証明度

1　経験則に基づく事実認定

　裁判所が証拠から主要事実の存否を判断する際に、自由心証主義だから、裁判官の人間的な直感に頼ってもいいのでしょうか。これは、「自由」という言葉の意味を誤解しています。つまり、裁判官は、証拠の信用性をさまざまな経験則や論理法則を適用して判断すべきであり、また、その判断の方法が不合理であれば、その事実認定は違法となります。その意味では、自由心証主義には証拠の証明力の判断や間接事実から他の事実を推認する際に利用されるべき経験則、論理法則に従わなければならないという内在的な制約があります。

2　民事訴訟の証明度

　証明とは、証明主題である事実が存在することを裁判官に確信させることをいいます（→ Lesson 14-Ⅰ-1）。しかし、過去に生じた事実の存在を現段階において完全な形で認識することはできないので、その事実が過去に起こったことが、蓋然性あるものとして証明できればそれで足りると考えなければなりません。言い換えれば、その事実が存在した可能性がかなり高いという心証が得られたならば、それで証明ができたとするわけです。問題は、その蓋然性をどの程度で十分とするのかということであり、これを証明度といいます。では、例えば、貸金返還請求訴訟で、証拠によれば、原告が被告に金を貸し渡した事実は51％程度の確からしさで存在しうるという場合、この事実について証明度に達した（＝証明がされた）といっていいでしょうか。

　判例によれば、民事訴訟の証明度は、証明対象となる事実の存在について、「一般人が日常の生活においてこれに頼って行動しても構わない程度」の蓋然性であるとされています（3のルンバール事件を参照）。つまり、証明とは、裁判官がその事実の存在について「確信を得た」ことを意味しますが、通常の民事訴訟では、確信を得たというためには、証明対象となる事実の存在について一般人からみて高度の蓋然性が必要とされます。この考え方によれば、反対の可能性が49％も残るレベルでは、証明がされたとはいえません。

3　科学的な問題と証明

　ある診療行為に過失があり、そのことから患者の死亡という結果が生じたかどうかという因果関係の証明をする場合、医学的に見て１％でもその診療行為以外の原因が想定できる場合には、因果関係の証明はできなかったものと判断するべきでしょうか。

　自然科学的に考えると、反対の可能性が全て否定されてはじめて証明ができたとなりそうです。しかし、このような自然科学的証明は、過去の事実を限られた証拠から認識せざるを得ない民事訴訟にはなじまないと考えられています。このことを、次の例によって考えてみましょう。

　〔例　ルンバール事件〕

　Ｘ（３歳の男児）はＹ病院に入院し、化膿性髄膜炎と診断された。入院時は重症だったが次第に症状が改善しつつあった。その後のある日Ｘが昼食をとった直後、担当医師によるルンバール施術（腰椎穿刺による髄液採取とペニシリンの髄腔内注入）が行われたところ、その15分ないし20分後に突然嘔吐や痙攣等の発作を起こした。発作後病院はこの症状は脳出血によると判断し治療したが、結局半身マヒなどの後遺症が残ることになった。そこでＸは、損害賠償の訴えを起こした。

　この事件で、Ｘは「ルンバール施述（のミス）→脳出血→後遺症」という因果関係があることを主張した。１審は、因果関係を認めたが医師の過失を否定した。２審は、因果関係を否定した。

　最高裁は、「訴訟上の因果関係の立証は、一点の疑義も許されない自然科学的証明ではなく、経験則に照らして全証拠を総合検討し、特定の事実が特定の結果発生を招来した関係を是認しうる高度の蓋然性を証明することであり、その判定は、通常人が疑を差し挟まない程度に真実性の確信を持ちうるものであることを必要とし、かつ、それで足りるものである。」との一般論の下に、ルンバールと本件発作およびその後の病変とに間には因果関係があるとした上で、過失の有無を判断するように２審に差し戻した（最判昭50・10・24民集29巻9号1417頁）。

　この事件で鑑定を行った医学専門家の意見によると、Ｘが主張するような因果関係のつながりを医学的に肯定することは難しいとされていました。しか

し、最高裁は、病状が一貫して良くなっていたことや、Xの本来の病気が悪化する可能性が認められにくいことなどの事情を踏まえて、因果関係を認めています。この判決の背後には、通常人の感覚からしたときに、本件の事実関係から、因果関係を否定することのほうが不自然だという判断があると思われます。

Ⅳ 証明の対象

1 争いがない事実と争いがある事実の区別

裁判をするために必要な事実のうち、当事者間で争いがない事実（裁判上の自白が成立した事実）は、証明の対象になりません（179条）。自白が成立した事実が証明の対象にならないということは、裁判所は証拠調べをすることができないことを意味します。裁判上の自白について詳しくはⅤを参照。

これに対して、当事者間に争いがある事実関係（争点といいます）は、証明の対象となり、証拠調べが行われます（165条1項・170条5項・177条参照）。

2 裁判所に顕著な事実

1で説明した当事者間で争いがない事実のほかに、裁判所に顕著な事実も、証明の対象になりません（179条）。裁判所に顕著な事実には、①公知の事実と②職務上顕著な事実の2つが含まれます。①は、通常の知識と経験を有する一般人が信じて疑わない程度に知れわたっている事実（歴史上の著名事件、大災害）です。②は、裁判所がその職務を遂行するに当たり知ることができた事実で、現在もその記憶を保持しているもの（裁判官自身がした判決、裁判所で公告された破産手続開始決定など）です。

裁判所に顕著な事実は、その存在が客観的に明らかであることから、わざわざ証拠調べをして証拠に基づいてその存否や真偽を確認する必要が認められません。

3 経験則

問題となるのは、経験則の扱いです。人が直接認識することができない事実を認識しようとする場合、その存在を推論させる間接事実を積み重ねてその事実が認識できるかどうかを判断します。その際には、経験則、つまり経験から

帰納された事物に関する知識や法則が用いられます。これは、事実の存否を判断する場合に用いられる知識や論理法則であって、事実ではありませんが、その存在がだれの目から見ても明らかだとは言えない場合もあるので、証明の対象になりえます。具体的にいえば、日常的経験則や論理法則（例、前日の夜に雨が降れば翌日の朝には路面が濡れている）については、通常人であればだれもその存在、内容に疑いを抱かないので、証明の対象とする必要はありません。しかし、医事関係訴訟で利用されるような専門的経験則は、書証や鑑定などの客観的証拠方法による証明を要します。

V　裁判上の自白

1　定　義

　当事者の一方が、口頭弁論または弁論準備手続の期日において、相手方が主張する自己に不利益な事実を認める陳述をすることを裁判上の自白といいます。例えば、ＸＹ間の金銭消費貸借契約に基づく貸金返還請求訴訟で、Ｙから一部額の弁済の事実が主張され、Ｘがそれを認める陳述をすると、Ｘが、一部弁済の事実について、裁判上の自白をしたことになります。

2　自白の持つ訴訟法上の意味

（1）　**自白の裁判所拘束力**　　179条は、自白事実は不要証事実であるとしています。この規定は、当事者は自白が成立した事実の証明を要しなくなることだけを定めているようにみえます。しかし、この規定には、自白が成立した事実については、裁判所は、その事実を、証拠調べをせずにそのまま判決の基礎に取り込まなければならないことも含まれています。前者のことを自白の証明不要効、後者のことを自白の裁判所拘束力または審判権排除効といいます。

　自白の裁判所拘束力は、弁論主義第2原則（→Lesson 12-Ⅱ-3）に由来しますが、このような効力がある結果、自白によって、その訴訟では重要でない事実関係を争点から除外し、当事者間で争いがある重要な事実関係に審理を集中することができるので、裁判上の自白には、訴訟を促進させる機能が認められます。

（2）　**自白の当事者拘束力**　　いったん裁判上の自白が成立すると、自白を

した当事者はその自白を撤回する（取り消す）ことができなくなります。このことを定めた条文はありませんが、古くから承認されています。

ところで、いったん提出された攻撃防御方法は、自由に撤回できるのが原則であるといわれています。では、裁判上の自白に限り、なぜ撤回できないという特別な規制が設けられたのでしょうか。この点は、自白の成立により裁判所拘束力が生じる結果として、相手方当事者は、証拠方法の収集、維持に注意を払う必要がなくなること、そしてそのような有利な地位は法的な保護に値することから説明することができます。つまり、自白した当事者が自白を自由に撤回できるならば、このような有利な地位を獲得した相手方の利益を害することになり、そのような行為は信義則に反することから禁止されるわけです。ただし、例外的に撤回が許される場合があります（4を参照）。

3 裁判上の自白の要件

（1）　要　件　　裁判上の自白の要件は、次の4つです。

①　口頭弁論または弁論準備手続の期日における裁判上の陳述であること

②　相手方からの事実主張があり、それと一致すること

③　自分にとって不利益な事実についての陳述であること

④　事実についての陳述の一致であること

これらの要件については、論点が多く含まれています。以下では、そのうちの基本的なことだけを説明します。

（2）　先行自白（要件②について）　　ＸＹ間の200万円の貸金返還請求訴訟でＹから一部額50万円弁済の事実が主張され、Ｘがそれを認める陳述をすると、ＸがＹの主張と一致する陳述をしたことになり、この弁済の事実について、Ｘが裁判上の自白をしたと扱われます。通常は、このようなプロセスを経て、ある事実について主張が一致するに至ります。

では、ＸＹ間の200万円の貸金返還請求訴訟で、Ｘが、Ｙに200万円を貸し付けたとの事実に加えて、請求額の一部50万円の弁済を受けたという事実を陳述し、このＸの陳述をＹが援用した場合も、同様に、Ｘにおいて自白が成立するのでしょうか。この場合におけるＸの陳述には、Ｙに有利・Ｘに不利に働く一部弁済の事実が含まれています。主張共通の原則（→Lesson 12-Ⅱ-2-（4））に

よれば、このようなYに有利な事実（Yが証明責任を負う事実）をXが陳述しても、それを判決の基礎に取り込むことが弁論主義に反することはなく、しかも、この事実についてXYの陳述は一致していることから、Xは、一部弁済の事実について自白したと扱われます。このようなタイプの自白を、先行自白といいます。

　なお、Xの先行する陳述をYが援用しなかった場合は、Xにおいて先行自白が成立しません。例えば、先の例で、Xが一部額の弁済受領を主張したが、Yがこの事実を援用しなかった場合には、裁判上の自白は成立しません。[(1)]

　（3）　不利益の意味（要件③について）　　例えば、XY（いずれも商人とする）の貸金返還請求訴訟で、Xが、平成23年2月1日に弁済期1年後の約定でYに200万円を貸し付けたとの事実をXが陳述した後、Yがこの事実を認めると、Yにおいて自白が成立します。ところが、この訴えが平成29年3月1日に起こされたとすると、消滅時効期間の5年（平成29年改正前商法522条）が経過しているので、Yはさらに消滅時効を援用することができます。では、このことに気付いたXは、契約日の主張を訂正して、契約日は平成24年5月1日だとすることができるでしょうか。

　これは、自白の要件である事実の不利益性をどのように定義するのかという議論です。この場合に、Xが自分にとって不利益な事実を自白したと解するならば、主張の訂正が原則的にできなくなるために、議論をする実益があります。

　この点について、敗訴可能性説は、その事実に基づいて判決がされると、自白者の全部または一部敗訴をもたらす事実はその人にとって不利益な事実なので、その事実について自白が成立すると扱います。この説によれば、Xが最初に陳述した契約日の事実はXの敗訴をもたらす事実なので、この点について主張の一致がある以上、それを訂正することはXによる自白の撤回となるので、原則的に許されないとします。

　これに対して、証明責任説は、相手方に証明責任がある事実（→ Lesson 15）を認める陳述する場合に限って、自分に不利益な事実を認めたと扱えば足りるとします。相手方に証明責任がある事実を認めると、その相手方はもはやその事実を証明する必要がなくなり、それに基づいて相手方に有利、自分に不利な

法律効果が生じます。このような場合に限り、自白が成立すると考えるわけです。この説によれば、契約日の事実はＸが証明責任を負う事実であり、それについて主張が一致しても、それによって自白が成立するのはＹのみであって、Ｘには自白が成立せず、Ｘは自由に主張の訂正ができるのが原則となります。

（4）　間接事実の自白（要件④について）

事例14-2

　ＸのＹに対する売買代金支払請求訴訟で、Ｙは、Ｘ主張の請求原因事実をすべて否認した。他方、Ｘは、「ＹはＸ所有の当該自動車を前から買い受けたいといっていた」、「ＹはＸに当該自動車の買受について複数回問い合わせをしていた」との事実を主張しており、これらの事実について、Ｙは認めると陳述した。なお、この２つの事実からＸＹ間で売買の意思表示があったと推認することができるものとする。

　事例の２つの事実は、売買の意思表示の存在という主要事実を推認させる間接事実です（→Lesson 12-Ⅲ-1）。主要事実である売買の意思表示に争いがある一方で、間接事実には争いがないというときに、間接事実に自白の拘束力があると解すると、どのような問題が生じるでしょうか。

　まず、主要事実の存否に争いがあるので、主要事実については、証拠に基づいて、他から強制されずに、裁判官の自由な心証により認定しなければなりません（→Ⅱ）。

　次に、間接事実の自白を認めると、その間接事実は存在するものとして判決の基礎としなければなりません。この事例では、２つの間接事実から売買の意思表示があったと推認しなければならないことになります。ということは、裁判所は、争いがある主要事実について、その存在が疑わしく、証拠による認定が必要だと思っていたとしても、それが存在するとの心証を形成することを強制されるような状態となるため、自由心証主義と矛盾する危険が生じます。通説・判例（最判昭41・9・22民集20巻7号1392頁）はこの点を強く問題視して、間接事実の自白について、裁判上の自白に与えられる効力を全部否定することで、自由心証主義との抵触を全面的に避けようとします。[2]

　しかし、間接事実も主要事実に劣らず裁判上重要な争点になりうること、間

接事実についての自白を認めれば争点を絞り込んでゆけることから、間接事実も自白の対象になるとの議論も有力です。[3]

（5） 権利自白（要件④について）

> **事例14-3**
> 　Xは、Yに対してある土地について所有権に基づく明渡しの訴えを提起した。Xは請求原因として、本件土地はXの所有であり、これをYが占有していると陳述した。これに対してYは、請求原因はすべて認めるが、本件土地についてはXY間で賃貸借契約が締結されそれに基づいて引渡しを受けたと陳述した。

　この事例で、請求原因である「Xが本件土地を所有していること」について当事者間で主張が一致していますが、これは裁判上の自白になるのでしょうか。「Xが本件土地を所有していること」は、所有権取得原因となる事実が存在する結果として、Xが本件土地の所有権を取得した状態であることを意味します。したがって、これは事実ではなく、事実から生じた法律効果である権利または法律関係に当たるため、自白の対象になるかどうかが問題となります。これが権利自白という問題です。

　法律効果について自白の裁判所拘束力を認めると、裁判所の見解上、当該事実を法規範に当てはめても当事者間で主張が一致したような法律効果が得られないという場合、裁判所の専権事項であるはずの法的な判断権（法の適用権限）[4]を害する危険性があります。このため、単純に事実の自白と同一視することはできません。しかし、事例のように、訴訟物である所有権に基づく土地明渡請求権の前提となる権利の存在について主張が一致しているときは、事実の自白と同じに扱ってよいと考えられています。この扱いは、所有権の取得原因が本来的な主張立証の対象であるけれども、これを過去にさかのぼってすべて立証することは著しく困難だから、[5]例外的に、所有権自体を請求原因事実と同一に扱って自白の効果を認めることを許すことを意味しています。しかし、これ以外に、権利自白が認められる場合がありうるかどうか、どのような要件の下で認められるかについては、複雑な議論があります。

4　自白の撤回が許される場合

（1）　相手方の同意、第三者の刑事上罰すべき行為による自白の撤回

裁判上の自白が成立すると、2（2）で説明したとおり、自白した当事者は自白を撤回することができなくなります。しかし、相手方の同意がある場合には、撤回することができます。自白の撤回禁止の根拠は相手方の信頼保護に求められるので、その相手方の同意があれば撤回を認めてかまわないからです。

また、相手方も含む第三者の刑事上罰すべき行為（強要罪など）により自白に至った場合は、裁判の公正さを保障するために、自白を撤回することができます。この場合は、本来再審事由に該当します（338条1項5号）が、確定判決の取消しを求めるわけではないので、再審とは異なり（338条2項参照）、有罪の確定判決を得る必要はありません（最判昭36・10・5民集15巻9号2271頁）。

（2）　反真実と錯誤による自白の撤回　　自白が真実に反し、かつ錯誤による場合も、撤回することができるとされています（大判大4・9・29民録21輯1520頁）。例えば、ＸＹ間の200万円の貸金返還請求訴訟で、Ｙから一部額50万円弁済の事実が主張され、Ｘがそれを認める陳述をしたとします。ところが、この弁済は、ＸＹ間の別の金銭消費貸借契約についての弁済であったのに、今請求している債務の弁済であると誤解したような場合です。

このような場合、自白者が、自白した事実が真実に反し、かつその事実について真実性の錯誤により、真実と誤信してそのような自白をしてしまったことを証明すると、その自白の撤回が許されます。

なぜ、このような要件の下で、自白の撤回が許されるのでしょうか。まず、自白事実が真実に反することが裁判上明らかになったならば、そのような自白に基づいて裁判をすることはもはやできないと考えることが、真実発見という裁判の理念に合致するので、このことから反真実性の要件が導かれます。次に、状況を正しく理解したうえで相手方の事実主張を認めたからこそ、その効果を尊重するべきであることから、真実性についての錯誤の要件が導かれます。通説は、この2つの要件を組み合わせて適用しますが、反真実性と錯誤のいずれか一方を要件とすれば足りるとの考え方も有力です。判例は、自白者が自白した事実が真実に反することが証明されれば、錯誤による自白であると認められる（事実上推定される）としています（最判昭25・7・11民集4巻7号316頁）。

5 擬制自白

（1）**要件と効果**　当事者の一方が、他方当事者の主張した事実を自白したとして扱われることがあります。これを擬制自白といいます。擬制自白の成立要件は、「当事者が口頭弁論において相手方の主張した事実を争うことを明らかにしない」ことです（159条1項本文）。争うことを明らかにしないとは、相手方の事実主張に対してなんらの応答をしない（だまっている）か、明確な陳述をしない場合です。なお、公示送達以外の方法による呼出しを受けた当事者が口頭弁論の期日に欠席した場合も、出席した相手方の事実主張について擬制自白が成立します（159条3項）。

擬制自白も裁判上の自白なので、V−3−（1）で説明した裁判上の自白の要件が必要であり、要件を満たす場合は、争うことを明らかにしなかった事実について、V−2で説明した裁判上の自白と同じ効果が生じるのが原則です。

（2）**擬制自白が成立しない場合**

(a)　擬制自白も裁判上の自白ですが、いったんは争うことを明らかにしなかったけれども、その後、明確にその事実を争う態度を示したときは、擬制自白は成立しません。言い換えると、擬制自白には、裁判上の自白とは異なり、V−2−（2）で説明した当事者拘束力が認められないのです。

(b)　相手方の主張について争うことを明らかにしない当事者について、「弁論の全趣旨により、その事実を争ったものと認めるべきときは」、擬制自白の成立が否定され、自白の効果は生じません（159条1項ただし書き）。これは、裁判所で行われたすべての口頭弁論期日を一体としてみたときに、その当事者の弁論内容から、相手方の主張事実を争っていると判断される場合は、結局、自白したとみなすことはできないということを意味します。このように判断されるのは、相手方の主張事実に対して争うかどうかの態度を明確に表明していないが、その事実と矛盾する事実を主張している場合や、その事実に反する証拠を提出して争っている場合です。

（1）　一部弁済の事実は、民法152条1項による債務承認による時効の更新事由となるため、Yが援用しないでむしろ争うことも考えられる。これを相手方の援用しない不利益陳述という。判例によれば、Yがその事実を争うときには、証拠による認定が必要であるとされる（最判昭41・9・8民集20巻7号1314頁、最判平9・7・17判時1614号72頁参照）。

（2）　通説は、自白の証明不要効はあるというが、その具体的な意味は明らかではない。

（3）　自白事実と両立する別の間接事実に基づいて、自白事実に基づく主要事実の推論を否定することができる。さらに、自白事実と両立しない別の間接事実や証拠により自白事実自体を打ち消すことができると論じる説もある。

（4）　法を正しく解釈し、適用することは裁判所の権限であり、当事者の見解に拘束されることはない（「裁判官は法を知る」の原則）。

（5）　Xが前主Aから本件土地を買い受けた場合、Aが所有者であったことがXの所有権取得の前提となる。しかし、Aが所有者であるためには、Aの前主が所有者であったことが必要である。この状態が同じように過去にさかのぼって際限なく生じるため、権利自白によって、これを断ち切る必要性が極めて高いのである。

Lesson 15　証明責任

Ⅰ　証明責任

> **事例15-1　Lesson1と同じもの**
> 　Xの主張：私は、令和4年3月1日に、中古普通乗用車aを、代金150万円で、Yに対して売る合意をしました。ところが、Yはいろいろと文句を言って代金を支払ってくれません。そこで、代金の支払いを要求したいと考えています。
> 　Yの反論：そのクルマを私がXから買い受けることについては、確かにそのような交渉をしました。しかし、代金が相場に比べて高すぎることもあって、合意に至らなかったのです。
> 　裁判所の判断：本件では売買契約書はなく、売買に立ち会った証人もいない。当事者尋問をしても、売買の合意が成立していたとも、なかったとも、決めることはできなかった。

1　証明責任（客観的証明責任）

（1）**定　義**　証明責任とは、ある事実が存否不明（真偽不明）の場合に、その事実はないものと扱われる結果、一方当事者は、その事実を法律要件とする自分に有利な法律効果を得ることができないという不利益を負うことをいいます。

この定義によれば、証明責任は、裁判の最終段階で、ある事実が存否不明のときに、どちらの当事者に敗訴という不利益を負担させればいいのかを裁判官に指示する仕組みであると理解することができます。このような意味での証明責任を客観的証明責任といいます。

なお、「責任」の語は、刑法では非難可能性の意味に用いられますが、証明責任の「責任」は、そうではなく、証明が必要な事実について存否不明という状態に陥ったときに、その事実を要件とする法律効果が得られず、敗訴判決を

受けるという「不利益を負担すること」を意味しています。したがって、証明責任のルールが適用される前提として、証明ができなかったことについての帰責事由は必要がありません。

（2）**事例の解決**　事例では、売買代金支払請求権という法律効果の要件である売買の合意があったとの事実について、証拠調べをしても存否不明の状態になっています。この場合、Xが売買の合意があったとの事実について証明責任を負うことから（その理由はⅡで説明します）、Xは、この事実がないものとして扱われる結果、自分に有利な法律効果を得ることができず、請求棄却判決を受けます。なお、売買の合意があったとの事実について争いがある場合、この事実について証明責任を負うXが、この事実を証明すべき立場に立ちます（次の2を参照）。

2　弁論主義と証明責任

証明責任の概念は、弁論主義が適用される民事訴訟では、さらに別な意味があると説明されます。すなわち、弁論主義のもとでは、争いのある事実について証拠を提出する責任は当事者が負担するところ、いずれの当事者からも必要な証拠が提出されなければ、その事実について証明責任を負う当事者に不利益な裁判が行われます。そこで、ある事実について客観的証明責任を負う当事者は、自分にとって不利な裁判を避けるためにも、その事実について証拠を提出すべき立場に立つと説明することができます。このように考えると、客観的証明責任の所在が、弁論主義のもとでの証拠提出に関する当事者の役割分担を指示することになります。この意味での証明責任のことを、主観的証明責任または証拠提出責任といいます。

Ⅱ　証明責任の分配

事例15-2

　Xは、令和4年3月1日に、中古普通乗用車aを、代金150万円で、Yに対して売る合意をしたとして、売買代金支払を求める訴えを提起した。

1 証明責任は当事者の双方に分配される

　事例の訴訟で、XおよびYはそれぞれどのような事実について証明責任を負うのでしょうか。これを証明責任の分配といいます。

　証明責任は、当事者の双方に対して合理的に分配されなければならず、一方の当事者だけが証明責任を全面的に負担することはありません。例えば、事例の売買代金支払請求訴訟で、売買契約をしたことの他、契約の成立を妨げるすべての可能性がなかったこと、弁済を受けていないことその他いったん成立した契約関係が消滅する事実がなかったことのすべてについて原告Xが証明責任を負うとしたら、どうなるでしょうか。契約をしたとの事実は別として、契約の成立を妨げるすべての可能性がなかったことや、契約関係を消滅させる事実がなかったことを完全に証明することは不可能ではないでしょうか。なぜなら、ある事実がなかったことを証明することはきわめて難しいからです。そうすると、Xにだけ証明責任を一方的に課すると、Xの権利行使が不可能になってしまいます。反対に、原告側の立証負担を全部免除して、被告Yに売買契約の不成立まで含めて代金支払請求権の成立を妨げるすべての事実の証明責任を負担させると、契約の成否が存否不明であってもXが勝訴することになり、Xに不当に有利な地位を与えてしまいます。そこで、証明責任は、当事者双方に対して分配されなければならないのです。

　なお、1つの事実について当事者双方が証明責任を負うことはありません。というのは、例えば、売買の合意について原告側にその存在の証明責任、被告側にその不存在の証明責任を同時に認めると、この事実が存否不明のときにどちらの当事者が敗訴するのかが決まらないからです。

2 分配の基準

（1） 法律要件分類説　どのような基準で証明責任は分配されるべきでしょうか。現在の通説・判例は、法律要件分類説という考え方を採用しています。これは、証明責任分配の基準を実体法規の構造ないし種類に求める立場であり、権利義務の発生等を規律する実体法のルールを3種類に分類し、それぞれのルールを適用するために必要な法律要件に該当する事実（これは「要件事実」と呼ばれます）については、そのルールが有利に作用する当事者が証明責任

を負うものと解するものです。

（2）　**法律要件分類説の基本構造**　　法律要件分類説は、次のような基本構造に立脚しています。

まず、法律要件分類説は、裁判官は、実体法規の要件事実の存在が証明（確定）された場合にのみ、その法規を適用できるとの前提から出発します。反対に、要件事実の不存在および存否不明の場合には法規を適用することはできないと考えます。

次に、法規が適用されないことの不利益は、その法規が適用されれば利益を得るはずの当事者が負担するべきものであり、この不利益負担が証明責任であると理解します。したがって、各当事者は自己に有利な法律効果を定める法規の要件事実について証明責任を負うことになるとの結論が導かれます。

（3）　**法律要件の3分類**　　では、どの法規（ルール）がいずれの当事者にとって有利なのかということは、どのようにして決定するのでしょうか。法律要件分類説は、これを実体法の適用過程に注目して決定します。このときに出発点となるのが、訴訟物となる法律効果（権利義務関係）の発生を定めるルール（権利根拠規定）です。このルールは、訴訟物である法律効果の発生を主張する当事者（原則として原告）に有利に作用しますから、法律効果の発生を主張する当事者が権利根拠規定の要件事実について証明責任を負います。

第2に、権利根拠規定とは別に、これに対抗する反対ルールとして、権利根拠規定に基づいていったん発生した法律効果を消滅させるルール（権利消滅規定）を想定することができます。このルールは、訴訟物である法律効果を争う当事者（原則として被告）に有利に作用しますから、法律効果を争う当事者が、権利消滅規定の要件事実について証明責任を負います。

第3に、権利根拠規定に基づく法律効果の発生自体を妨害するルール（権利障害規定）が、権利根拠規定とは別に存在します。このルールの要件は権利根拠規定の要件と同時に存在し、権利の発生自体を妨害するという働きをします。このルールは、訴訟物である法律効果を争う当事者（原則として被告）に有利に作用しますから、法律効果の発生を争う当事者が、権利障害規定の要件事実について証明責任を負うことになります。[2]

なお、第4の分類として、いったん発生した権利の行使を阻止するルールを

定める権利阻止規定を想定し、同時履行の抗弁権（民533条）や期限の規定（民135条）をこれに分類することがあります。この場合は、権利消滅規定に準じて、法律効果を争う当事者がその要件事実の証明責任を負うと説明されます。

3　事例の解決

　以上の説明を、事例の売買代金支払請求訴訟を使って具体的に考えてみましょう。売買代金支払請求権の権利根拠規定は民法555条であり、債権者である原告が、この規定の要件事実について証明責任を負います。他方で、弁済や消滅時効の規定（弁済は民473条、時効は民166条1項）は権利消滅規定であり、債務者である被告が、その要件事実について証明責任を負います。錯誤や詐欺による取消し可能を定める規定（民95条1項・96条1項）も同様です。また、売買の意思表示が虚偽表示のため無効であることや、公序良俗に反する売買契約が無効であることを定める規定（民94条1項・90条）は権利障害規定であり、債務者である被告が、その要件事実について証明責任を負います。

Ⅲ　証明責任の転換・法律上の推定

1　証明責任の転換

事例15-3
　Xは、Yが自己のために運行の用に供する自動車が起こした事故によって負傷した。そこで、不法行為に基づく損害賠償請求訴訟を提起したい。

　この訴訟で、民法709条に基づいて損害賠償を請求する場合と、自動車損害賠償保障法（自賠法）3条に基づいて請求する場合とで、Xが証明責任を負う事実に違いが生じます。

　不法行為に基づく損害賠償請求権の権利根拠規定である民法709条によれば、損害賠償請求権を主張するXが、Yの注意義務違反のほか、Yの侵害行為によってXの身体が負傷したこと（他人の権利または法律上保護される利益の存在、それを侵害する行為）、さらに、その結果としてYについて損害が発生したこと（損害とその金額、侵害行為と損害の間の因果関係）という請求権の成立要件となる事実について証明責任を負います。したがって、Xの立証活動にもかか

わらず、Yの注意義務違反について存否不明となったときは、注意義務違反が認められず、Xが敗訴します。

　しかし、自賠法3条本文は、「自己のために自動車を運行の用に供する者は、その運行によって他人の生命又は身体を害したときは、これによって生じた損害を賠償する責に任ずる。」と定めています。この条文によれば、Yの注意義務違反は損害賠償請求権の成立要件になっていないので、Xは、この点について証明責任を負いません。これに対して、Yが、自動車の運行に関して自分が注意を怠らなかったことについての証明責任を負います。したがって、Yが注意を怠らなかったかどうかが存否不明のときは、注意を怠ったと擬制され、Yが敗訴します。自賠法3条ただし書きが「ただし、自己及び運転者が自動車の運行に関し注意を怠らなかったこと、被害者又は運転者以外の第三者に故意又は過失があったこと並びに自動車に構造上の欠陥又は機能の障害がなかったことを証明したときは、この限りでない。」と規定しているのは、自動車の運行に関して注意義務違反がなかったことの証明責任をYが負うことを意味しているのです。

　このように、自賠法3条は、民法709条の原則を修正して、注意義務違反の証明責任を請求者から相手方へと転換しています。このようなルールを証明責任の転換といいます。自賠法3条は、自動車事故による人身被害の重大さを考えて、自動車というそれ自体危険なものを保有し利用している人が事故を起した場合は原則として責任を取るべきであるという考え方から、自動車事故による損害賠償請求権の主張を容易にするために、証明責任の転換を認めたということができます。

2　法律上の推定

事例15－4
　Xは、Y所有の甲土地を長年占有し利用してきた。そこでXは、甲土地の20年占有による取得時効の成立を請求原因として、Yを相手に所有権確認の訴えを起こした。

（1）**法律上の推定とは**　　法律上の推定とは、経験則の適用により事実a

から事実Aの存在が推認できるような場合について、この経験則を法律によって類型化し、「事実aがあるときは事実Aがあると推定せよ」との命令を裁判官が受ける場合をいいます。これには、次の3種類があります。

① 証明困難な要件事実の存在を、その要件事実とは異なる事実の証明によって推定する場合（例：民186条2項・619条1項・772条1項、建物区分9条、破産15条2項）

② 証明困難な権利の存在を一定の事実の証明によって推定する場合（例：民188条・229条・250条・762条2項）

③ 前提のない推定が行われる場合（例：民186条1項）

（2）事例に基づく検討

（a）所有権の取得時効についての権利根拠規定である民法162条1項によれば、所有権の取得を主張するXは、①甲土地につき20年間占有を継続していること、②所有の意思（自主占有）があること⁽³⁾、③占有の平穏性・公然性⁽⁴⁾、さらに時効援用の意思表示（民145条）について証明責任を負います。ところが、民法186条2項によれば、Xは、①については、20年前の時点で占有をしていたことと現時点で占有していることを証明すれば、①があると推定され、民法186条1項によれば、②・③については占有の事実がある以上、その占有は当然に平穏・公然なものであると推定されます。

民法186条2項は、民法162条1項の適用要件である「20年間継続して占有をしている」という事実の証明を容易にするために、「20年前に占有をしていたことと、今占有していること」という、より証明が容易な別の事実を証明主題にすること（証明主題の交換）を認めるものです。また、民法186条1項は、民法162条1項の適用要件である「占有が平穏かつ公然であること」を、とくに前提となる事実を証明することなしに無条件に推定しています。したがって、Xが、このような証明がより容易な事実を証明すれば、民法186条により、民法162条1項によればXが証明責任を負うべき事実の存在が推定されるのです。したがって、民法186条は、（1）でみたとおり、法律上の推定を定める規定となるのです。

（b）以上のような法律上の推定が働くとき、相手方Yが勝訴するためには、どのような事実を証明しなければならないでしょうか。①については、占

有の喪失があったこと（民164条・203条・204条参照）を証明しなければ、推定を覆すことができません。②については、Xが賃貸借などその性質上所有の意思がないものとされる権原に基づいて占有を取得した事実か、または、Xが占有中に真の所有者であれば通常はとらない態度を示した（Xが係争土地の一部をYから買い受けた）とか、あるいは、所有者であれば当然にとるべき行動に出なかった（所有者だといいながら税金を払っていない）など外形的客観的に見てXが他人の所有権を排斥して占有する意思を有していなかったものと解される具体的事実のいずれか一方を証明しなければなりません（最判昭58・3・24民集37巻2号131頁）。③については、Xの占有が平穏かつ公然でないことを証明しなければなりません。つまり、Yは、「推定された事実がない」ことを裁判官に確信させることができない限り（このような証明を本証という）、推定を覆すことはできないのです。

Ⅳ　事実上の推定

1　事実上の推定

　民事訴訟で、証明主題が直接証明されるということは少ないと思われます。金銭消費貸借契約や売買契約の成立は契約書によって直接証明できるでしょう。しかし、契約書がない場合には、原告・被告間での意思表示を裏付ける間接事実を積み重ね、経験則を応用して、証明主題の成否を推定することになります。これを事実上の推定といいます。事実上の推定は、裁判官の日常的な事実認定活動にすぎず、一般人も日常生活で行っています。また、そこで適用される経験則の性質上、相当程度の蓋然性（＝確からしさ）をもって証明主題の存在が事実上推定される場合、今度は相手方の立証負担が重くなりますが、証明責任の転換は生じません。つまり、相手方は、その事実が真偽不明であるという状態に持ち込めば足り（これを反証という）、不存在を証明する必要はありません。

2　表見証明

　事実上の推定で利用される経験則が持つ推定作用が極めて強いために、間接事実の証明によって、ただちに証明主題について確信が得られる現象が生じる

ことがあります。この場合を、表見証明といいます。不法行為の要件である過失や因果関係を推認させる高度の蓋然性を持つ経験則がある場合、相手方がその事件が非定型的な経過をたどったことを明らかにしない限り、それ以上の具体的な主張立証を要せずに、過失等が認定されることがあり、このような場合に、表見証明があったといわれます。例えば、ＸがＹ病院で手術を受けたが術後の経過が良くないので別な病院で診察を受けると、腹の中にガーゼが残存していることが発見されたとします。この場合、ＸがＹに対して損害賠償請求の訴えを起こしたとすると、ガーゼが発見された事実の証明だけでＹに過失があったことがほぼ証明できたといえます。反対に、Ｘが手術後に別な病院で再手術を受けていたとの事実が証明できれば、それは過失の証明を妨げるような非定型的な経過ということになります。

　表見証明の概念を認めるねらいは、証明者に対して前提事実からの推定度が強力な経験則を利用した証明を許すことで、証明負担の軽減を図ることに求めることができます。また、証明するべき事実について抽象的な認定が許されるともいわれています。ここでの例でいえば、ＸはＹ病院での手術中の医師や看護師の行動のどの点に具体的な注意義務違反があったかを主張、立証する必要がなくなる（事実認定もその点を具体的に行う必要がなくなる）というわけです。

（１）　要件事実については、Lesson 12の注（２）、Lesson 18を参照。
（２）　権利消滅規定に対する障害規定もある。例えば、消滅時効の完成に対する時効の完成猶予や更新がそうである。
（３）　所有の意思とは、他人の所有権を排斥して自分自身が所有者としての支配を事実上行う意思をいう。これは客観的に定まるもので、売買により引渡しを受けて始めた占有は所有の意思がある占有であるが、賃貸借による占有は他に所有者がいることを前提とするので、所有の意思がある占有ではない（他主占有という）。
（４）　平穏とは、暴行や強迫によらない占有、公然とは隠匿によらないことをいう。民法190条2項を参照。

Lesson 16　証拠調べ 1

Ⅰ　総　論

1　証拠方法と証拠調べの種類

　証拠調べの対象となる人や物のことを証拠方法といいます。証拠方法は、人証と物証に分けられます。

　人証には、証人・当事者・鑑定人の 3 つがあり、証人を対象とする証拠調べの方式を証人尋問（190条、規則106条）、当事者を対象とする証拠調べの方式を当事者尋問（207条、規則127条）、鑑定人を対象とする証拠調べの方式を鑑定（212条、規則129条）といいます。

　物証には、文書と検証物の 2 つがあり、文書を対象とする証拠調べの方式を書証（219条、規則137条）、検証物を対象とする証拠調べの方式を検証（232条、規則150条）といいます。ただし、実務では、証拠方法としての文書のことも書証と呼ぶことがあります（規則55条 2 項かっこ書き・139条参照）。なお、電磁的記録に記録された情報の内容を証拠調べの対象にするときは、書証の規定が準用されます（231条の 2・231条の 3）。

2　証拠調べの手続

　（1）　証拠の申出　証拠調べをするには、証拠の申出という当事者の申立てが必要です。これは、証明主題を特定し（180条 1 項）、証拠方法を表示特定し、証明主題と証拠方法との関係を具体的に明らかにして（規則99条 1 項）行われます。ただし、職権証拠調べが行われる場合（民訴 3 条の11・14条・186条・207条 1 項・218条・228条 3 項・233条・237条、行訴24条）は、当事者による証拠の申出を要しません。証拠の申出は撤回することができます（→ Lesson 14 - Ⅱ - 3 （2））。

　証拠申出の時期は、証拠方法によって異なります（156条・170条 2 項・180条 2 項、規則55条など参照）。また、一方当事者からの証拠申出に対しては、相手方による証拠抗弁（証拠能力や証拠価値を争う旨の主張）を提出する機会（人証につ

いて161条2項2号、規則88条1項参照）が保障されなければなりません。

（2）　**証拠の採否**　　証拠の申出を受けた裁判所は、その証拠を採用するかどうかを判断することができます。採用しないときは証拠申出を決定により却下し、採用するときは、採用する旨の決定をします（証拠決定）。

このように、証拠の採用・不採用の判断は裁判所の裁量に委ねられますが、判例は古くから、当事者の証明権を保障する観点から、申出のあった証拠方法がその争点に関して唯一のものである時は、特段の事情がない限り、その証拠申出を却下してはならないというルール（唯一の証拠方法の法理）を確立し、証拠決定を行う場合の裁量権に制約を課しています（最判昭53・3・23判時885号118頁など）。

証拠申出が却下される場合としては、不必要な証拠（証明主題と関係がないもの、自白事実の証拠など）の申出（181条1項）や、証拠調べに不定期間の障害（証人の病気回復の見込みが立たないなど）があるとき（181条2項）、不適法な証拠（時機に後れた申出、立証趣旨が不明確など）の申出などがあり、唯一の証拠方法であっても、このようなときは申出が却下されます。

（3）　**証拠調べの実施**　　証拠調べは、民事訴訟法および民事訴訟規則が定める各証拠調べの規定に従って行われます。

証拠調べの期日は、当事者が口頭弁論を行う場である本来の意味での口頭弁論の期日とは区別されますが、広い意味では、口頭弁論の期日に含まれます。したがって、原則として、口頭弁論と同様に、直接主義（249条。例外：185条1項・195条・268条）、公開主義（例外：人訴22条。裁判所外の証拠調べ、185条1項）が適用され、また、期日の呼出し（94条1項。例外は240条ただし書き）によって当事者の立会権が保障されます。しかし、当事者が期日に欠席していても、証拠調べ期日を行うことができます（183条）。これは、予定された証拠調べ期日に当事者が欠席しても訴訟の進行が妨げられないようにするための規律です。

II　証人尋問

1　定　義

証人とは、過去の事実や状態について自分が認識したことを、裁判所で供述することを命じられた、当事者およびその法定代理人以外の第三者のことをい

います。証人の証言を証拠資料とする証拠調べが証人尋問です（190条以下）。

　証人の任務は、自分自身が過去に認識した具体的な事実を供述することであり、証人に対して意見や判断を求めることはできません。

2　証人能力

　自由心証主義によれば、証拠能力は原則として制限を受けないので（→ Lesson 14-Ⅱ-1-（4））、年齢や職業などにかかわらずいかなる者も証人となるべき資格があります。しかし、当事者および法定代理人、法人その他の団体の代表者は証人になりえず、当事者尋問の対象となります（211条）。

3　証人の義務

（1）　**出頭等の義務**　　日本の裁判権に服する者は、証人として証言する公法上の義務があります（190条）。

　その人に証言をしてもらうことが事実関係の解明のために必要なので、証人は、出頭・宣誓・供述の義務を負い、この義務に違反すれば民事訴訟法上の制裁を受けます（192条・193条・200条・201条5項）。また、宣誓した証人が偽証すれば偽証罪に問われます（刑169条）。正当な理由なく出頭しない者は、勾引（194条、刑訴152条以下）されます。

　証人は、多くの場合当事者と関係がある人物であるため、当事者が期日に証人を同行して出頭させることが通例です（同行証人）。そのような状況がないときは、呼出状（規則108条）を出して出頭を求めることになります（呼出証人）。

（2）　**証言拒絶権が認められる場合**　　証人には証言をする義務がある一方で、真実発見という目的を犠牲にしてでも守るべき別な価値を保障すべき次のような場合には、証言拒絶権が認められます。

　①　公務員または公務員であった者が職務上の秘密について尋問を受ける場合は、証言拒絶権が認められています（197条1項1号）。

　②　医師、歯科医師、薬剤師、医薬品販売業者、助産師、弁護士（外国法事務弁護士を含む。）、弁理士、弁護人、公証人、宗教、祈祷もしくは祭祀の職にある者またはこれらの職にあった者が職務上知り得た事実で黙秘すべきものについて尋問を受ける場合は、その黙秘義務に基づいて証言拒絶権

が認められています（197条1項2号）。

③　技術または職業の秘密に関する事項について尋問を受ける場合は、秘密保護の観点から証言拒絶権（197条1項3号）が認められています。例えば、営業上の秘密や報道機関の取材源などが対象です。

④　①から③の証言拒絶権は、その証人が黙秘の義務を免除された場合には、認められません（197条2項）。①については、その監督官庁の承認があれば尋問することができます（191条）。②及び③のときは、その秘密の主体の承諾があれば、黙秘の義務が免除されます。

⑤　証人の証言が、証人または証人と一定の人的関係を有する者が刑事訴追を受け、または有罪判決を受けるおそれがある事項に関するときは、その証人には、証言拒絶権が認められています（196条前段）。人的関係の範囲は、証人の配偶者、4親等内の血族もしくは3親等内の姻族の関係に限られます（196条1号）。証言がこれらの者の名誉を害すべき事項に関するときも同様です（196条後段）。さらに、証言が、証人と後見人・被後見人の関係にある者が刑事訴追を受け、または有罪判決を受けるおそれがある事項に関するときや、これらの者の名誉を害すべき事項に関するときも、証言を拒絶することができます（196条2号）。

4　証人尋問の方式

（1）　集中証拠調べ　　複数の証人がいるときの証人尋問（当事者尋問も同じ）は、争点および証拠の整理手続（→ Lesson 13 -Ⅳ）が終結した結果、証明すべき争点と取り調べるべき証人が固まってから、集中的（＝1回の期日または連続する複数の期日）に行われます（182条、規則100条）。集中証拠調べは、訴訟の迅速化をもたらし、裁判官も記録に頼らず直ちに心証を得やすいというメリットがあります。

（2）　手　続　　証人尋問は、本人であることの確認と宣誓（201条、規則112条）から始まり、交互尋問方式により尋問が行われます（202条、規則113条）。交互尋問とは、証拠の申出をした側による主尋問を受けて、相手方からの反対尋問を行い、申出をした当事者による再度の尋問（再主尋問）の順序で尋問をする方式をいいます。その後、裁判長の許可があれば、補充尋問ができ

ます。この順序は変更することができ、裁判所は、随時介入尋問が可能です（規則113条3項）。

次の場合には、尋問方法に規制がかかります（規則114条・115条）。

① 立証事項の関連性からの制限（114条2項・115条2項3号・4号）

② 証拠方法としての証人に適さない質問（115条1項・2項5号・6号）

③ 質問の態様が不適切なもの（115条2項1号）

④ 事実認定を誤らせる危険がある質問（115条2項2号）

ある証人の証言中は、裁判長が他の証人たるべき者を退廷させるなどの措置をとり、証人相互を隔離するのが原則です（隔離尋問の原則：規則120条）。もっとも、対質という方式もあり、この方式の下では、法廷において複数の宣誓をした証人を対席させて、それらの証人に対して尋問を実施します（規則118条）。また、法廷内において証人を保護するための措置を採りうる場合があります（203条の3、規則122条の3）。

（3）特別な方式　証人尋問は、受訴裁判所の法廷で行われますが、①受命・受託裁判官による証人尋問（195条・206条・268条、規則125条）、②テレビ電話会議システムやウェブ会議システムによる尋問（185条3項・204条）のときは、法廷外での尋問の実施が許されます。

証人が遠隔地にいる、老齢や病気であるなどの場合、尋問に代えて書面の提出を行わせることができます（205条）。これは口頭主義の例外であり、反対尋問権保障の趣旨からも、当事者に異議がないことが要件となっています。

Ⅲ　当事者尋問

1　定　義

当事者尋問とは、当事者の供述を証拠資料とする証拠調べのことです（207条以下）。ある訴訟で同じ当事者が同じ事実を述べた場合であっても、口頭弁論での事実の陳述は訴訟資料としての事実主張となり、当事者尋問での供述は証拠資料となります。したがって、口頭弁論で陳述されなかった事実を当事者尋問の供述から引き出すことは、弁論主義の第1原則に反します。なお、当事者が釈明処分に応じて陳述することもあります（151条1項1号）が、これは当事者の主張を明確化するためのもので、訴訟資料に含まれます。当事者尋問の

方式は、証人尋問に準じるので（210条）説明は省略します。

2 当事者尋問と証人尋問の異同

（1） 証人尋問とは異なり、当事者尋問は職権によっても可能です（207条1項）。証人と異なり、当事者という証拠方法には容易にアクセスすることができるので、事案の解明上必要があると判断したときに、職権で随時当事者の尋問を行うことができるとしたほうが便利であるとの判断に基づくものと思われます。

（2） 当事者に証人と同様な形で供述を強制するのは酷な面があることから、証人とは異なって、宣誓が裁判所の裁量に委ねられる（207条1項後段）、偽証罪が成立せず過料が科せられる（209条）といった扱いがされます。また、正当な理由がない不出頭・宣誓拒絶・陳述拒絶の場合、裁判所は、尋問事項に関する相手方の主張を真実と認めることができます（208条）。真実擬制については Lesson 17 - Ⅰ - 5 - （2） も参照して下さい。

3 当事者尋問の補充性

当事者は一番よく事件の中身を知っているはずですが、逆に証拠としての客観的な信用性に乏しいとの理由から、1996年改正前は、他の証拠調べによっては心証を得ることができない場合に限り当事者尋問を行うと定めていました。これを当事者尋問の補充性といいます。しかし、この考え方には必ずしも合理性がないことから、現行法は、証人尋問→当事者尋問の順に行うのを原則とする一方で（207条2項）、当事者の意見を聴いて順序を変えることもできるとしています（207条2項ただし書き）。

Ⅳ 書 証

1 定 義

書証とは、文書に記載されている作成者の意思や認識を裁判所が閲読することで、その意味内容を事実認定のために利用する証拠調べのことです（219条以下）。証人尋問や当事者尋問が、特定人の頭脳に記憶されている事実認識を供述させてその内容を聴き取るものである一方、書証は、文書上に文字その他の

記号によって記載された特定人の認識をその文書から読み取るものということができます。

2 文書の種類

（1）**公文書と私文書**　公文書とは、公務員がその作成権限に基づいて作成した文書、私文書とは、公文書以外の文書をいいます。私文書と公文書では、訴訟上の扱い方が様々な場面で異なります。

（2）**処分証書と報告証書**　処分証書とは、法律上の行為がその書面によってなされたもので、契約証書、約束手形や遺言書などがこれに当たります。報告証書（報告文書）とは、処分証書以外の文書をいい、領収証、会議の議事録、カルテ、日記や手紙などがこれに当たります。この区別は重要で、処分証書では、文書成立の真正（3で説明します）が証明されれば、記載されている行為そのものを作成者が行ったことを認定することができます。例えば、金銭消費貸借契約書が借主本人作成のものであると認められれば、特別の事情がない限り、その契約どおり金を借りたと判断することができるということです。しかし、報告証書では、成立の真正が証明されても、記載内容が真実であることまで直接認定できるわけではありません。例えば、日記が本人作成のものであると認められても、その記載内容が真実であるとは限らないということです。

（3）**原本・正本・謄本・抄本**　原本とは、オリジナルの文書、正本とは、原本全体のコピーで原本と同様の効力が与えられているものをいいます。

　謄本とは、原本全体のコピーで原本の存在および内容の同一性について作成者が証明を与えたもの（公的機関の証明があるものを認証謄本という）、抄本とは、原本の一部コピーをいいます。例えば、役所に申請して得られる戸籍の記載事項全部をコピーしたものが戸籍謄本で、記載事項の一部のみをコピーしたものが戸籍抄本となります。

（4）**準文書**　図面、写真、録音テープ、ビデオテープなど情報を表すために作成された物件を準文書といいます。これは、文書とはいえませんが、一定の情報（特定人の認識）を表現しており、これを証拠資料とする場合は、書証に準じて扱われます（231条）。取調べの方法としては、例えばテープを再生

して取り調べるか、または、テープ起こしをした反訳書面を文書として提出させ、それを閲読して取り調べます（規則144条）。

3　文書成立の真正（形式的証拠力）と実質的証拠力

（1）　**文書の形式的証拠力**　　当事者が書証の申出をして提出した文書は、直ちにそれを取り調べてその内容を認識することはできません。その前に、文書成立の真正を確認しなければならないのです（228条1項）。文書成立の真正とは、その文書が挙証者の主張する特定人の意思に基づいて作成されていることを意味し、形式的証拠力ともいいます。

文書成立の真正をなぜ最初に確認する必要があるのでしょうか。例えば特定人Aが記憶している情報を証人尋問で取り調べる前には、その人がAという人物であることの本人確認が必要です（人定質問）。このことと同様に、文書に特定人Aの認識している情報が記載されているときに、それを証拠とすべき場合には、その前に、Aがこの文書の作成者であることを確認しなければならないのです。

なお、文書成立の真正が「特定人の意思に基づいて作成されていること」と定義され、「特定人が作成したこと」と定義されないのは、文書は代理人等を利用して作成されることがあるためです。

（2）　**文書の実質的証拠力**　　文書の形式的証拠力が備わっていることが確定されると、次に、文書の実質的証拠力、すなわち、文書の記載内容が証明を必要とする事実の証明にどの程度役立つかということの判断へと進むことができます。この段階になってはじめて、文書の記載が信用できるかどうか、記載内容どおりの認定ができるかどうかが判断されます。

（3）　**2段の推定**

事例16−1
　XのYに対する貸金返還請求訴訟で、Xは、XおよびYの署名および捺印がある金銭消費貸借契約証書を提出した。Yは、「文書の成立は否認する。そこに押されているYの印影は自己の印章によるものであるが、これはだれかが勝手に押印したものである」と陳述した。

事例では、金銭消費貸借契約証書が作成名義人であるＹの意思に基づいて作成されたかどうか（文書成立の真正）が争われています。そこで、Ｘは、このことを証明しなければなりません（228条１項）。この文書が仮に公文書であれば、外形上その方式及び趣旨にのっとって公務員が職務上作成したと認められると、ただちに真正が推定されます（228条２項）。しかし、この文書は私文書なので、228条４項により文書成立の真正が推定されるためには、本人の意思による押印という要件が必要です。しかし、事例でＹは、この要件を争っています。では、Ｘはどのようにすれば、228条４項の推定を利用することができるのでしょうか。

　判例（最判昭39・5・12民集18巻４号597頁）は、「印影の一致から本人の意思による押印の事実が事実上推定され、そのことから228条４項により文書成立の真正が法律上推定される」と解しています。すなわち、「印章と同一の印影が押されている→押印の真正（228条４項適用のための前提事実）が推定される（１段目の推定）→228条４項が適用され、文書成立の真正が推定される（２段目の推定）」ことになるのです。これを２段の推定と呼びます。

　したがって、Ｘは、Ｙの実印についての印鑑証明書によって、Ｙ本人の実印が押印されていることを証明できれば、１段目の推定が成立し、228条４項を利用できることになります。他方Ｙは、勝手に押印されたとの主張を、印章が盗まれたこと、第三者に預けていただけであること、印章は家族全員が使用している共通の三文判であることなどによって反証し、１段目の推定を動揺させること（本人の意思による押印の事実を存否不明に持ち込むこと）が必要です。２段目の推定まで到達した場合、これを覆すことはかなり難しいですが、白紙に押印した事実（このことは、後に自分の知らない条項が記載されたことにつながってきます）などの主張、立証が必要となるでしょう。

４　書証の手続

（１）　文書は訴訟の初期段階でほとんどが提出されており、弁論準備手続で取り調べられます（170条２項参照）。取調べそのものは、裁判官がその文書を閲読することで行います。

（２）　書証申出の方法としては３つの方法が認められています。すなわち、

①挙証者（立証者）自身による文書の提出（219条）、②文書提出命令の申立て（219条・221条）、③文書送付の嘱託の申立て（226条）です。③は、裁判所から文書の所持者に対して任意に文書の送付を求めるものです。例えば、遺言無効確認訴訟で遺言者が遺言能力を有していたかどうかが争いとなっている事案で、遺言者の主治医に対して当時のカルテ等を取り寄せる場合などに利用できます。③が無理な場合は、②の利用が考えられます（→Lesson 17 - Ⅰ）。

（3）　提出された文書は、それぞれについて文書成立の真正の認否がなされるのが本来の原則であるはずですが、現在の実務では、相手方がとくに真正を争う文書についてだけ理由を挙げて否認することが求められ（規則145条）、個々の文書について認否をとらないことが普通です。なお、認否をとらなかった文書の成立の真正は認めたものと扱うのだと思われます[3]。

（1）　これは「にんしょう」と読むが、実務では「じんしょう」と読むことが多い。
（2）　最決平18・10・3民集60巻8号2647頁は、報道機関の取材源の秘密が③に該当するかどうかについて、秘密の公表によって生じる不利益と証言の拒絶によって犠牲になる真実発見および裁判の公正との比較考量によって決するべきであるとした。
（3）　これは補助事実の擬制自白（→Lesson 14 - Ⅴ- 5）ということになる。一般に、補助事実については間接事実と同様に自白は成立しないとされる（→Lesson 14 - Ⅴ- 3 -（4））が、実務では事実上これを認めていることがうかがわれる。

Lesson 17　証拠調べ2

I　文書提出命令

1　文書提出命令

　現代社会では、重要な事実関係などについては、文書による記録を残すことが行われているため、文書は証拠方法として極めて重要な意味を持っています。ところが、証明主題である事実について証明責任を負う当事者が重要な証拠となる文書を所持しておらず、反対に相手方当事者や第三者がその文書を所持しているということがあります。そこで、適正、迅速な裁判を実現するために、文書の所持者は、それが訴訟当事者であるか第三者であるかを問わず、民事訴訟法220条に定める要件のもとに、その所持する文書の裁判所への提出が義務付けられています。

　文書提出を強制することを正当化する理由として、220条1号から3号が定める3種類の原因が認められてきましたが、1996年改正によって220条4号が追加され、裁判上重要な証拠となる文書を所持する者は、一定の除外事由に該当しない限り、文書を提出しなければならないことになりました。これを、文書提出義務の一般義務化といっています。

2　提出までの手続

　（1）　文書提出命令を申し立てる当事者は、対象となる文書を特定し、提出義務の原因を明らかにして、文書の提出を命ずることを書面で申し立てます（221条1項、規則140条1項）。第三者に提出を命じようとする場合、その第三者は審尋を受けます（223条2項）。220条4号が定める文書の除外理由（4号ホを除く）があるかどうかを判断する場合は、裁判官だけがその文書を見て他のだれにも開示しない非公開審査（イン・カメラ手続）が認められています（223条6項）。

　（2）　裁判所は、理由があれば文書提出を命ずる決定をします。この場合に、文書に取り調べる必要がない部分または提出義務がない部分があるとき

は、その部分を除外した文書提出を命ずることができます（223条1項）。

（3）　文書提出命令の対象となる文書を特定するには、文書の表示（＝タイトル、作成者、作成年月日、文書の種別）および文書の趣旨（＝内容の要点）を申立人が明らかにする必要があります。しかし、例えば、製造物責任訴訟で被告企業の過失を立証するために必要な文書としてどのようなものがありうるかという例で考えてみると、製品設計図や性能実験の報告書など様々なものがあり、しかも、その種の文書の表示や趣旨を一般の消費者が具体的に明らかにすることは困難です。

そこで、222条は、文書の表示または趣旨を明らかにすることが著しく困難であるときは、概括的な特定で足り、裁判所を通じて相手方に対して具体的な特定を求めることができるものとしています。製造物責任の例では、「当該商品の設計に関して作成され取締役会に提出された一切の文書」といった程度で足りるものと思われます。ただし、相手方がこの求めに応じない場合の制裁は認められていないので、この規定の実際上の利用価値はあまり大きくはありません。

3　220条1号から3号までの文書

（1）　引用文書（220条1号）　　引用文書とは、相手方当事者が訴訟において自己の主張を基礎付けるためにある文書の存在および内容を引用した場合の当該文書をいいます。引用文書について提出義務があるのは、文書の存在や内容を明らかにしておきながら、ではそれを見せてほしいといわれると提出を拒むという行動は、信義則に反するからです。

（2）　引渡・閲覧請求権がある文書（220条2号）　　文書提出命令の申立人が、ある文書に関して所持者に実体法上の引渡請求権や閲覧請求権を有する場合（例：民262条4項・487条・503条1項・646条1項、会社318条4項・433条・442条3項など）には、そのような請求権の履行請求訴訟を提起しなくても、文書提出命令の申立てを通じて文書の提出を求めることができます。この引渡、閲覧請求権は法律上の請求権のほか、契約によるものでもよいとされています。文書の所持者にそのような法律上の義務がある以上は、求められれば訴訟でもその提出を拒めないということを意味します。

（3）　利益文書と法律関係文書（220条3号）　　220条3号の文書は、共通文書とも呼ばれます。挙証者の利益のために作成された文書（利益文書）や挙証者と文書の所持者との間の法律関係について作成された文書（法律関係文書）は、挙証者と文書所持者の共同の利益のために作成されたものであるため、挙証者も文書の記載内容について共同的な持分権を有するから、所持者の一方的な意思で見せないとすることは許されないことに基づくといわれています。また、これらの文書は、挙証者の法的地位を証明するために作られたものである以上、証明活動のために利用することは作成目的に反しないということもできます。

「利益文書」とは、文書の記載内容または作成目的が挙証者の権利、地位を直接に証明し、または基礎付けるような文書です。例えば、領収書、挙証者を受遺者とする遺言書などが該当します。

「法律関係文書」とは、文書所持者と挙証者の法律関係について作成された文書をいいます。これには、契約証書のように法律関係それ自体を記載したものと、契約時に交付された印鑑登録証明書のように法律関係に関連する事項を記載した文書の2つが含まれます。

4　220条4号が定める文書

（1）　220条4号の存在意義　　相手方や第三者の手元に決定的な証拠となる文書があり、その文書を取得しないと相手方の責任を追及することができないようなタイプの事件を、証拠が偏在する事件といいます。医療事故、公害、製造物責任、薬害などによる損害賠償請求訴訟がその典型例ですが、これらに限られるわけではありません。

証拠が偏在する事件において適正、迅速な裁判を行うために、従来は、220条3号が定める文書の意味を拡張する解釈が試みられてきましたが、解釈には限界があります。そこで、1996年改正法は、220条4号で、公文書・私文書すべてについて原則として文書提出義務を認め、例外的に提出を拒める理由（除外事由）を5種類定めるという考え方を採用しました。

220条1号から3号の文書は、挙証者と文書所持者との特別な関係に基づいて提出義務を認めるという形をとりますが、4号の文書はそのような関係性を

原因としていません。なお、除外事由については、220条 4 号の表現上、申立人が、除外理由のないことの客観的証明責任を負います[1]。

（2）　除外事由の概観

①　4 号イ：文書の所持者または所持者と196条 1 号または 2 号が定める関係に立つ者についての196条に規定する事項（証言拒絶権が認められる事項→ Lesson 16 - Ⅱ - 3 ）が記載されている文書は、その提出を拒むことができます。これは、証言拒絶権と同じ趣旨から認められた除外事由です。

②　4 号ロ：公務員の職務上の秘密に関する文書（公務秘密文書）であり、その提出により公共の利益を害し、または公務の遂行に著しい支障を生じるおそれがあるものは、その提出を拒むことができます。公務秘密文書といえるには、単に「マル秘」のハンコが押されているだけではなく、実質的に秘密として保護に値する事項が記載されていることが必要です（最決平17・10・14民集59巻 8 号2265頁参照）。その提出により公共の利益を害するおそれがある文書としては、例えば自衛隊戦闘機の性能を記載した文書などが、公務の遂行に著しい支障を生じるおそれがある文書としては、例えば実施前の司法試験の問題文などが考えられます。

③　4 号ハ：医師などが職務上知り得た事実で黙秘義務が課されている事項については証言拒絶権が認められています（197条 1 項 2 号）。また、技術または職業の秘密に関する事項について尋問を受ける場合も、証言拒絶権が認められています（197条 1 項 3 号）。このような証人であれば証言拒絶権を行使することができる事実や事項（→ Lesson 16 - Ⅱ - 3 ）が記載されている文書は、その提出を拒むことができます（ 2 号につき最決平16・11・26民集58巻 8 号2393頁、 3 号につき最決平12・3・10民集54巻 3 号1073頁、最決平19・12・11民集61巻 9 号3364頁をそれぞれ参照）。

④　4 号ニ：自己利用文書として外部に公開することが予定されていないもの（自己利用文書・自己専利用文書）は、その提出を拒むことができます。例えば、日記、個人的なメモ、会社の稟議書などです。これは、判例上問題となることが多いので、次の（ 3 ）で別に説明します。

⑤　4 号ホ：刑事事件にかかる訴訟に関する書類もしくは少年保護事件の記録またはこれらの事件で押収されている文書は、関係者のプライバシー保護、

捜査の適正さの確保などの必要から、民事訴訟法上は、提出義務がないと定められています。この条文だけを見ると、刑事事件関係の文書について民事訴訟で文書提出命令を行う余地がないようにも思えますが、判例は、一定の条件の下で刑事関係の文書であっても文書提出義務を認めています。[2]

（3） 自己利用文書（4号ニ）について

事例17-1

　Ｘは、Ｙ銀行から株式投資のために巨額の資金の融資を受けていたが、バブルの崩壊によって大きな損失をこうむった。そこで、Ｘは、Ｙに対して、ＹがＸの資産状態が悪いことを知りながら巨額の融資を安易に行って損害を与えたと主張して、損害賠償請求の訴えを提起した。Ｘは、主張事実を立証するために、Ｙが保管する融資に係る貸出稟議書について200条4号により文書提出命令を申し立てた。Ｙは4号ニの除外事由があると反論した。

　(a)　専ら内部の者の利用に供する目的で作成され、外部の者に開示することが予定されていない自己利用文書は、その文書の客観的性質上、開示を強制することができないと考えられています。そこで、220条4号ニは、自己利用文書の提出を拒めるとしています。このような除外事由を認めるべき実質的趣旨は、開示されると個人のプライバシーが侵害されたり個人や団体の自由な意思形成が阻害されたりするなど所持者の側に生じうる不利益を回避する必要があることに求めることができます。

　このような趣旨を踏まえて、判例（最決平11・11・12民集53巻8号1787頁）は、①ある文書が、その作成目的、記載内容、これを現在の所持者が所持するに至るまでの経緯、その他の事情から判断して、専ら内部の者の利用に供する目的で作成され、外部の者に開示することが予定されていない文書であって、[3]②開示されると個人のプライバシーが侵害されたり個人ないし団体の自由な意思形成が阻害されたりするなど、開示によって所持者の側に看過し難い不利益が生ずるおそれがあると認められる場合には、[4]③特段の事情がない限り、[5]当該文書は自己利用文書に当たるとしています。

　(b)　事例で問題とされた銀行の貸出稟議書とは、判例によれば、「支店長

等の決裁限度を超える規模、内容の融資案件について、本部の決裁を求めるために作成されるものであって、通常は、融資の相手方、融資金額、資金使途、担保・保証、返済方法といった融資の内容に加え、銀行にとっての収益の見込み、融資の相手方の信用状況、融資の相手方に対する評価、融資についての担当者の意見などが記載され、それを受けて審査を行った本部の担当者、次長、部長など所定の決裁権者が当該貸出しを認めるか否かについて表明した意見が記載される文書」です。判例は、「銀行の貸出稟議書は、銀行内部において、融資案件についての意思形成を円滑、適切に行うために作成される文書であって、法令によってその作成が義務付けられたものでもなく、融資の是非の審査に当たって作成されるという文書の性質上、忌たんのない評価や意見も記載されることが予定されているものである。したがって、貸出稟議書は、専ら銀行内部の利用に供する目的で作成され、外部に開示することが予定されていない文書であって、開示されると銀行内部における自由な意見の表明に支障を来し銀行の自由な意思形成が阻害されるおそれがある」と判断して、除外事由を肯定しています。

（4）　1―3号文書と4号文書の関係　　220条は、従来から存在した1ないし3号に加えて4号を追加するという規律を採用しています。では、1ないし3号と4号の適用関係はどのよう理解するべきなのでしょうか。考え方としては、1ないし3号が適用できないときにはじめて、4号の適用を検討するという考え方もありえます。しかし、判例は、1ないし3号と4号の適用については、どちらを先に検討してもかまわないという前提に立っています（前掲最決平11・11・12）。したがって、条文の「前3号に掲げる場合のほか」という文言は、「前3号に掲げる場合でなくとも」という趣旨となり、問題の文書が3号の法律関係文書に該当しうる文書であったとしても、申立人はただちに4号文書として提出命令の申立てをすることができるわけです。

（5）　公務員の職務上の秘密に関する文書の提出申立て　　4号ロの公務秘密文書の除外事由が主張された場合、特別な審理が行われます（223条3項から5項）。まず、①証拠としての必要性など申立てに理由がないことが明らかかどうかを判断します。そうでないときは、②4号ロの要件があることについて文書の所持者にとっての監督官庁の意見を聴かなければなりません（なお5項

参照）。監督官庁が公務秘密文書であるとの意見を述べる場合は、その理由を述べることが必要です。③　監督官庁が、国の安全保障、外交上の不利益のおそれ、公共の安全と秩序の維持に支障を及ぼすおそれという理由により公務秘密文書であるとの意見を述べたときは、裁判所が、その意見について相当の理由があるかどうかを判断します。これは、高度の公務秘密文書について監督官庁の第1次的判断を尊重し、監督官庁の判断の相当性に限定した2次的判断のみを裁判所が行うという趣旨です（最決平16・2・20判時1862号154頁、最決平17・7・22民集59巻6号1888頁、前掲最決平17・10・14など参照）。

5　文書提出命令に従わない場合の対応策

（1）　所持者が第三者であるとき

　文書提出命令を受けた相手方当事者や第三者がそれに従わない場合、どのような対応をすることができるのでしょうか。このような場合、対象となる文書を強制執行の手段で現実に提出させることはできません。その代わりに、文書の所持者が第三者であるときは、過料に処することで、間接的にその提出を促します（225条1項）。

（2）　所持者が相手方当事者であるとき

　　(a)　文書の所持者が相手方当事者であるときは、次のような対応策が認められています。まず、当事者が裁判所の命令に従わないときは、「その文書の記載に関する相手方の主張」を真実と認めることができます（224条1項・2項）。これは、提出が求められた当該文書の性質、内容、成立の真正を認めるという意味であり、要証事実（証明主題）の証明があったとまでは扱われません。例えば、XのYに対する貸金返還請求訴訟において、YがXから金を借りた事実が記載されているY所持の借用証書の提出が拒まれた場合ならば、YからX宛てで、そこには金額いくら、弁済期いつなどの記載があり、Yの意思によって作成されたことまでは真実と認めることができますが、この規定の適用によって、ただちにX主張の貸金債権の存在を真実だと認めることはできません。

　　(b)　次に、相手方当事者が裁判所の命令に従わないときで、しかも「当該文書の記載に関して具体的な主張をすること及び当該文書により証明すべき事

実を他の証拠により証明することが著しく困難であるとき」は、要証事実の証明があったと判断することができます（224条3項）。この規定が制定される前の裁判例ですが、自衛隊機が墜落したのは機体の整備不良が原因と主張した損害賠償請求訴訟で、当時の運輸省航空機事故調査委員会が作成し、当時の防衛庁が保管する報告書の提出が命じられたが、その提出が拒まれたという事件で、裁判所が原告の主張を真実と認めたことがあります（東京高判昭54・10・18判時942号17頁）。この裁判例は、この規定の趣旨を先取りしたものと考えられています。

Ⅱ　鑑　定

1　定　義

（1）**定　義**　鑑定とは、特別な学識経験を有する第三者（鑑定人）にその専門知識またはこれに基づく事実判断を報告させる証拠調べです（212条以下）。ここで、専門知識の報告とは、外国法の内容、ある病気の内容などの報告であり、専門知識に基づく事実判断の報告とは、問題となっている不動産の欠陥に伴う損害額の評価、被害者がどの程度の後遺症を負っているか、診療行為と損害との因果関係などの報告を指します。

（2）**鑑定証人**　鑑定人と類似の概念として、鑑定証人（217条、規則135条）があります。鑑定証人は、例えば、患者を最初に診察した医師に対して当時の病状についての所見を求める場合のように、特別の学識経験に基づいて知った事実を陳述するもので、証人に準じる扱いを受けます。

（3）**私鑑定**　鑑定の対象となりうる事項について、一方当事者が専門家に私的に依頼して作成した報告書を提出することがあり、これを私鑑定（しかんてい）といいます。これは、鑑定でなく書証です。

（4）**職権証拠調べ**　職権による鑑定をすることができるかどうかについては、条文上は明らかではありません。職権証拠調べを原則的に禁止するのが現行法の趣旨であることから、多数説は、職権で鑑定を命ずることはできないとしています（ただし218条1項・233条）。

2　鑑定人の地位

（1）　中立性　　わが国の鑑定は、裁判官の知識を補充するというものなので、鑑定人は、証人というよりは、裁判官の補助者の側面が強いという特徴があります。このために、鑑定人には裁判官と類似した中立性が求められます。忌避制度があること（214条）、当事者でなく裁判所が鑑定人を指定すること（213条）は、この表れです。

（2）　証人尋問規定の準用　　鑑定人は人証なので、証人尋問の規定が準用されます（216条）。しかし、勾引の規定（194条）は、そこまでして鑑定を強制することは適当ではないことから準用されません。証言拒絶権の規定（191条・197条から199条）、宣誓の規定（201条1項）、不出頭の制裁（192条・193条）は準用されます。

3　証拠調べの実施

（1）　鑑定人は、書面または口頭で意見を述べることができます（215条1項）。鑑定の内容は専門的で複雑なので、鑑定意見は書面で提出されるのが通常です（215条2項も参照）。なお、補充鑑定も可能です（215条3項参照）。

（2）　口頭で意見を述べさせる場合には、鑑定人に対する質問ができます（215条の2）。かつては、この質問は証人尋問に準じるとされていたために、鑑定人が必要と信じる説明をしようとしても、一問一答方式で説明せざるを得ないために十分な説明ができないといわれていました。さらに、交互尋問によって訴訟代理人から敵対的な質問、専門能力の欠如を非難するような質問などがされ、そのために、専門家が鑑定人になることを好まない理由となっていました。たしかに、証人尋問では、証人の争点に関する事実認識を明らかにするには一問一答方式を採ることに合理性があり、供述の信用性や真実性を明らかにするために証人を弾劾するような反対尋問をすることも不可欠です。しかし、裁判官の知識を補充するための専門的な鑑定には、一問一答方式の交互尋問はなじみません。そこで、2003年改正では、鑑定人質問を説明会方式（まず鑑定人が鑑定意見を説明してから当事者が質問をする）に改め、質問の順序を裁判長・当事者の順にするという方式が採用されました。

Ⅲ　検　証

1　定　義

　検証とは、裁判官自身が、ある事物の性状や現象を直接認識することで、それを証拠資料とするものをいいます（232条）。法廷において対象物の形状を確認することや、法廷外で、係争土地の現状を見たり、騒音を体感したりすることなどが、検証に該当します。

2　検証協力義務

　検証物提示命令を受けた検証物の所持者は、目的物を裁判所に提出するか、またはその所在場所で検証の実施を受忍しなければなりません。条文上は、このような義務があることを宣言する規定はなく、検証物提出命令に従わない場合に制裁を受ける旨の規定（当事者については232条1項で224条を準用、第三者については232条2項）からそのような義務があることを推論させる形がとられています。

Ⅳ　証拠保全

1　定　義

　証拠保全とは、本来の証拠調べ手続の実施を待っていたのでは証拠調べが不可能または困難になる場合に、予め証拠調べをして、その結果を保全しておく仕組みをいいます（234条、規則152条）。これは、証拠方法それ自体を保存する制度ではなく、証拠調べを本来行われる時期よりも前倒しして行うものです。また、訴え提起前でも行うことができます。

　証拠保全を命じる決定は、いずれは行われるべき証拠調べを事前に行う旨の決定であるため、相手方に一方的に不利益を与えるものではないと考えられており、この決定に対する不服申立ては禁止されています（238条）。

2　証拠保全の申立ての事由

　証拠保全の申立てが認められるには、あらかじめ証拠調べをしておかなければその証拠を使用することが困難となる事情があることの疎明を要します

（234条、規則153条3項）。これは、本来の証拠調べ手続を待っていたのでは証拠調べが不可能または困難になる場合を意味します。例えば、証人となるべき人物が末期ガンで入院中であるとか、重要な公文書の保管期限が迫っているといった場合が考えられます。このような場合は、事前に証人尋問や書証の取調べを行うことができます。

3　証拠保全の証拠開示的運用

　病院の診療録（カルテ）については、申立書に「改ざんのおそれがある」というように抽象的な形で証拠保全申立ての事由を記載した場合であっても、裁判所が比較的容易に証拠保全決定を出す運用が定着しています。この場合、証拠調べの方法は書証または検証となります。

　このように、証拠保全申立ての事由の記載を抽象的なもので足りるとする証拠保全の運用を、証拠開示的運用といいます。この運用方法によれば、証拠方法が消滅する危険性を具体的に説明できなくても、相手方手持ちの証拠を提訴前に開示させることができます。(6)たしかに、証拠保全一般について抽象的な保全理由の疎明だけで足りるとすることは、証拠保全の制度目的に反する可能性があります。ただし、カルテの場合は、患者には自分の情報の開示を求める権限を広く認めることが望ましく、また、病院としても情報を開示して診療行為の適正さを説明することが望ましいことから、証拠開示的運用は是認されているのが実情です。

（1）　ただし、提出を命じられることで生じうる不利益については相手方が主張すべき場合がある。最決平12・3・10民集54巻3号1073頁参照
（2）　刑事訴訟法47条は「訴訟に関する書類は、公判の開廷前には、これを公にしてはならない。但し、公益上の必要その他の事由があって、相当と認められる場合は、この限りでない。」と定めている。判例は、この規定によって非公開となる文書が民事訴訟法220条3号の法律関係文書に該当するときは、民事訴訟法220条3号と刑事訴訟法47条ただし書きとを複合的に適用し、それを開示しないとの判断が捜査機関の裁量権を逸脱していると判断されるときは、法律関係文書としての提出義務を認めている（最決平16・5・25民集58巻5号1135頁、最決平17・7・22民集59巻6号1837頁など）。
（3）　①要件を否定して提出義務があるとされたものとして、最決平16・11・26民集58巻8号2393頁（保険管理人が設置した弁護士及び公認会計士を委員とする調査委員会作成の調査報告書）、最決平19・8・23判時1985号63頁（介護サービス事業者のサービスチェックリスト）、最決平19・11・30民集61巻8号3186頁（金融機関が保管する自己査定資料）などがあ

る。

（4）　①要件を肯定したが②要件を否定して提出義務を認めたものとして、最決平18・2・17民集60巻2号496頁（融資一体型変額保険の勧誘を銀行と保険会社とが一体的に行っていた事実を証明する目的で銀行担当部署から各営業店長等に出された社内通達文書）などがある。

（5）　③の特段の事情があるかどうかについて判断した判例として、最決平12・12・14民集54巻9号2709頁（特段の事情なし）、最決平13・12・7民集55巻7号1411頁（特段の事情あり）がある。

（6）　提訴予告通知と提訴前の証拠収集手続については、132条の2以下を参照。訴えを起こそうとするものが相手方に対して訴え提起を予告する通知をすることによって、4ヶ月以内に限り、当事者照会、文書の送付嘱託、調査の嘱託、専門家の意見陳述、執行官の現況調査を提訴前に求めることができる。

Lesson 18　口頭弁論における当事者の訴訟行為

事例18−1

　Ｘ（原告）の主張：私は、令和4年3月1日に、中古普通乗用車ａを、代金150万円で、Ｙに対して売る合意をしました。ところが、Ｙはいろいろと文句を言って代金を支払ってくれません。そこで、代金の支払いを要求する訴えを起こしたいと考えています。

　この事例で、Ｘは、どのような行動をとらなければならないでしょうか。また、Ｘの行動に対して、Ｙは、どのような対応をしなければならないでしょうか。この問題は、いわゆる要件事実論で扱われるものですが、ここでは、その基本となることをまとめて説明します。

Ⅰ　Step 1：原告の申立て

1　訴訟物の確定

　初めにする作業は、ＸがＹに対して主張しようとする訴訟物は何かを決めることです。なぜかというと、原告が被告に対して提起する訴えは、訴訟物（訴訟上の請求）について裁判所の審判を求める申立てなので（→Lesson2−Ⅰ）、訴えを起こすためには、訴状における請求の趣旨（133条2項2号）で示されるべき訴訟物を特定しなければならないからです。

　旧訴訟物理論によれば（→Lesson7−Ⅱ）、訴訟物は、原告が被告に対して主張する実体法上の請求権となります。よって、事例では、売買契約に基づく（150万円の）売買代金支払請求権が訴訟物とされます。新訴訟物理論によれば、150万円の給付を受ける法的地位が訴訟物となります。要件事実論は旧訴訟物理論を前提としているので、以下、旧訴訟物理論で説明します。

2　請求原因事実の確定

　次に、（1）で訴訟物とされた請求権が成立するためには、どのような要件が必要かを検討します。訴訟物である売買代金支払請求権の権利根拠規定

（→Lesson 15 - II - 2 - （3））である民法555条によれば、代金支払請求権の成立要件は、①財産権移転の約束、②代金支払の約束の 2 つであり、これらの事実については、代金支払請求権という法律効果を主張する原告が証明責任を負います。このように、訴訟物である権利義務関係の発生原因事実、すなわち、原告が証明責任を負う権利根拠規定の要件となる事実（要件事実）を請求原因事実といいます。

3　請求原因事実の具体化

最後に、請求原因事実を事案に沿う形で具体化します。どのくらい具体的に主張するべきかという問題は、被告の出方次第で決まる問題ですが、最低限、次のような形で請求原因事実を主張します。

「 X は令和 4 年 3 月 1 日に、 Y に中古普通乗用車 a の所有権を移転することを約し、 Y はその代金として150万円を支払うことを約した。」

ただし、実際の訴状では、「売る」という日常的な法律用語を用いて、「 X は、令和 4 年 3 月 1 日に、中古普通乗用車 a を Y に対して代金150万円で売った。」と記載します。

4　請求原因という用語の使い方

請求原因または請求の原因という用語は、 2 つの異なる意味で用いられます。

まず、民事訴訟法134条 2 項 2 号が訴状の必要的記載事項として要求する「請求の原因」は、訴訟物を特定するのに必要とされる事実をいいます（規則53条 1 項かっこ書き）。事例では、 X が主張する訴訟物が売買代金支払請求権であって、その他の金銭支払請求権ではないことを明らかにする事実があれば十分です。⁽¹⁾したがって、「 X は、令和 4 年 3 月 1 日に、中古普通乗用車 a を Y に対して売った。」で足ります。

他方で、要件事実論で用いられる請求原因は、請求を理由づける事実、つまり、権利根拠規定の要件事実を指します。民事訴訟規則53条 1 項は、この意味での請求原因をできるだけ具体的に訴状では記載すべきであるとしていますので、実務上は、訴訟物を特定する事実だけでなく、 3 で説明したように権利の

発生原因のすべてを記載します（→ Lesson 2 - Ⅳ - 1）。

なお、訴状の請求の原因欄には、請求を理由づける事実に関連する事実で重要なもの、つまり、請求原因事実を推論させる重要な間接事実の記載も求められています（規則53条1項・2項）。

Ⅱ Step 2：被告の応答

Yは、Xの申立てに対してどのような応答をすることができるでしょうか。

1 請求の趣旨に対する被告の応答（答弁）

原告は、訴状の請求の趣旨において訴訟物（請求）についての認容判決を求めています。これに対する被告の通常の応答は、請求棄却を求める申立て（請求棄却の答弁）をすることです。また、訴えが訴訟要件を欠き不適法であると考えるときは、訴え却下判決を求める申立てをします。また、ごくまれにですが、被告が原告の請求を認諾する（266条1項）という応答をすることもあります（→ Lesson 19 - Ⅳ）。

2 請求原因事実の主張に対する被告の応答

Xによる請求原因事実の主張に対する応答の基本パターンは、「認める」か「争う」かのいずれかです。

請求原因事実を認めると応答したときは、裁判上の自白となり、その事実はそのまま認定されます（→ Lesson 14 - Ⅴ）。これに対して、請求原因事実を争うと応答したときは、否認といわれ、その事実の存否が争点となり、証明の対象となります。

その他に特別な応答のパターンとして、「その事実は知らない」と述べる場合と、「争うかどうかの態度を明らかにしない」の2つがあります。前者は「不知」といい、否認したものと推定されます（159条2項）。後者の場合は、他の点から争うものと認められない限り、擬制自白（→ Lesson 14 - Ⅴ - 5）として扱われます（159条1項・3項）。

3 単純否認と積極否認

　準備書面で相手方の主張を争う場合、従来は、単に「否認する」とのみ記載することが許されていました。これを単純否認といいます。しかし、民事訴訟規則79条3項は、具体的な理由をあげて否認すること（積極否認）を要求しています（ただし、違反しても制裁はありません）。

　I-4で説明したように、原告には、訴状で、できるだけ具体的に請求原因を記載することが求められます。同様に、原告の主張を争う被告には、積極否認が求められます。これは、審理の充実、促進という民事裁判の理念を実現するために、当事者は、できるだけ早期に事件の具体的な争点を明らかにするよう協力しなければならないことを意味しています（2条も参照）。

4 否認と抗弁

事例18-2

　Y（被告）の反論1：そのクルマを私がXから買い受けることについては、交渉をしました。しかし、中古車なのに代金が相場に比べて高すぎることもあって、合意に至らなかったのです。

　Yの反論2：確かに買い受けることについてはXと合意をしましたが、令和4年4月1日に、売買代金債務の履行として150万円の支払いをしています。

　　Yの反論3：確かに買い受けることについてはXと合意をしましたが、私は、Xが売買目的物である中古普通乗用車aを引き渡さない限り、代金の支払いに応じるつもりはありません。

　（1）**請求原因の否認**　　請求原因の主張に対する被告の応答として、請求原因事実の存在を否定する趣旨の陳述をする方法があります。これを、請求原因事実の否認といいます。Yの反論1は、請求原因である売買の意思表示をしたこと自体を争っているので、否認（3の積極否認）に該当します。

　（2）**抗　弁**　　これに対して、請求原因事実と両立し、被告が証明責任を負う新しい事実を陳述するという応答の方法もあります。これを、抗弁といいます。Yの反論2は、弁済の抗弁（＝債務消滅の抗弁）、Yの反論3は、同時履

行の抗弁（＝権利行使を阻止する抗弁）に該当します。[(2)] 抗弁として主張される具体的事実は、抗弁事実といわれます。

（3）**抗弁と否認の区別**　抗弁は、被告が証明責任を負う事実の陳述です。抗弁事実は、権利消滅規定の要件事実であるか、あるいは、権利障害規定（または権利阻止規定）の要件事実であるかのいずれかです（→ Lesson 15 - Ⅱ - 2（3））。これに対して、否認、とくに積極否認を構成する事実は、被告が証明責任を負うものではありません。つまり、積極否認事実が、請求原因事実から導かれる法律効果を消滅させることはなく、また、請求原因事実から導かれる法律効果の発生を阻止する原因になることもありません。

Yの反論1は、Xが証明責任を負う売買の意思表示を否定するだけで、代金支払請求権の消滅という新しい効果をもたらさないので、否認となります。これに対して、Yの反論2は、代金支払請求権の消滅という新しい効果をもたらす事実で、Yの反論3は、Xの代金支払請求権の行使を阻止するという新たな効果をもたらす事実で、いずれの事実もYが証明責任を負うので、抗弁となります。

「抗弁は請求原因と両立するが、否認は両立しない」という基準で両者を区別することが多いのですが、この基準の当てはめを誤る人が少なくありません。誤りを避けるには、抗弁事実は、原告が証明責任を負う請求原因事実とは別に被告が証明責任を負う新たな事実だから、請求原因事実と両立し、積極否認事実は、原告が証明責任を負う請求原因事実の存在を否定する事実だから、請求原因事実とは両立しないという基準を用いるべきでしょう。

5　制限付自白と予備的抗弁

事例18-3

Yの反論2-1：買い受けることについて合意をしたことはありませんが、仮にこの点が認めてもらえないとしても、令和4年4月1日に、売買代金債務の履行として150万円の支払いをしていますからXの請求は認められません。

（1）**制限付自白**　制限付自白とは、請求原因事実を認めつつ、新たな抗

弁を提出するというタイプの争い方をいいます。Yの反論2は、これに該当します。その結果、請求原因事実があったことについては、当事者間で争いはないとして扱われます。

（2）　**予備的抗弁**　　Yの反論2−1は、請求原因事実を否認する一方で、予備的・仮定的に抗弁を提出するというタイプの争い方です。⁽³⁾請求原因事実がないといいつつ、請求原因を認めることを前提とした抗弁を提出することは、矛盾した態度のように見えますが、仮定的または段階的な主張として組み立てる限りでは、首尾一貫する争い方であると評価されるのです。また、例えば、Yとしては合意の不成立を理由にして完全勝利するほうが望ましいと思っているが、それを証明することは難しいかもしれないので、実際にそれが無理ならば、支払いをしたという理由で勝利したいと思うことは、決して不合理な判断ではないでしょう。

予備的抗弁が提出された場合、裁判所は、請求原因があるかどうかの認定を省略して、予備的抗弁の成立を認めて請求棄却判決をすることが許されます。判決理由の判断には既判力は生じないこと（→ Lesson 21 - IV）、すなわち、いずれの請求棄却理由を裁判所が選んでも、当事者に対する判決の効果は同じ（訴訟物の不存在をもはや争えないだけ）だからです。したがって、被告が、まずは請求原因を争う、これが無理ならば抗弁を提出するという順序をつけていても、裁判所はこの順序設定に拘束されずに、認定が簡単な方を選んで棄却の判断をすることができます。

III　Step 3：原告の応答

事例18 - 4
Xの反論1（Yの反論2に対するもの）：Yから150万円を受領していますが、これは別にYに対して貸していた金銭の返済を受けたものであり、売買代金債務の返済ではありません。
Xの反論2（Yの反論3に対するもの）：XはYに対して、目的物をすでに引き渡しており、反対給付の履行をしています。

1 抗弁事実の否認

被告がした抗弁の主張に対する原告による応答の基本パターンは、被告の請求原因に対する対応を説明したⅡ-2と同様に、「認める」か「争う」かのいずれかです。Xの反論1は、Yがした弁済の給付が売買代金債務に対するものではないことの主張です。これは、抗弁事実に対する積極否認となります。よって、抗弁の成否が争点となり、証明の対象となります。反対に、Xが抗弁事実を認めれば、弁済があったことについて裁判上の自白が成立します。

2 再抗弁

原告が被告の抗弁と両立し、原告が証明責任を負う事実を主張することを再抗弁といいます。これは、抗弁を受けて、抗弁から生じるはずの法律効果を覆す新しい事実を主張するものです。Xの反論2は、売買代金債務と目的物引渡債務の間にある同時履行関係を消滅させる事実である反対債務の履行の提供という事実の主張（民533条本文）なので、再抗弁に該当します。再抗弁事実についても、抗弁事実と同様に、Yは、認めるか・争うかの態度決定をしなければなりません。

なお、「まだ目的物の引渡しを受けていないこと」は、同時履行関係を主張するYが証明しなければならないのではないかという疑問を持つ人がいるかもしれません。しかし、目的物の引渡しつまり弁済があったことは引渡義務を負う者が証明責任を負う事実なので、引渡義務を負うXが証明責任を負うことに注意をする必要があります。

Ⅳ まとめ

以上をまとめると、訴訟の展開は次のようになります。なお、証拠調べによって最終的に真偽を判定されるのは、争いがある主要事実です。ただし、その主要事実を推認させる間接事実が具体的な争点となることもあります。

1 請求原因事実・抗弁事実・再抗弁事実（再々抗弁事実……以下同じ）のそれぞれについて、相手方の認否（認めるか争うか）を確認する（争点の整理）。

2 争いがない事実はそのまま認定する。

3 争いがある事実は争点となる（あわせて、争点を立証するのに必要な証拠方法

を確定する）。

4　争点について証拠調べを実施する。

（1）　古い時代には、請求原因としてどの程度の事実関係を記載しなければならないのかについて争いがあった。識別説は、訴訟物を特定するのに必要な事実を記載すれば足りるとする。事実記載説は、請求の正当性を基礎付ける事実は全て記載するものとする。例えば、所有権確認の訴えの訴状において、事実記載説によれば所有権の取得原因まで記載することを要するが、識別説では請求の趣旨だけで目的物と所有権の主体が特定され訴訟物が特定するから、請求原因の記載は要しないと論じられる。民事訴訟規則53条1項は「請求の原因」を識別説の立場から定義する一方で、さらに「請求を理由付ける事実」を訴状に具体的に記載すべきだとするので、この論争は、学問的・実務的に意味を失った。

（2）　同時履行の抗弁については、Lesson20-Ⅳ-4を参照。同時履行の抗弁は、権利抗弁である。権利抗弁とはその権利を有する当事者の主張がない限りその存在を判決の基礎とすることができないタイプの抗弁である。言い換えれば、権利抗弁には主張共通の原則（→Lesson12）の適用がない。

（3）　予備的抗弁には、他の抗弁を主張しつつそれが認められない場合のために別な抗弁を仮定的に提出する場合も含まれる。例えば、弁済の抗弁を1次的、相殺の抗弁を2次的に提出する場合などである。なお、司法研修所の要件事実論では、予備的抗弁の概念は、ここでの説明とはまったく別な意味で用いられている。

Lesson 19　判決以外の訴訟終了原因

Ⅰ　概　説

1　処分権主義

処分権主義は、請求（申立て）について当事者の意思を尊重しなければならないという趣旨の原則であり、次の3つの原則に具体化されています。第1に、当事者による訴えの申立てがあってはじめて裁判所は訴訟事件について審判することができるとの原則（「訴えなければ裁判なし」→Lesson 2 - Ⅱ）、第2に、受訴裁判所は、当事者の申立てを逸脱した裁判をすることができないとの原則（246条。→Lesson 20 - Ⅳ）、第3に、当事者はその意思に基づいて終局判決以外の訴訟終了原因を選択することができるとの原則です。ここでは最後の原則について説明します。

2　訴訟の終了についての当事者意思の尊重

訴訟の開始段階だけでなく、訴訟の終了段階でも当事者の意思が尊重されるとの原則に基づいて、①原告一方の意思に基づく訴訟の終了原因、②被告一方の意思に基づく訴訟の終了原因、③双方当事者の意思に基づく訴訟の終了原因が認められています。①が訴えの取下げと請求の放棄、②が請求の認諾、③が訴訟上の和解です。

参考までに2021年度の司法統計を見ると、同年に地方裁判所で手続が終了した通常民事訴訟事件は139,011件で、そのうち、終局判決で終了が43.2%、和解36.9%、取下げ17%、放棄は0.2%、認諾は0.3%となっています。したがって、第1審が判決で終了する場合は決して多くないことが分かります。

3　効果のちがい

当事者の意思に基づく訴訟終了原因があれば、その訴訟は終了しますが、それに加えて一定の効果が生じます。

訴えの取下げがあると、訴えを提起しなかったのと同じことになります。そ

れ以外の訴訟終了原因では、訴えの対象となった訴訟物について決着がつきます。つまり、請求の放棄では請求棄却判決がされたのと同じ効果、請求の認諾では請求認容判決がされたのと同じ効果、裁判上の和解では合意による権利関係変動の効果がそれぞれ生じます。

Ⅱ　訴えの取下げ

1　定　義

　訴えの取下げとは、請求についての審判要求である訴えを撤回する旨の原告による意思表示をいいます（261条1項）。この意思表示は、主として訴訟法上の効果を導くので（262条1項）、訴えの取下げは、訴訟行為（→Lesson 3 - Ⅰ）に該当します。

　訴えの取下げと類似するものとして、上訴の取下げがあります。上訴の取下げ（292条・313条）の場合は、上訴手続のみが消滅し、原審判決は残り、上訴期間の経過時点で判決は確定します。これに対して、訴えの取下げが成立すると、その事件の訴訟係属が遡及的に消滅しますから、終局判決後に取下げがあったときは、その判決自体もなかったことになります（大決昭8・7・11民集12巻2040頁）。

2　要　件

（1）　判決が確定していないこと（261条1項）　　訴えに対する終局判決が確定していなければ、判決がされた後であっても、取下げをすることができます。事件が上訴審に移ってからでも、取下げをすることができます。

（2）　相手方の同意（261条2項）　　訴えの取下げは、相手方が本案について準備書面を提出し、弁論準備手続において申述をし、または口頭弁論をした後にあっては、相手方の同意を得なければ、その効力が生じません。これは、本案について被告が争う意思を示した後は、本案について請求棄却判決を得ることへの期待が生じ、それは正当な保護に値するから、もはや原告だけの意思で訴えをなかったことにすることはできないという趣旨です。

　なお、訴えの取下げの書面を受け取った相手方が2週間以内に異議を述べないときなどは、相手方も訴訟追行に対する熱意を失ったと見られても仕方がな

いので、訴えの取下げに同意したものとみなされ、取下げに対する明示の同意は不要とされています（261条6項）。

本訴の取下げがあった場合の反訴（→ Lesson 25 - Ⅳ）の取下げには、相手方である本訴原告の同意を要しません（261条2項ただし書）。本訴原告が、反訴の基礎となる本訴を取り下げておきながら、反訴については取下げに対する同意を拒絶するのは公平に反するからです。

（3）その他の要件　訴えの取下げは訴訟行為なので、原告に訴訟能力があることが必要です。また、被保佐人、被補助人、後見人その他の法定代理人、訴訟代理人が取下げをするときは、訴訟の終了という重大な効果が生じるため、特別の授権が必要です（32条2項1号・55条2項2号）。

（4）手　続　訴えの取下げは原則として書面（取下書という）で行われます（261条3項）。口頭弁論などの期日に口頭で行うこともできますが、その場合は、取下げがあったことが口頭弁論などの期日の電子調書に記録されます（261条4項）。それ以外の訴え取下げのために必要な手続については、条文（261条3項から5項、規則162条）を参照してください。

3　効　果

（1）訴えの取下げの意思表示が適法に行われると、その事件の訴訟係属が提訴の時点にさかのぼって消滅します（262条1項）。

（2）訴えが提起されると、裁判上の請求による時効の完成猶予が生じます（民147条1項1号）。しかし、訴えの取下げがあったときは、その時点から6ヶ月が経過すると、時効が完成します（民147条1項柱書かっこ書き）。

（3）**終局判決言渡し後の取下げと再訴禁止**　訴えの取下げにより、いったんされた終局判決も失効するので（Ⅱ-1）、原告は改めて訴えを提起しなおすことができるはずです。ところが、本案について終局判決があった後に訴えを取り下げた者は、同一の訴えを提起することができないとされています（262条2項）。これを再訴禁止といいます。

この規定の趣旨について判例（最判昭52・7・19民集31巻4号693頁）は、終局判決を得た後に訴えを取り下げることにより裁判を徒労に帰せしめたことに対する制裁的趣旨の規定であり、同一紛争を蒸し返して訴訟制度をもてあそぶよう

な不当な事態の生起を防止する目的の規定であると解しています。

　ここで注意しなければならないことは、再訴禁止は例外を許さない絶対的な禁止ではなく、右の趣旨が当てはまらないような場合には、形式上同じ訴えであっても再び訴えることができると考えられているということです。そこで、再訴禁止の規定の適用要件としては、①本案の終局判決の言渡しがあったこと、②再訴について前訴との同一性（当事者・訴訟物）があることのほかに、③再訴の提起を正当化する新たな利益または必要性がないことを加えるべきであるとされています。すなわち、③の要件との関係で、再訴の提起を正当化する新たな利益または必要性が後日発生したときは、取り下げをした当事者を制裁する必要がなく、また、不当な蒸し返しにもならないことから、再訴が許されることになります。例えば、XがYに対して貸金返還を求める訴えを提起し請求認容判決を得た直後に、Yが即時の返済を約束したので訴えを取り下げたとします。ところが、後日一転して、Xから借金をした覚えはないとYが主張したので、Xが前と同じ訴えを提起したとすると、①・②の要件はあるものの、再訴の提起を正当化する新たな必要性が発生したので③の要件が欠けるので、この訴えは適法となります。

4　訴えの取下げの合意

事例19-1
　XのYに対する貸金返還請求訴訟で、Yが「XYは裁判外で訴えを取り下げるとの合意をしたのに、Xはいっこうに訴えを取り下げず、訴訟を追行しているので何とかしてほしい。」と主張した。

（1）**適法性**　この事例では、訴訟上行われる訴えの取下げの意思表示ではなく、訴訟外で行われる訴えの取下げの合意の効果が問題となっています。訴訟手続について当事者が合意をすることは、訴訟手続の進行を不安定にし、また、職権進行主義（→Lesson10-Ⅱ）を害する危険があるので、原則として許されないといわれています。しかし、訴えの取下げを内容とする合意は、それによって訴訟が終わるというだけのことなので、上記の弊害がないとされ、許されています。

（2）効　果　では、この合意が成立すると、訴訟係属の消滅という効果が生じるのでしょうか。判例は、この合意があっても、訴えを取り下げるべき私法上の義務が発生するのみであり、訴訟係属の消滅という訴訟法上の効果は生じないとします。そうだとすると、原告がその義務を履行しない場合、義務の履行を求める給付の訴えを提起して、勝訴判決にもとづく強制執行によって合意を強制的に実現しなければならないはずです。しかし、これはあまりにも遠回りの解決であることから、判例は、その訴訟において訴え取下げの合意の成立が主張、立証されると、訴えは権利保護の利益を失ったとの理由で却下され、それで訴訟が終了すると解しています（最判昭44・10・17民集23巻10号1825頁）。

5　訴えの取下げと意思表示の瑕疵

事例19-2

Xは、Yに対して貸金返還を求める訴えを提起した。①Yは、Xに対して「訴えを取り下げないとあなたの家族に危害が及ぶかもしれない」と脅したので、Xは訴えを取り下げた。②Yは、所有する古美術品によって代物弁済をするから訴えを取り下げてほしいと提案し、Xは、それがかなりの価値があるものだと誤解してその提案を受け入れて、訴えを取り下げた。

（1）判例・通説　事例の①や②のような事情があるときに、訴えの取下げの意思表示に瑕疵があるとして、それが無効あるいは取消可能であるとXが主張することができるでしょうか。これができるならば、訴えの取下げがなかったのと同じ状態に戻り、訴訟を続行することができます。

判例および通説は、訴訟行為は法律行為とはまったく異なる性質の行為であり、無効や取消しを許すと手続の安定性を害するとして、民法の意思表示の瑕疵に関する規定（民93条以下）の適用は認められないとしています。したがって、②は錯誤の規定（民95条1項2号・2項）がそもそも適用されないので、取消しの主張はできません。

他方で、再審事由、特に可罰的行為（338条1項5号）があるときには、訴え

の取下げは無効であるとされ、また公平上、有罪判決を得ていなくても、その無効を主張できるとしています（最判昭46・6・25民集25巻4号640頁）。したがって、①は強要罪（刑223条2項）があり、再審事由となるので、無効の主張ができます。

（2）　反対説　　これに対して、当事者の意思に基づく訴訟終了原因は当事者の真意に基づいて行われるからこそ有効なのだと考える見解は、訴訟行為にも民法の意思表示の瑕疵に関する規定を適用できるとします。この説は、さらに、取り下げた後は、もはやそれに続く訴訟行為はありえないから、取消しを認めて手続をやり直しても手続の安定性を害しないと論じます。この見解によれば、通説・判例が取消しを認めない②について、錯誤の規定の適用（類推適用）が認められます。

Ⅲ　訴訟上の和解

事例19-3

　XのYに対する500万円の売買代金支払請求訴訟で、訴訟上の和解が成立した。和解条項は次のとおりである。①YがXに対して300万円の支払義務を有することを確認する。②300万円のうち150万円分はYの手元に現在保管中の最新型パソコン5セットの引渡しで支払いに代え、その余の金額は毎月末限りで各月30万円を5回の分割払いとする。③XY間にはそれ以上の債権債務はないことを確認する。

1　定　義

（1）　訴訟上の和解　　訴訟上の和解とは、訴訟係属中に両当事者が訴訟物に関する互いの主張を譲り合って（互譲）、口頭弁論等の期日において紛争の解決を合意することをいいます。この定義からは、①訴訟係属中に期日で行われること、②互譲（民695条参照）があること、③当事者間での紛争解決の合意であることが、訴訟上の和解の本質的な要素であることが分かります。事例では、代金額、支払方法について互いに主張を譲り合った上で、当事者間の紛争解決が訴訟上合意されています。

（2）　**裁判外の和解・起訴前の和解・裁判上の和解**　　裁判手続の外で、訴訟物について和解契約をすることがあります。これは裁判外の和解であり、訴訟上の和解ではありません。また、民事上の争いについて、当事者は、請求の趣旨および原因ならびに争いの実情を表示して、相手方の住所地を管轄する簡易裁判所に和解の申立てをすることができます（275条1項）。これを訴え提起前（起訴前）の和解・即決和解といいます。起訴前の和解は裁判所の面前で行われることから裁判外の和解ではありませんが、訴訟係属中の和解ではないので訴訟上の和解でもありません。なお、起訴前の和解と訴訟上の和解をあわせて裁判上の和解といいます。

（3）　**訴訟上の和解の性質**　　訴訟上の和解には、紛争解決についての私法上の合意（民法上の和解契約）と訴訟終了を内容とする訴訟法上の合意という2つの側面があります。この2つの側面の関係ですが、訴訟上の和解では和解契約と訴訟法上の合意とが併存しているとの立場（併存説）と、1つの行為である訴訟上の和解の中に2つの性質が含まれているとの立場（両性説）があります。いずれにしても、多数説は、いずれか一方の側面（とくに和解契約）に無効原因があれば、訴訟上の和解が全体として無効になると考えています。

2　要　件

（1）　**訴訟物に関する要件**　　和解の対象となる訴訟物である権利関係が私的利益に関するもので、当事者が処分できるものであることが必要です。この関係で特別な規律があるものとして、人事訴訟の和解（人訴19条2項・37条1項・44条）と株主代表訴訟の和解（会社850条）があります。

また、和解が強行法規に反する内容でないことが必要です。例えば、民法に規定がない内容の物権を設定する和解は物権法定主義に反するので許されませんし、公序良俗に反する内容の和解も無効です。

（2）　**訴訟要件など**　　訴訟上の和解は訴訟物を処分する行為なので、当事者の訴訟能力のほか、代理人への特別授権（法定代理人につき32条2項1号、訴訟代理人につき55条2項2号）を必要とします。

訴訟上の和解は本案判決に相当するものではないことから、対象となる訴えが訴訟要件をすべて備えていることは必要ではないといわれていますが、最低

限、当事者の実在や当事者能力は必要だと考えられます。

3 手　続

（1）　裁判所は、いつでも事件について和解を試みることができます（89条1項）。また、受命・受託裁判官に担当させることも可能です。電話会議またはウェブ会議システムを和解のために利用することもできます（89条2・3項）。

（2）　期日において両当事者が和解の陳述をすると、裁判所は要件の具備を審査した上で、有効なものと認めれば、裁判所書記官に命じて和解についての電子調書を作成させ、これを裁判所のファイルに記録します。この記録がされたことで、訴訟上の和解の効果が生じます（267条1項）。

（3）　実際の手続ですが、和解の試みは、争点整理手続の終了後か集中証拠調べの終了後に行われることが多いようです。そこでは、裁判所が和解案を示して、和解するように勧める形をとります。また、当事者の意見を聴取する際は、交互面接方式をとり、当事者双方を同じ部屋に入れて対席方式で意見を聴くことはありません。

4 特別な訴訟上の和解

（1）　**和解条項の書面による受諾（264条）**　　当事者の一方についての出頭が困難と認められる場合に、その当事者が、あらかじめ裁判所から示された和解条項案を受諾する旨の書面を提出し、他方の当事者が口頭弁論等の期日に出頭してその和解条項案を受諾したときは、当事者間で和解が整ったものとみなされます（264条1項）。これは、当事者が実際に裁判所に赴く必要性を緩和するものです。さらに当事者双方とも出頭が困難と認められる場合にも、このタイプの和解をすることができます（264条2項）。

（2）　**裁判所が和解条項を裁定する場合（265条）**　　裁判所は、当事者が和解条項に服する旨を記載した書面により共同の申立てをしたときは、事件の解決のために適当な和解条項を定めることができます。内容がどんなものであっても、当事者はそれを受け入れなければならないので、話し合いによる解決というよりは、仲裁（仲裁2条を参照）に近いといわれることがあります。

5 効 果

（1）**基本的な効果**　訴訟上の和解は、訴訟の終了を目的とする合意なので、訴訟手続が終結するという効果が生じます。さらに、訴訟上の和解が成立したことについての電子調書が作成され、これがファイルに記録されると（以下「和解調書」という）、「その記録は、確定判決と同一の効力を有する」とされています（267条1項）。このことの意味ですが、和解調書に記録された和解条項が一定の給付義務を定めたものであれば（**事例19-3の和解条項②**）、それは、執行力がある債務名義になります（民執22条7号）。離婚の訴え（形成の訴え）で和解をすると、離婚の効果（形成力）が生じます（人訴37条1項参照）。

しかし、和解調書の記録事項に既判力が生じるかどうかについては、次に説明するような議論があります。

（2）**既判力**

事例19-4

事例19-3のような和解成立後に、売買代金は500万円であることの確証を得たことを理由に、Xは、代金額500万円のうち、和解で認められた300万円をのぞく200万円の支払いを求める訴えを提起した。

（a）この事例では、和解調書の記録に既判力が生じるかどうかが問題となります。まず、既判力とは、確定判決に与えられる通用性・拘束力のことで、いったん確定判決で決着した訴訟物については争いを蒸し返すことができなくなるという効果です（→Lesson21）。事例で仮に500万の支払を求める訴えに対して300万円の一部認容判決をしたとすると、200万円の支払いを求める訴えを後で起こしても、それは既判力により認められず、訴えは棄却されます。では、和解によって債務は300万円と決まったのに、なお200万円を請求することができるのでしょうか。

（b）既判力を確定判決でない和解にも全面的に認める見解（既判力全面肯定説）は、和解に判決と同様の紛争解決機能を付与するべきであること、267条の文言との整合性を理由とします。この説では、Xの訴えには和解調書の既判力が作用し、訴えは棄却されます。

（c）全面肯定説に対しては、和解と判決とは本質的に異なるから、和解に

判決と同一の効果を与えるのはおかしいとの批判があり、この批判に基づいて既判力を一切認めない説（既判力全面否定説）も主張されています。この説によれば、既判力が働かないので、Ｘの主張、立証が許されるはずです。このように、既判力を否定すると、和解で合意された内容を覆す主張を許すことになるという欠陥が生じます。⁽⁴⁾

　　(d)　このほかに、和解にも既判力は認められるが、この既判力は再審事由に該当しない意思表示の瑕疵の主張立証を許すという限定的な作用を有するという折衷的な見解が主張されています（既判力制限的肯定説）。判例は、この説に立つと評価されています（最判昭33・6・14民集12巻9号1492頁など）。この説では、事例で意思表示の瑕疵が認められない限りで、全面肯定説と同じ結論となります。瑕疵がある場合の扱いは、6で説明します。

6　訴訟上の和解の無効・取消し

事例19-5　事例19-3と同じ。
(1)　Ｘの訴訟代理人が特別授権（55条2項2号）を受けずに和解を成立させていた。
(2)　代物弁済の対象であるパソコンが最新型ではなく数年前のものであることが判明したので、和解の合意に錯誤がある（あるいは詐欺があった）とＸが主張している。

（1）　**再審事由がある場合**　　事例の(1)は再審事由がある場合（338条1項3号）です。この場合は、重大な訴訟法上の瑕疵があることから、訴訟上の和解の効力を否定するべきであることには異論がありません。ただし、和解調書の既判力を認めるかどうかによって、その主張方法に違いがあります。全面肯定説では、既判力があるために再審の訴え（→ Lesson 29-Ⅵ）によらなければなりません。全面否定説では、その主張は、次の(2)での議論と同じく、再審以外のより簡易な方法ですることができます。制限的肯定説の場合ははっきりしません。

（2）　**再審事由がない場合**
　　(a)　事例の(2)は再審事由に該当しないので、全面肯定説では、意思表示に

瑕疵があることを主張することはできません。つまり、この説は、既判力をくつがえすことができる再審の訴えによって再審事由を主張できる場合に限り、無効、取消しの主張が可能であるとするわけです。

　(b)　全面否定説・制限的肯定説では、再審以外の手段により、再審事由だけでなく、民法上の無効・取消原因も主張可能とします。したがって、合意の前提条件に関する錯誤や詐欺による取消しを主張して、和解による訴訟終了を否定できます。

　では、主張手段としてどのようなものがあるのでしょうか。まず、和解をした裁判所に対する口頭弁論期日指定の申立てがあります。これは、和解に瑕疵があるかどうかを受訴裁判所の口頭弁論で審理してもらい、瑕疵がある（無効である、取消しが有効にされた）と判断されれば、和解成立前の状態に戻って、前の手続をそのまま続行するというものです。このほかには、和解無効確認の訴えも可能です。これは、和解の効力を受訴裁判所とは別な裁判所に判断してもらうものです。

　この2つの方法は、それぞれ利点と欠点があります。つまり、後者は、和解の瑕疵について3審制を保障することができるけれども、前の訴訟で得られた資料をそのまま流用することができないという欠点があります。前者の利点と欠点は、後者のそれとは逆になります。学説の多くは、前者が原則的なルートであるとしていますが、判例は、当事者の選択権を認めているようです。

　なお、和解調書による強制執行の排除を求める場合には、請求異議の訴え（民執35条）を利用できます。

7　和解の解除

事例19-6
　事例19-3のような和解が成立した。Ｘは、Ｙから和解条項②どおりに代物弁済を受けたが、残債務の弁済については、1回目の支払いがなされただけで、その後3ヶ月に渡り支払いがなかった。そこで、Ｘは、Ｙに対して債務の履行を催告したうえで、和解を解除した。

訴訟上の和解が成立したが、和解条項の不履行があった場合、強制執行に

よって債務を実現することができます。しかし、この事例ではそうではなく、合意を解除して訴訟をやり直せるかということが問題となります。より厳密に見ると、事例では、訴訟上の和解における民法上の和解契約の側面について解除しており（民541条本文）、それによって、訴訟上の和解全体が効力を失うのかどうかということが問題となります。

　判例は、和解の解除によって和解契約に基づく民法上の権利関係は消滅するが、いったん終了した訴訟が復活することはないとしています（最判昭43・2・15民集22巻2号184頁）。この立場を前提にすると、Xは、Yを被告として残代金の支払を求める訴えを提起するべきであるとの結論になります。つまり、和解の解除という事例では、和解の合意の瑕疵ではなく、和解成立後の新たな事情による新しい紛争が問題になっているから、改めて訴えを提起するべきであると考えるのです。ただ、Xは、初めから主張、立証しなおさなければならないという問題が残ります。そこで、和解を解除して受訴裁判所に対して口頭弁論期日指定の申立てをすることができるとの見解も有力です。

IV　請求の放棄・認諾

1　定　義
　請求の放棄は、訴訟物である権利関係の主張についてそれを維持する意思がないことを口頭弁論期日・弁論準備期日・和解期日（口頭弁論等の期日）において裁判所に陳述する原告の訴訟行為、請求の認諾は、原告による訴訟物である権利関係の主張を認めることを口頭弁論等の期日において裁判所に陳述する被告の訴訟行為です。

　請求の放棄は、原告が自分で行った訴えの申立てについてそれを維持しない意思を表明するもので、訴えを撤回する訴えの取下げとは区別されます。請求の認諾は、訴えの申立てを認めるもので、訴えを理由付ける請求原因事実についてその存在を認める裁判上の自白とは区別されます。

2　要　件
　要件としては、請求の放棄・認諾を制限する規定（人訴19条2項・37条1項・44条参照）に反しないことが必要です。ほかに、認諾については訴訟物の主張

が強行法規に反しないことを要します。例えば、違法薬物の売買代金の支払いを求める請求を認諾することは許されません。また、放棄または認諾は請求棄却判決または請求認容判決にそれぞれ対応することから、対象となる訴えについて訴訟要件が具備していることを要します。さらに、訴訟能力も必要です。

3 手 続

請求の放棄・認諾があったときは、放棄・認諾についての電子調書が作成され、それがファイルに記録されたことで効果が生じます（267条1項）。

4 効 果

（1） 基本的な効果　請求の放棄・認諾は、訴訟の終了原因なので、訴訟手続が終結するという効果が生じます。さらに、請求の放棄・認諾があったことが記録された調書については、和解調書と同じく、「その記録は、確定判決と同一の効力を有する」とされています（267条）。このことの意味ですが、給付の訴えが認諾されると執行力が生じ、形成の訴えが認諾されると形成力が生じることは争いがありません。他方で、既判力が生じるかどうかについては、議論があります。

（2） 既判力

事例19−7

　XのYに対する不法行為に基づく損害賠償請求訴訟で、Xが請求を放棄する意思表示をした。あるいは、Yが請求を認諾する意思表示をした。

(1)　放棄したXが、同じ不法行為に基づく損害賠償を求める訴えを提起した。

(2)　Yの訴訟代理人が特別授権を受けずに認諾した。

(3)　Xは、錯誤に基づいて放棄の意思表示をしたと主張している。

請求の放棄・認諾に対して既判力が認められるかどうか、放棄・認諾の意思表示に瑕疵があるときの扱い方については、訴訟上の和解の場合とほぼ同様の形で議論されています（→Ⅲ−5−(2)とⅢ−6）。ここでも、放棄・認諾を確定判決と同様に位置付けて既判力を全面的に肯定する説と、既判力を全面的に否定

する説が対立していますので、それを前提に考えることになります。

　事例(1)については、否定説では、肯定説とは異なり、請求棄却判決を受けそうになったXが放棄をして改めて訴えるといった濫用的行動を防げません。

　事例(2)については、再審を経由しなければならないかどうかという違いはありますが、否定説、肯定説のいずれによっても、認諾の意思表示の無効を主張することができます。

　事例(3)については、肯定説ではXの救済が不可能です。しかし、否定説からは、当事者の意思に基づく訴訟終了である放棄・認諾に意思表示の瑕疵が生じる可能性は高く、そのような場合、訴訟終了をもたらす基礎が欠けるのに取消しを主張できないのでは不公平であるとの批判があります。

　以上について制限的肯定説（→Ⅲ-5-（2））によれば、事例(1)では既判力によりXの訴えは棄却できます。事例(2)(3)は否定説と同様の結論となります。したがって、すべての事例についてバランスよく解決することができそうですが、その反面、この学説は、単なる「いいとこ取り」にすぎないという厳しい批判を受けるでしょう。

（1）　民法では、詐欺・強迫による意思表示は取り消すことができる（民96条1項）ので、「取消し＝撤回」の主張ができると本当は表現すべきであろう。しかし、判例は、このような場合、取下げの意思表示が無効になると述べている。そのために、本文では「無効」と表現した。

（2）　実務上は、その後の争いの再燃を避けるために、事例のものよりも精密な形で和解条項が作成されるが、ここでは便宜上簡略化した。

（3）　YがXの請求を全面的かつ一方的に認めるのは認諾であり和解ではない。この点は争いはないが、この互譲要件はかなり緩やかに解釈されていることに注意が必要である。

（4）　訴訟上の和解には、民法上の和解契約の側面がある。したがって、事例（1）のように債権額が500万円であることを主張することは、民法上の和解契約に反する主張であり、合意が有効に成立している限り、そのような主張は民法696条により排斥されると解することも可能である。和解とは「たとえ真実に反しても譲歩してそれで手を打つ」という合意だからである。したがって、既判力否定説でも、この事例は、肯定説とほぼ同様に解決できる。

Lesson 20　裁判と判決

I　裁判の種類

1　判決・決定・命令

　裁判所が行う判断行為である裁判には、判決・決定・命令の3種類があります。判決には、終局判決（243条）と中間判決（245条）があります。決定の例としては、訴訟を別の裁判所に移送する旨の決定（16条・21条）、文書提出命令（223条1項）などがあり、命令の例としては、訴状却下命令（137条2項・137条の2第6項）などがあります。

　判決は、当事者間の権利義務関係に関する最終判断であるために、慎重な手続に基づいて成立します。これに対して、決定、命令の対象となる事項は、訴訟手続内部で問題となる事項であるため、簡易、迅速に判断されます。

　以下、判決・決定・命令を4つの方法で区別して検討します。

　（1）　**裁判主体による区別**　　判決・決定をする主体は受訴裁判所ですが、裁判所の構成は単独体である場合と合議体である場合とがあります。地方裁判所は原則として単独体で裁判をします（裁26条1項）。

　命令は、裁判官が、裁判長または受命裁判官もしくは受託裁判官（88条・89条1項・206条参照）の資格でする裁判であり、条文上、裁判長が裁判を行うとされているものが命令事項となります。

　（2）　**裁判に至る手続の重さによる区別**　　判決のために必要な資料は必ず口頭弁論によって収集され（87条1項本文）、判決は、電子判決書に基づいて言い渡されます（252条・253条1項）。

　決定、命令のために必要な資料は口頭弁論によって収集されなくてよく（87条1項ただし書き）、決定、命令は、相当な方法で告知すればよいとされています（119条）。

　（3）　**効力の強弱による区別**　　判決は、確定すると既判力など強力な拘束力が発生します。また、言渡しにより、判決をした裁判所が自身の判決を変更することはできないという意味での自己拘束力が発生します（例外：256条・257

条）。

　決定・命令は、原則として既判力がなく（当事者の権利義務についての終局判断の場合は別。69条など）、決定・命令をした裁判所自身が内容を変更することができます（333条・120条）。

　（4）　不服申立ての方法による区別　　判決については、控訴、上告の利益がある当事者には控訴、上告の権利が認められます（281条以下・311条以下）。

　決定・命令については、原則的に上訴権の保障はなく、328条により抗告ができる場合と即時抗告を許す特別な規定がある場合（21条など）に限り、不服申立てが可能です。

2　終局判決と中間判決

　（1）　終局判決　　終局判決とは、事件についてその審級を完結させる判決をいいます（243条1項）。

　終局判決には、本案判決と訴訟判決の区別があります。本案判決（実体判決）は、訴訟物の存否について実体判断をする判決、訴訟判決（訴え却下判決）は、本案判決の要件となる訴訟要件の不存在を宣言して訴えを却下する判決です。本案判決には、原告の訴訟上の請求に理由があるとしてこれを認める請求認容判決と、原告の訴訟上の請求には理由がないとしてこれを否定する請求棄却判決があります。請求の一部を認める判決を一部認容（一部棄却）判決といいます。

　なお、訴訟が終了した旨を宣言する判決もあります。この種の判決が行われる例としては、一身専属的な権利義務関係について訴訟を追行する当事者が訴訟係属中に死亡した場合や、有効な訴訟上の和解によって訴訟が終了したかどうかの争いがある場合などです。

　給付判決、確認判決、形成判決については、Lesson 2 III-2-（3）、III-3-（3）、III-4-（3）を参照してください。

　同じ裁判所の手続に係属している事件の全体についてその審級を完結させる終局判決を全部判決、一部のみを完結させる終局判決を一部判決といいます（243条2項・3項参照）。一部判決は、同じ手続で審理されている事件の一部について、それが裁判をするのに熟したときに、裁判所の裁量判断によって、他

の部分から切り離して、まずその一部についての審理を完結させる終局判決であり、残りの部分についての終局判決を残部判決（結末判決）といいます。一部判決と残部判決とは独立した1個の終局判決です。

　一部判決は、請求の一部について早期に債務名義（民執22条1号）を取得できるほか、互いに関連性の薄い請求が併合提起されているような場合（→ Lesson 25 - Ⅱ - 3）、早期に決着できる請求から一部判決してしまうことで審理の単純化を図ることができるなどのメリットがあります。しかし、一部判決に対して上訴が提起されると、1つの手続で審理されていた事件が別々の審級に係属することとなって、当事者に訴訟追行上の不便が生じ、判断の矛盾が生じる危険もあります。

（2）　中間判決

　(a)　裁判所は、独立した攻撃防御方法その他中間の争いについて、裁判をするのに熟したとき、中間判決をすることができます。(245条前段)。ここで独立の攻撃防御方法とは、それを肯定または否定すると独立した法律効果の発生、変更、消滅が認められる場合をいいます。例えば、所有権の取得原因として、売買契約の成立、それが無効な場合に予備的に取得時効の主張がされているとします。この場合、売買契約の成立はそれだけで所有権を発生させるので独立した攻撃方法に該当し、その主張を斥ける判断をする中間判決が可能です。中間判決をすることで審理に区切りをつけて、予備的な請求原因の審理に進むわけです。

　その他の中間の争いとは、訴訟要件の存否、訴えの取下げや訴訟上の和解の成否など訴訟の前提に関する争いをいい、例えば、国際裁判管轄の存否が争われているときに、これを認める中間判決をすることがあります。

　(b)　請求の原因及び数額について争いがある場合におけるその原因についても、中間判決の対象となります(245条後段)。これを原因判決といい、例えば、損害賠償請求訴訟で不法行為責任の成否（請求の原因）と金額の算定について争いがある場合に、2つを同時並行的に審理すると、責任がないとの判断に至った場合に金額の審理が無駄になることから、まず請求の原因ありとの中間判決をして審理に区切りを付けることが認められています。

　(c)　中間判決は、審理上の交通整理をする手段であり、終局判決とセット

で上訴の対象となります（283条）。

Ⅱ　判決の構造

1　判決に至る過程

判決は、裁判所（裁判官）が、判決すべき内容を確定した上で、判決書を起草し、それを言い渡すことで判決が成立します。

判決内容の確定は、直接主義（249条1項→Lesson 11-Ⅲ-2）により、口頭弁論に関与した裁判官が行います。受訴裁判所の構成が単独体のときは1人で判断しますが、合議体のときは、合議体の構成員全員で評議、評決をします（裁75条・76条・77条）。最高裁判所に限り、各裁判官の意見が表示されます（裁11条）。

民事訴訟のIT化により、判決書は電子データの形で作成されることになりました（電子判決書）。判決書の作成は、合議体のときは、各事件について主任裁判官が指名されており、その裁判官が評議の結果を踏まえて原案を作成し、裁判長が点検する形がとられているようです。この草案はその後清書されると、それが判決書となります。

最後に、電子判決書に基づいて判決の言渡しが行われて、判決が成立します（250・251・253条）。その後、電子判決書が当事者双方に送達され（255条）、送達を受けた日から2週間の上訴期間が進行します（285条・313条）。

2　電子判決書の方式

電子判決書の必要的記載事項は、252条に定められています。電子判決書は全体として、表題部、主文、事実および理由、末尾部から構成されます。次に掲げたサンプル（Lesson 2末尾の訴状・答弁書に対応するもの）を見ながら、確認してください。

（1）　**表題部**　　①事件番号の表示　②口頭弁論終結日　③「判決」という表題の表示　④当事者の記載

（2）　**主　文**　　主文とは、判決の結論を示すものです。

（3）　**事実及び理由**　　①請求（請求の趣旨を記載する）　②事案の概要（その事件について、「争いのない事実」と「争点」に分けて記載することが多い）　③争点

に対する判断（証拠調べの結果や法律判断を記載する）　④結論

（4）　末尾部　　判決をした裁判官の電子署名がされます。

3　調書判決

　実質的に争いがない単純な事件についてわざわざ252条が定める方式の電子判決書を作成するのは合理的ではないことから、次の場合、電子判決書を作成せずに判決言渡しができるものとしています（254条）。すなわち、①被告が口頭弁論で原告主張の請求原因事実を争わず、かつこれに対する抗弁事実を主張しない場合（254条1項1号）と、②被告が公示送達による呼び出しを受けたのに口頭弁論期日に出頭しなかった場合（254条1項2号）です。

　この場合は、電子判決書を省略し、口頭弁論期日の電子調書への記録で代替できます（254条2項）。これを調書判決といいます。

Ⅲ　判決の効力

1　判決の自己拘束力

　判決は言渡しがされると、自己拘束力（判決裁判所に対する拘束力）が生じ、いったん自分がした判決を撤回したり、修正したりすることができなくなります。

　例外的に、判決をした裁判所が判決を修正することが許される場合として、変更判決（256条）と判決の更正決定（257条）の2つがあります。

　変更判決は、判決に法令の違反があるときで、口頭弁論を必要としないことを条件に、言渡し後1週間以内に限り行うことができます。判決の更正決定は、計算違い、誤記その他明白な誤りがある場合にいつでも、職権でもできます。

2　形式的確定力

（1）　定　義　　判決の確定とは、その判決について上訴（控訴・上告）による取消しがもはや不可能な状態となることをいい、このような状態を判決の効力とみなして、形式的確定力といっています（116条）。

（2）　判決の確定時期　　判決は、その言渡しにより成立します（250条）。

令和4年（ワ）第1200号売買代金請求事件
口頭弁論終結日　令和4年 ×月 ×日
判　　　決
京都府京都市伏見区
原　　告　　　　　X
同訴訟代理人弁護士　L1

京都府京都市左京区
被　　告　　　　　Y
同訴訟代理人弁護士　L2

主　　文
1　被告は原告に対し、150万円及びこれに対する令和4年3月2日から支払い済み
　　に至るまで年5分の割合による金員を支払え。
2　訴訟費用は被告の負担とする。
3　この判決は，仮に執行することができる。

事実及び理由
第1　請求
　　　主文と同旨
第2　事案の概要
　　　本件は、原告が被告に対して売り渡したと主張する別紙目録記載の普通乗用自動
　　車（以下、「本件乗用車」という）1台の代金150万円の支払いを被告に求める
　　とともに、これに対する売買目的物引渡しの日の翌日から民事法定利率の割合に
　　よる遅延損害金の支払いを求めた事案である。
　　1　争いのない事実等
　　原告は、令和4年3月1日にした売買契約の成立を主張し、被告の自宅において売
　　買代金の支払いを求めた。しかし、被告は、前記売買契約をしていないと主張し、
　　代金の支払いに応じなかった。
　　2　争点及び争点に関する当事者の主張
　（原告の主張）
　　1　原告は、被告に対し、令和4年3月1日、本件乗用車1台を代金150万円で売った。
　　2　原告は、令和4年3月1日に被告の自宅において本件乗用車を引き渡し、売
　　買代金の支払いを求めた。
　（被告の主張）
　　1　令和4年3月1日、原告との間で本件乗用車の売買について交渉をした。しかし、
　　原告が提示した売買代金額は、相場である80万円と比較して高額に過ぎることから、
　　値引きしてほしいと要求したが、原告が聞き入れなかったので、合意することを拒
　　絶した。よって、売買の合意は成立していない。
　　2　被告が原告から本件乗用車の引渡しを受けた事実はない。
第3　争点に対する判断
　　1　証拠によれば、原告が被告に対して、令和4年3月1日、本件乗用車1台を
　　代金150万円で売り、同年3月1日に被告の自宅において本件乗用車を引き渡した
　　ことが認められる。これを覆すに足りる証拠はない。
　　2　以上によると，本訴請求はいずれも理由があるから認容することとして、主文の
　　とおり判決する。

　　　　京都地方裁判所民事第〇部

（裁判官の電子署名が行われる）

成立した判決は、控訴期間（285条）、上告期間（313条・285条）、上告受理申立ての期間（318条5項）のそれぞれの期間内に所定の不服申立てがされなければ、期間満了時にその判決は確定します（116条1項）。控訴等の不服申立権の放棄（284条・313条・358条・378条2項）があると、その時点で判決は確定します。

　上訴が不可能な上告審の判決は、その言渡しと同時に確定します。判決言渡し前に不上訴の合意（飛躍上告の合意の場合を除く）をした場合も、判決の言渡しと同時に確定します。

　上訴は後に取り下げることができ（292条・313条・360条・378条2項）、取下げによって上訴等の提起がされなかったことになるので（292条2項・313条・360条2項による262条1項の準用）、その判決は、上訴期間等の満了時にさかのぼって確定します。

　なお、上訴については→Lesson 29を参照してください。

3　確定判決の効力

　判決は、言渡しによって成立しますが、その判決の内容上の拘束力である既判力、執行力（仮執行宣言（259条1項）があるときを除く）および形成力は、その判決が確定して初めて生じます。

　（1）　**既判力**　　既判力（114条1項・115条1項）とは、確定判決に与えられた内容上の拘束力です（→Lesson 21）。

　（2）　**執行力**　　執行力のうち、狭義の執行力は、債務名義に示された給付義務について強制執行による実現を執行機関に対して申し立てることができる資格をいいます（民執25条・26条参照）。狭義の執行力は、和解調書など判決以外にも認められることがあります（民執22条参照）。執行力には、さらに広義の執行力というものもあり、これは、国家機関に対して判決主文に適合した法律状態の実現を求めうる資格をいいます。例として、戸籍法63条・77条1項・79条・116条の戸籍の訂正等、不動産登記法63条の判決による登記の申請があります。

　（3）　**形成力**　　形成力とは、判決が命じたとおりの法律関係の形成（変動）をもたらす効力で、離婚判決や株主総会決議の取消判決などの形成判決に認められるものです。

Ⅳ　申立事項と判決事項

1　民事訴訟法246条

　246条は「裁判所は、当事者が申し立てていない事項について、判決をすることができない。」と定めています。つまり、処分権主義が適用される民事訴訟では、請求の特定は訴えを提起する原告が行い（134条2項2号）、裁判所はこの原告の意思に拘束されます。その結果として、裁判所が、訴えの申立てによって特定された請求から、数量的または質的に逸脱した判決をすることは許されないのです。また、246条によれば、相手方は申立ての限度を超えて裁判がされることがないと信じてよいことになり、敗訴した場合のリスクを事前に予測して応訴することができます。このため、246条には、相手方への不意打ち判決を防止するという機能が認められます。

2　当事者の申立て

　（1）　訴えの意味　　246条がいう当事者の申立てとは、原告が訴状の請求の趣旨で表示する訴えの申立てを意味します。ここで、Lesson2で説明した訴え・訴えの申立ての定義を再確認すると、訴えの申立ては、①原告の被告に対する特定の権利関係の存否の主張（権利主張）と、②その権利関係について求める権利保護の形式（給付、確認、形成）の2つから成り立っています。246条の適用に当たっては、①および②の2つの側面を考慮して、申立てからの逸脱の有無を判断します。したがって、給付の訴えに対して確認判決をすることや、確認の訴えに対して給付判決をすることは、たとえ①が同じであっても、②が違うので、246条に違反します（大判大8・2・6民録25輯276頁参照）。

　（2）　訴訟物理論との関係　　旧訴訟物理論を前提とし、かつ実体法上の請求権が競合する場合、請求の趣旨が同じであるとの理由から、競合する他の請求権に基づいて請求を認容することは許されません。例えば、不法行為に基づいて5000万円の損害賠償の支払を求める訴えが提起されたのに対して、債務不履行を理由に5000万の請求を認容することは許されません（最判昭53・6・23判時897号59頁参照）。「5000万円を支払え」という判決の内容が、「5000万円を支払え、との判決を求める」という請求の趣旨と形式的に合致する場合でも、原

告が主張する訴訟物と異なる訴訟物について判決をすることは、申立てがない対象について判決をしていることになるからです。ただし、新訴訟物理論ではそのような問題は生じません（→ Lesson 7 - Ⅱ、Ⅳ）。

3　数量的な一部認容判決

事例20 - 1
　XはYに対して売買契約に基づく1000万円の代金支払請求の訴えを提起した。Yが代金額について500万円の一部弁済の抗弁を提出し、裁判所はこの抗弁の成立を認めた。

　この場合、原告の請求は成立しないとして全部棄却判決をするのか、あるいは、500万円の限度で認容する判決（数量的な一部認容判決）をするのか、いずれの対応をとるべきでしょうか。これは、原告の請求を申立てどおりに全部認容することはできないときに、数量的に見て申立ての範囲内にあるとして一部認容判決をすることが246条に違反しないかという問題です。
　4 1で説明した246条の趣旨を踏まえると、①原告はどのような判決を望んでいると解釈できるか（合理的意思の解釈）、②被告の不意打ち防止という処分権主義の機能に反しない判決かどうかの2つの観点から、一部認容判決の可否を決定するべきだということができます。上記の例では、①原告は、1000万円の請求が認められないときは請求全体が棄却されてもかまわないという意思を有しているとは言えず、1000万円の範囲内での判決を求めていると考えることが合理的であり、②被告にとっても一部認用の判決は予測の範囲内であるから、裁判所は一部認容判決をしなければなりません。よって、判決の主文は、「被告は原告に対して500万円を支払え。原告のその余の請求を棄却する。」となります。

4　質的な一部認容判決

事例20 - 2
　Xは、Yとの間で名画の売買契約をしたが代金100万円の支払いがない

として、代金支払を求める訴えを提起した。Ｙは、売買目的物を引き渡さない限り代金の支払いに応じないとの抗弁を提出した。

　事例では、同時履行の抗弁権（民533条）が主張されています。同時履行の抗弁権とは、双務契約において、相手方の履行の提供があるまでの間、自己の債務の履行を拒絶することができる権限です。これにより、代金の支払いと目的物の引渡しとが同時交換的な関係となり、自分の債務の履行を強制される一方で相手方からの履行が得られないという不公平な事態を避けることができます。

　この事例において、原告の申立てどおりに請求を認容する判決をすることは、同時履行関係を無視することになるので許されません。しかし、訴訟物の存在は認められるので、全部棄却することもできません。そこで、このような場合は、「被告は、原告から名画の引渡しを受けるのと引き換えに、原告に対し、100万円を支払え。」という判決を行うべきであるとされています（最判昭33・6・6民集12巻9号1384頁参照）。これを引換給付判決といい、判決の主文では、反対給付と引換えに訴訟物たる権利義務関係を履行すべきことが命じられます。

　引換給付判決は、原告の申立てを数量的に限定した一部認容判決ではありません。しかし、原告の申立てはいわば無条件での給付を求めるものであるのに対して、判決は、反対給付の提供と引換での給付を命じることから、引換給付判決は、申立ての一部を質的に認容する判決であると理解されています。このため主文には、「原告のその余の請求を棄却する。」との文言が追加して記載されます。

　引換給付判決が認められる場合として、ほかに、被告が留置権の抗弁（民295条）を提出した場合や、建物収去土地明渡請求訴訟で建物買取請求権（借地借家13条）が行使された場合などがあります。

　なお、引換給付判決と区別しなければならない場合として、抵当権設定登記抹消請求訴訟で、被担保債権全額を弁済したとの再抗弁が認められず残額があることが認められたときに行われる残額の支払いを条件とした抹消登記を命ずる判決があります。この例では、被担保債権の弁済は先履行義務であり、登記

抹消と同時履行関係ではないので、引換給付判決ではなく、残債務の支払を条件として（これは停止条件です）登記の抹消を命ずる旨の判決がされます。これは、将来の給付を命ずる判決（135条）です。

5　現在給付と将来給付

（1）　現在給付の訴えに対して、条件または期限付きの将来給付判決をすることは、135条の要件がある限り246条違反にはならないといわれています。例えば、弁済期限が到来していると判断して貸金返還を求める訴えを提起したが、弁済期の合意の解釈が問題となり、まだ期限が到来していないと判断されるような場合です。

（2）　将来給付の訴えに対して現在給付判決をすることは246条に反するでしょうか。例えば、弁済期限が未到来の貸金について返還を求める訴えを提起したが、弁済期の合意の解釈が問題となり、実は期限が到来していたと判断されるような場合です。多数説は、当事者の予測の範囲を超え、原告に申立て以上の利益を与える可能性があるので、現在給付判決をすることは許されないとします。

6　債務不存在確認訴訟

事例20 - 3

　XはYからの借金300万円を一部弁済し残債務は50万円であると主張して、XはYに対して50万円を超えて債務を負っていないことの確認を求める訴えを提起した。審理の結果、①残債務は100万円であることが判明した。②残債務は30万円にすぎなかったことが判明した。

　まず、この事例の訴訟物は、訴状で主張されている金銭消費貸借契約に基づく貸金返還請求権がないことの主張です。問題なのは、この訴訟物の範囲です。つまり、貸金額300万円全額か、Xが自ら存在することを認める残債務を控除した250万円か、どちらでしょうか。判例によれば、Xの意思は弁済済みの250万円部分の不存在を確定してほしいというものであると解釈するべきであり、不存在が主張されている250万円の範囲で訴訟物となるとされています

（最判昭40・9・17民集19巻6号1533頁）。

　以上の前提を踏まえて、残債務額がXの主張と異なることが判明した場合の処理を考えます。①の場合は、「100万円を超えて債務が存在しない旨を確認する」との一部認容判決となります。なぜならば、この判決は、形式上訴訟物の範囲内での判決ですし、また、この種の紛争では、要するに残債務がどれだけなのかを裁判所に確定してほしいという意思で提起されているので、一部認容を求めるのが原告の意思に合致するからです。また、単に請求棄却するよりも具体的に残債務額を確定したほうが紛争解決に適するし、被告に不意打ちになるとも思われません。

　他方で、②のように残債務額を少なく認定し、不存在部分を250万円よりも多く認める判決をすることは、申立てを超えた裁判となり246条に反します。この場合は、「50万円を超えて債務が存在しない旨を確認する」との判決をするより他に方法がありません。

7　人身損害賠償請求訴訟

事例20-4

　交通事故を原因とする損害賠償請求訴訟で、原告は、逸失利益等2500万円、慰謝料2000万円の合計4500万円の請求をしている。裁判所は、逸失利益等を2200万円、慰謝料を2300万円と判断して、請求認容判決をすることができるか。

　ここで、損害の項目ごとに訴訟物が別々なものになると考えるならば、慰謝料2000万円の上限を超える裁判は、申立てを超えた裁判であり246条に違反します。しかし、現在の考え方は、同一事故により生じた同一の身体傷害を理由とする財産的損害と精神的損害は、原因事実および被侵害利益を共通にするものであるから1つの損害賠償請求権が成立し、それが1つの訴訟物を構成するとしています。したがって、総額4500万円の上限を超えない限り、いわば金額を流用することは違法ではありません（最判昭48・4・5民集27巻3号419頁）。相当な慰謝料額が裁判所の裁量によって決せられる側面があることからも、このような結論は支持できます。

8　246条違反の効果

（1）　申立て以上の判決をした場合（例：申立て以上の金額を認容したとき、申立てをしていない事項を裁判したとき）、この判決には246条違反という瑕疵が存在します。しかし、そのような判決は無効にはならず、上訴（281条・312条3項・318条1項）による取消しが可能であるにとどまります。

（2）　控訴審で原告が第1審での申立てを超えて判決がされた部分について請求を拡張し、または訴えを変更すれば、結果的に瑕疵は治癒されます。

Lesson 21　既判力1——既判力の客観的範囲

I　既判力とは

1　定　義

　既判力とは、確定判決に与えられた判決内容についての拘束力または通用性をいいます。既判力の対象は、原則として、判決主文に示された・基準時点における・訴訟物存否の判断です（114条1項）。また、既判力が及ぶ主体は、原則として、訴訟の当事者（115条1項1号）に限られます。

　既判力が作用する典型的な場合は、同一の当事者間で、前の訴訟についての本案判決確定後に、前の訴訟と同じ訴訟物に基づく第2の訴訟が起こされた場合です。このような場合、敗訴した当事者は、既判力が生じている前の判決の判断に反する主張立証をすることができず、裁判所は、既判力が生じている判断を前提にして後の訴訟の審理、判決をしなければならないという拘束を受けます（→2）。

2　既判力に関する4原則

　既判力については、次の4つの原則が認められています。

　原則1：既判力は主文で示された訴訟物存否の判断に生じる（114条1項）。

　原則2：既判力は基準時点での訴訟物存否の判断に生じる。

　原則3：既判力は判決理由中の判断には生じない（114条1項・2項）。

　原則4：既判力は訴訟当事者だけを拘束する（115条1項1号）。

II　原則1：主文と既判力との対応関係

事例21-1

　(1)　XはYを被告として150万円の売買代金支払いを求める訴えを起こしたが、契約が無効であるとの理由で請求が棄却された。この判決確定後に、Xが改めて同じ訴えを起こした。

1　検討の順序

　民事訴訟法114条1項は、既判力は確定判決の主文に生じると定めていま
す。これは、判決の主文（→ Lesson 20‑Ⅱ）で示された訴訟物存否の判断が既
判力の対象であることを意味しています。既判力の対象（客体）は何かという
問題のことを既判力の客観的範囲といいます。

　ある確定判決について生じる既判力の客観的範囲を検討する場合の原則的な
順序は、次のとおりです。

（1）　**前訴訴訟物の確定**　　既判力は確定判決が有する拘束力であり、既判
力の対象は主文で示された訴訟物存否の判断ですから、まず、前訴の確定判決
の対象であった訴訟物（＝既判力の対象）を確定する必要があります。とくに給
付判決の主文は、その後の強制執行のことを考慮して、例えば「被告は原告に
対して150万円を支払え」とだけ表示していることから、判決理由を参照した
上で、主文で判断された訴訟物が何か（例えば、売買代金支払請求権か不法行為に
基づく損害賠償請求権か）ということを確定する必要があります。請求棄却判決
のときも、その主文は「原告の請求を棄却する」とだけ記載されるので、同様

の作業が必要です。

（2）　**後訴訴訟物の確定と比較**　　既判力の対象は主文で示された訴訟物存否の判断ですから、同一の当事者間で、前の訴訟についての本案判決確定後に、前の訴訟と同じ訴訟物に基づく訴訟が起こされた場合に、主文に生じた既判力が作用します。反対に、既判力の対象となる訴訟物とは無関係な別の訴訟物が後の訴訟で持ち出されたときは、原則として、既判力が作用することはありえません（例外は3・4参照）。よって、次に、前後2つの訴えの訴訟物が同じものであるかどうかを比較して検討します。

（3）　**既判力の作用の検討**　　最後に、前後2つの訴えの訴訟物が同一であることを確認したうえで、第2の訴訟を扱う裁判所は、既判力の作用を受ける結果、どのような審理、判決をしなければならないのかを検討します。

2　同一問題（同一訴訟物に基づく訴えの繰り返し）

（1）　**事例(1)の検討**

（a）　事例(1)における前訴（第1訴訟）判決の既判力の対象は、基準時において（→後述Ⅲ）、訴訟物である売買代金支払請求権が存在しないとの判断です。そして、前後2つの訴えの訴訟物は同一なので、前訴判決の既判力は、後訴（第2訴訟）に対して作用します。Xの後訴は、「もともと代金支払請求権は存在する。だから前訴の判決は誤りである。」というものですから、これは、前訴判決の既判力がある判断に正面から抵触します。

（b）　では、既判力が作用すると、後訴は具体的にどのような扱いを受けるのでしょうか。この問題について、「後訴は既判力に触れるので許されない。」といったような説明がされることがありますが、この説明は不十分です。

通説によると、訴訟物が同じだからといって、第2の訴えを不適法として却下するのではなく、第2訴訟では、本案判決をします。[1]この場合、既判力が作用することで、敗訴した当事者は、第1訴訟の判決の判断に反する主張立証をすることができず（消極的作用）、裁判所は、既判力がある判断を前提にして本案判決をしなければなりません（積極的作用）。

事例(1)では、Xは、売買契約に無効事由がなかったことを主張、立証することができず、また、裁判所は、基準時において売買代金支払請求権が存在しな

いとの判断を前提にして、本案の審理、判断を行います。この事例では、第1
訴訟の判決の後に権利関係が変化した事情（例えば、無効な契約が追認されたこ
と）が主張、立証されていないので、請求棄却判決をもう一度行います。

　　(c)　この例で、改めて棄却判決をするのは無駄なようにみえますが、この
新たな判決は、第2訴訟の口頭弁論終結時を基準時とする売買代金支払請求権
の最も新しい姿を確定する点で意味があると考えられています。

（2）　**事例(2)の検討**　　事例(2)では、既判力の対象は、（基準時に）売買代金
支払請求権が存在することです。この事例では、前後2つの訴えは権利保護の
形式が異なりますが、訴訟物である権利義務関係は同じなので、同一の訴訟物
について敗訴した当事者が訴えを起こしたのと同じと考えてかまいません。
よって、既判力の作用は、事例(1)と同じで、Yは、売買契約に無効事由があっ
たことを主張、立証することができず、また、裁判所は、基準時において売買
代金支払請求権が存在したとの判断を前提にして、本案の審理、判断を行いま
す。この事例では、第1訴訟の判決の後に権利関係が変化した事情（例えば、
弁済されたこと）が主張、立証されていないので、Yの訴えは棄却されます。

（3）　**事例(3)の検討**　　事例(3)において既判力が作用するならば、Yは、基
準時において売買代金支払請求権が存在したとの判断を覆すような主張、立証
をすることができず、裁判所は、売買代金支払請求権が後に消滅した事実がな
いので、もういちど請求認容判決をすることになるはずです。しかし、これ
は、二重に債務名義を形成するという相手方や裁判所にとって不必要、迷惑な
作業を強いることになります。そこで、事例(3)では、Xの第2の訴えは、権利
保護の利益（訴えの利益）がないとの理由で却下されるのが原則です（→Les-
son8-Ⅱ-2）。しかし、時効の完成猶予や判決原本の滅失などのために再度の
訴えが必要であれば、例外的に訴えの利益が肯定されます。この場合は、訴え
の利益の概念を利用して、既判力による処理が回避されることに注意が必要で
す。

3　先決関係

（1）　**訴訟物の比較**　　事例(4)で、前後2つの訴訟の訴訟物を比較すると、
第1訴訟はXの土地所有権、第2訴訟はXのYに対する所有権に基づく土地引

渡請求権がそれぞれ訴訟物となり、同一ではありません。そうだとすると、第1訴訟の判決の既判力は第2訴訟に作用しないことになりそうです。

（2）　2つの訴訟物の関連性　　しかし、第2訴訟の訴訟物であるXのYに対する所有権に基づく土地引渡請求権の請求原因は、Xに土地所有権があることおよびYが占有していることであり、このうち、Xに土地所有権があることについては、既判力がある判断がすでに得られています。したがって、この既判力を基準にして第2訴訟を審理、判断するべきであると考えられます。よって、基準時においてXが所有者であったことをYは争えず、Yとしては土地の占有を否認するか、Xが基準時後に所有権を喪失したとの抗弁を提出することしか許されません。

（3）　先決関係における既判力の作用　　このように、第1の訴えの訴訟物が第2の訴えの訴訟物の論理的前提となっているときには、第1判決の既判力ある判断を前提にして、第2訴訟の審理・判決が行われることが認められています。これは、先決関係に対する既判力の作用といわれるもので、前後2つの訴訟の実体的な関係を媒介にして、訴訟物が異なる訴えに対して既判力が作用することが認められます。この場合の実体的な関係は、第1訴訟の訴訟物（存否の判断）が第2訴訟の訴訟物の先決的法律関係として請求原因となっていることです。

4　矛盾関係

（1）　訴訟物の比較　　事例(5)で、前後2つの訴えの訴訟物を比較すると、第1訴訟はXの土地所有権、第2訴訟はYの土地所有権が訴訟物です。いずれも同じ土地の所有権ですが、その主体が違うので、訴訟物は異なると考えられています。そうだとすると、第1訴訟の判決の既判力は第2訴訟に作用しないことになりそうです。

（2）　矛盾関係における既判力の作用　　しかし、この事例では、1つの不動産に完全な所有権が複数両立することはないという民法上のルール（一物一権主義）を利用して既判力を及ぼすことが認められています。この場合は、基準時においてXが所有者であったことをYは争えず、Yとしては、基準時後にXが本件土地の所有権を喪失したとの抗弁を提出することしかできません。

このように、第1訴訟の既判力の対象と第2訴訟の訴訟物とが論理的に両立できない関係に立つときには、第1判決の既判力ある判断を前提にして、第2訴訟の審理・判決が行われることが認められています。これは、矛盾関係（反対要求）に対する既判力の作用といわれるもので、これも、前後2つの訴訟の実体的な関係を媒介にして、訴訟物が異なる訴えに対して既判力が作用することが認められる場合です。

なお、前訴でXの請求が棄却された場合は、それによってYの所有権があるともないとも確定したわけではないので、Yが所有権確認の訴えを提起しても、既判力は作用しません。

Ⅲ　原則2：既判力には基準時がある

事例21-2
　Xは、Yを被告として150万円の売買代金支払いを求める訴えを起こして勝訴した。この判決確定後に、YがXを被告として、次のような理由に基づく、同じ売買代金債務の不存在確認訴訟を提起した。
　(1)　本件売買契約は通謀虚偽表示によるものであり無効である。
　(2)　判決確定後に代金債務を全額弁済した。

1　既判力の基準時

民事訴訟の訴訟物である私法上の権利義務関係は、いったん発生しても、時の経過とともに権利の内容が変更し、あるいは消滅する可能性があります。そこで、確定した本案判決は、その権利義務関係のどの時点での姿を判断したものなのか、また、その判決の既判力がもはや争えないとするのはどの時点での権利関係の姿なのかということが問題となります。このことを既判力の基準時（標準時）といいます。

既判力の基準時は、最終口頭弁論の終結時です。判決は権利義務関係に関する現在の紛争を解決することを目的としていること、当事者は最終口頭弁論の段階まで訴訟資料を提出でき、その段階で集約された訴訟資料を前提にして裁判所は判決をすることから、そのように考えるわけです。ただし、これは1審

のみで判決が確定した場合の話であり、2審さらには3審まで審理が継続する場合もありえます。このような場合、事実審である控訴審の最終口頭弁論の終結まで、当事者は訴訟資料を提出することができます。よって、正確には、「事実審口頭弁論の終結時が既判力の基準時である」と表現されます。

2　事例の検討

（1）　事例(1)について　　Yが提起した第2の訴えは、「訴訟物である売買代金支払請求権は存在していない」ことの確認を求めるものです。しかし、その理由として、「売買契約は虚偽表示によるから、契約時にそもそも無効であった」という事実、つまり、基準時よりも前に存在した事実を主張しています。ということは、Yが訴えによって求めようとしていることは、「訴訟物である売買代金支払請求権はもともと存在していなかった」ことの確認です。この要求は、基準時において訴訟物が存在するとの主文に示された判断（＝既判力の対象）と正面から抵触することになるので、既判力が働きます。結果として、Yが、契約が虚偽表示により無効であったという主張をしても、裁判所はこれを審理することができず、請求棄却となります。

　以上から、既判力が後の訴えに及ぶ場合、当事者は、第2訴訟で既判力ある判断（主文の判断に生じた既判力）を争うために、基準時よりも前に存在した事由を主張することはできず、裁判所はそのような主張がなされても、これを取り上げて審理することはできないということがわかります。言い換えれば、既判力が作用する第2の訴訟で、第1の訴訟の基準時よりも前に存在した事実を主張して、基準時における訴訟物存否の判断を覆すことは許されないのです。このような既判力の作用は、すでに説明した既判力の消極的作用（→Ⅱ-2-(1)）に該当します。

（2）　事例(2)について　　Yが提起した第2の訴えの理由は、「第1訴訟の判決確定後に弁済した」というものです。ということは、Yが訴えによって求めようとしていることは、「訴訟物である売買代金支払請求権が現段階では存在していない」ことの確認です。では、この要求は、基準時において訴訟物が存在するとの主文に示された判断と正面から抵触するでしょうか。既判力は、基準時において売買代金支払請求権が存在することだけを確定しています。第

１訴訟の裁判所は、基準時の段階での訴訟物の姿だけを確定しており、判決をする時に、いずれは弁済されるかもしれないということを考慮して判決をすることはできません。言い換えれば、Ｙの新しい主張は後で審理するべきことであって、それに対して既判力が働くことはないわけです。よって、Ｙはそのような主張をすることができ、それが立証できれば請求は認容されます。以上から、事実審口頭弁論終結時よりも後ではじめて発生した事実を主張することは、基準時における訴訟物存否の判断を覆すことにならないことがわかります。

Ⅳ　原則３：既判力は判決理由中の判断には生じない

> **事例21‐3**
> 　Ｘは、ＹがＸの所有する甲土地を権原なく占有していると主張し、Ｙを被告として所有権に基づく甲土地の引渡しを求める訴えを起こした。Ｙは、Ｘの主張を争ったが、裁判所は、Ｘが所有者であり、Ｙは権原なく占有しているとの判決理由により、Ｘの請求を認容した。この判決確定後に、Ｘは、Ｙを被告として、Ｙが甲土地上に産業廃棄物を不法に投棄してＸの所有権を侵害していると主張し、所有権侵害を理由とした不法行為による損害賠償を求める訴えを提起した。Ｙは、甲土地はＸのものではなく、もとからＹが所有者であるとの主張をした。

1　原　則

（１）　原則１と原則３の関係　　判決（→ Lesson 20‐Ⅱ）は、訴訟物の存否についての結論を示す「主文」（判決主文）と、それに至る理由付けを示す「理由」（判決理由）の２つの主要な要素から成立しています。そして、民事訴訟法114条１項は、「主文に包含するものに限り、既判力を有する」と定めています。この規定から、主文は既判力の対象になるけれども、判決理由は既判力の対象から除外されることが導き出されます。

　したがって、「既判力は判決理由中の判断には生じない」との原則３は、「既判力は主文で示された訴訟物存否の判断に生じる」との原則１と表裏一体の関

係に立つということができます。

（2）　事例の検討　　Yは、第2訴訟で、Yが真の所有者であり、Xはもともと所有者ではないという主張をしています。Xが所有者であることは、主文ではなく、判決理由で判断された事項です。これは既判力の対象にならないので、後訴でYは、もとからXが所有者でなかったことを既判力に妨げられることなく主張することができます。また、裁判所は、この点を取り上げて審理、判断しなければならないのです。

（3）　根　拠　　前訴の裁判所が、その判決理由としてXに所有権があるといっているのだから、もはやそれをYが争うことはできないと考えた方がよさそうな気がします。また、Yが後になって自分が真の所有者であると主張することも、何をいまさらという気もします。しかし、114条1項の立法者は、そのようには考えていません。つまり、既判力は、裁判所の最終的な判断に与えられた強力な力なので、それをむやみに広い範囲に及ぼすべきではなく、当事者が訴えによってはっきりと審理、判断の最終目標にした訴訟物だけを既判力の対象にすれば、訴えによって裁判所に持ち込まれた当事者間での紛争の解決のためには、必要にして十分であると考えたのです。

　事例で見ると、前訴でX・Yは、「だれが甲土地の所有者か」ということよりも、訴訟物である「Yに明渡義務があるかどうか」だけについて最終的な判断を求めています。それにもかかわらず、判決理由にも既判力が生じるから、Xが所有者であることは将来的に一切争えないのだとしてしまうと、それは、当事者の意図を超えた余計な解決だということになってしまいます。なお、Xが、自分に所有権があることを含めて1回の訴訟で全面的に解決したいと思うときは、Xが甲土地の所有者であることについて中間確認の訴えを併合する（145条→Lesson 25-V）という道が残されています。

2　例外：相殺の抗弁

事例21-4

　XはYを被告として、売買契約に基づく200万円の売買代金支払を求める訴えを提起した。これに対して、Yは、第1次的に弁済の抗弁、第2次

的にＹのＸに対する200万円の売買代金債権（反対債権）による相殺の抗弁を提出した（予備的相殺の抗弁）。裁判所は、弁済の抗弁を排斥した上で、相殺の抗弁の成立を認めて、Ｘの請求を棄却した。この判決の確定後に、Ｙは相殺が無効だったと主張して、Ｘを被告として反対債権に基づく売買代金200万円の支払いを求める訴訟を提起した。

（1）　**114条2項の立法趣旨**　　114条1項が定める判決主文の既判力は、訴訟物であるＸのＹに対する売買代金支払請求権が基準時において存在しないことにのみ生じます。これに対して、Ｙが相殺の抗弁に供したＹのＸに対する反対債権は、訴訟物ではありません。そうすると、Ｙが、判決確定後に、その判決の既判力が及ばないと主張して、あらためて反対債権について給付訴訟を提起できるように見えます。

　しかし、このような試みを許すと、ＹはＸから相殺によって反対債権を回収したはずなのに、ふたたび同じ債務の履行を要求できることになってしまいます。したがって、相殺が成立したことで請求が棄却されたときには、反対債権の不存在（わかりやすく言い換えれば「反対債権がもはや存在していないこと」）を主文の既判力とは別な既判力によって争うことができないとして、反対債権の二重行使を禁止する必要があります。これが、114条2項の立法趣旨です。

　以上をまとめると、相殺の抗弁によって請求を棄却する判決が確定したときは、114条2項により、判決理由に示される「（基準時における）反対債権の不存在」の判断に既判力が生じます。[4] 相殺の抗弁を主張しそれに関して審理判断を受けた被告は、相殺に利用した同じ債権の二重行使をこの既判力によって禁止されるのです。よって、事例では、114条2項の既判力により、Ｙの売買代金支払請求の訴えは棄却されます。

（2）　**相殺の抗弁が排斥された場合**　　この趣旨は、相殺に供した反対債権が不成立であると判断され、相殺の抗弁が排斥された場合にもあてはまるので、この場合にも114条2項は適用されます。なぜならば、この場合に反対債権の給付訴訟ができるとすると、原告が被告から確保したはずの前訴の訴求債権相当額の利益を奪うことになり、これも同じ債権を不当な形で二重行使していると見られるからです。

（3）　**既判力の範囲**　　114条2項の既判力の範囲は、相殺をもって対抗した額に限られます。つまり、200万円の訴求債権に対して200万円の反対債権が対抗されて審理判断を受けたときは、相殺の抗弁が認められた場合、排斥された場合のいずれにおいても、200万円の反対債権の不存在が既判力により確定されます。

　注意しなければならないのは、次の2つです。

　まず、200万円の反対債権が対抗されたが、その債権額は100万円しか認められないとされたとき（100万円の限度で相殺の抗弁が認められたとき）は、反対債権の認定額100万円でなく、主張額200万円の不存在が確定されます。そのように考えないと、残額100万円について反対債権を請求できてしまい、114条2項の趣旨が果たされないからです。

　また、250万円の反対債権が主張され、その成立が認められたときは、相殺で対抗することができた200万円の限度で反対債権不存在の既判力が生じるので、残額50万円はなお請求できます。250万円の反対債権全額が不成立と判断された場合は、通説・判例によれば、相殺で対抗することができた200万円の限度でのみ、反対債権不存在の既判力が生じるとされています（大判昭10・8・24民集14巻1582頁）。

（4）　**審理の順序**

事例21-5

　XはYに対して、売買契約に基づく200万円の売買代金支払を求める訴えを提起した。これに対して、Yは、第1次的に詐欺による取消しの抗弁、第2次的にYのXに対する200万円の売買代金債権（反対債権）による相殺の抗弁を提出した。裁判所は、YのXに対する反対債権の存在が確実であるとの心証を得たので、詐欺の成否の審理を保留して、相殺による債務消滅を理由として、Xの請求を棄却した。

　114条2項が認める例外的な既判力は、相殺の要件（民505条以下）について実質的に審理、判断が行われた場合にだけ認められます。この事例では、相殺の抗弁によって請求棄却判決を行うためには、XのYに対する訴求債権が成立していること（取消しの意思表示によって消滅していないこと）をまず確認する必

要があります。この点の審理は時間がかかるかもしれません。しかし、だからといって、YのXに対する反対債権があることは確実だからという理由で、XのYに対する訴求債権の存否を確認しないで、相殺による請求棄却判決をすることは許されません。このような審理を許してしまうと、実はXのYに対する債権が認められず、相殺の要件（相殺適状、民505条1項本文）が備わっていなかったにもかかわらず、114条2項の既判力によって、YはXに対して有するはずの反対債権をもはや行使できないという不利益を負わなければならなくなるからです。

V　形成力と既判力

事例21-6

　XはYを被告として、Yの不貞行為を離婚原因とする離婚の訴えを提起し、認容判決が確定した。その後になって、Yが、「判決により離婚という結果になったことは仕方がない。しかし、私は断じて不倫などしていないのであり、そのことを離婚原因として主張して訴えたYの行為は不法行為である」と主張し、Xを被告として不法行為に基づく損害賠償請求訴訟を起こした。

　第2の訴訟でYが言いたいことは、「離婚判決が確定した離婚原因が実際はないのだから、Xの訴え提起は不法行為である」ということです。では、この損害賠償の訴えに対して離婚判決の効果はどのような意味を持つでしょうか。離婚判決の効果である形成力は、ＸＹ間の婚姻関係を解消する効力を有するのみであり、その前提となっている形成原因である離婚原因の存否を確定するものではありません。そうだとすると、Yの訴えには前訴判決の効果が何も及ばないことになります。しかし、Yの訴えは、離婚判決をいわば間接的に攻撃するものですから、このようなことは防がなければならないはずです。

　そこで、形成原因が基準時にあったことが既判力の対象になると解して、この既判力が後の訴えに対して先決関係的に作用し、これを否定するYの主張は認められないとすればよいと考えられます。現在の学説は、このように考え、形成判決には形成力だけでなく、形成原因の存在に関する既判力が認められる

としています。

Ⅵ 既判力の正当化根拠

　以上検討したように、敗訴した当事者は、既判力の作用によって、同じ訴訟物に基づく訴えを繰り返したところで、既判力がある判断を覆すことはできません。それは、なぜなのでしょうか。それは、なぜ合理的なことだとみなされるのでしょうか。

　ひとつの説明は、既判力という仕組みが民事訴訟制度を維持するために必要不可欠だからだというものです。つまり、既判力制度によって、当事者間における紛争が最終的に解決できることが保障され、当事者間の権利関係が安定化するのであり、このような仕組みがなければ、民事訴訟制度自体が成り立たないからであるという説明です。この説明それ自体は、そのとおりであると考えられます。しかし、この説明は、一歩間違えると、国家がそのような制度を作ったのだからそれに従うのは当たり前であるという権威主義的な説明へと転化するおそれがあります。

　そこで、最近では、既判力による不利益な拘束力は、訴訟物に関する手続保障を前提とした自己責任原理によって正当化されるとの説明が行われます。つまり、訴訟当事者は、訴訟物に関して自分の言い分を公正な裁判所による訴訟手続で、主体的に主張、立証する権限を平等に保障されているはずです。これを手続保障といいますが、手続保障が与えられた当事者（主体的に訴訟を追行した当事者）が、自分の主張、立証が実らずに敗訴したからといって、その責任を裁判所や相手方当事者に押し付けることは許されず、自分が行った訴訟追行の結果は自らが責任を持つべきであると考えることができます。既判力によって不利益な拘束を受けるのは、訴訟において主体的な地位を保障された当事者自身の訴訟追行の結果であるから、それは受け入れなければならないのだというわけです。

（1）　刑事訴訟では、無罪または有罪判決がひとたび確定したならば、同じ事件で実体審理を受けることはないという一事不再理効が作用する。再度起訴されても、免訴判決が言い渡される（刑訴337条1号）。
（2）　原則3は原則1の裏返しなので、次のように説明することもできる（上級者はこの説明に

よること）。第1訴訟の訴訟物は、所有権に基づく甲土地の引渡請求権であり、第2訴訟の訴訟物は、不法行為に基づく損害賠償請求権である。この2つの権利は、どのような訴訟物理論を採用しても、同一ではない。また、先決関係、矛盾関係（→Ⅱ-3・4）の存在も認められない。したがって、判決主文について生じる既判力が第2訴訟に対して及ぶことはありえず、Yは第2訴訟の請求原因を改めて争うことができる。さらに、判決理由の既判力は認められていないから、結局、第2訴訟でのYの主張を妨げるような既判力の作用は存在しない。

（3）　この説明のほかに、訴訟運営の機動性の確保・迅速な審判の保障という観点から、判決理由の既判力は原則的に否定されるとの説明もされている。この説明は、当事者が十分に争って判決理由で判断された事実については、既判力以外の拘束力（争点効）を認める立場へと発展する。→ Lesson 23-Ⅳ-1

（4）　114条2項は「相殺のために主張した請求の成立又は不成立の判断」が既判力の対象になると表現する。しかし、相殺の抗弁が認められた場合、排斥された場合のいずれにおいても、相殺のために主張した反対債権は基準時において存在しないから、本文のように理解することになる。

Lesson 22　既判力2 ——既判力の主観的範囲

Ⅰ　原　則

事例22-1
　Ｘは Ｙを被告として、甲土地がＸの所有に属することの確認を求める訴えを起こし、請求が認容された。この判決確定後に、ＺはＸを被告として、同じ土地がＺの所有に属することの確認を求める訴えを起こし、この土地はもともとＺが所有権を有するものであると主張した。

1　既判力の主観的範囲

　115条1項は、「確定判決は、次に掲げる者に対してその効力を有する。」として4つの場合を掲げています。これは、確定判決の既判力の効力が及ぶ主体の範囲（既判力の主観的範囲）についての規定です。

　この条文によれば、既判力が及ぶ主体は、当事者（1号）のほか、当事者以外の第三者のうち、訴訟担当の場合の被担当者（2号）、前二者の口頭弁論終結後の承継人（3号）、請求の目的物の所持者（4号）となっています。第三者にも既判力が及ぶことを、「第三者に既判力が拡張される」と表現することもあります。

2　当事者のみに及ぶ原則

　（1）　当事者間の既判力　　115条1項1号によれば、訴訟の当事者に対して既判力が及ぶとされています。これが原則的なルールです。このことと既判力の客観的範囲の規定（114条1項）を組み合わせると、事例のＸ・Ｙは訴訟（前訴）の当事者であり、その間では「基準時において甲土地の所有権がＸにあること」をもはや争うことができません（→Lesson21-Ⅱ）。

　（2）　当事者と第三者間の既判力　　では、事例のＺＸ間ではどうなるのでしょうか。Ｚは訴訟の当事者ではないので、第三者に当たります。当事者以外

の第三者に対しても既判力が及ぶことは例外であり、この例外を定めるのは、115条1項2号以下です。しかし、Zはこの例外的な規定のどこにも当てはまりません（詳しくは2以下参照）。したがって、ZにはXY間の訴訟について生じた既判力が及ばないので、Zは、Xに対する所有権確認訴訟で「基準時において甲土地の所有権がXにあること」を争うことができます。

この結論に対しては、「Zがこの土地の所有権を主張できるとすれば、Xが勝訴した意味がない」という疑問が生じるのではないでしょうか。たしかに、このような疑問はもっともなようにみえます。しかし、民事訴訟法の立場からは、次のような反論をすることができます。

民事訴訟には弁論主義・処分権主義が適用され、当事者だけが、裁判を受ける権利を行使して、その言い分を理由づける事実や証拠を提出することができます。このように、訴訟物について手続保障を与えられて現実に争った（または争うことができた）訴訟当事者間では、既判力の作用を正当化することができます（→Lesson21-Ⅵ）。しかし、第三者は、前の訴訟において自分の言い分を主張、立証する地位を法的に保障されていません。このため、このような第三者の裁判を受ける権利を、当事者の裁判を受ける権利とは別個独立に保障するために、第三者には既判力が及ばないのが原則であるとしなければならないのです。仮に、既判力がZに対しても及ぶとすると、「基準時において甲土地の所有権がXにあること」をYと同様にZも争えなくなります。この結論は、Zに対して保障されている、甲土地の所有権の帰属という問題について裁判を受ける権利を、XYのみが行った訴訟の結果によって奪うことを意味します。これはZの手続保障を侵害するので、原則的に許されないのです。

以上が原則ですが、この原則を徹底すると不都合が生じる場合が起こります。そこで、115条1項2号以下では、当事者と特別な関係がある第三者について例外的に既判力を拡張することを認めています。これをⅡ以下で説明します。

Ⅱ　訴訟担当の場合の被担当者

事例22-2

　Ｙが製造した商品の製造ミスによる損害賠償を求めているＸ１ら100名は、Ｘ１を選定当事者に選定した（→Lesson9-Ⅱ-3-(5)）。そこで、100名全員の損害賠償請求権についてＸ１が原告となってＹに対する損害賠償を求める訴えを起こした。Ｘ１の請求を全部棄却する判決の確定後に、この結果を不満とするＸ２が、Ｙに対して同じ損害賠償を求める訴えを起こした。

1　第三者の訴訟担当と既判力の拡張

　事例における選定当事者は、第三者の訴訟担当の１つである（適法な）任意的訴訟担当に当たります。訴訟担当者であるＸ１が敗訴した場合に、訴訟担当者によって訴訟上権利を行使された被担当者Ｘ２（ほか99名）が、自ら訴訟上同じ権利を行使することができるかどうかが、ここでの問題です。

　115条１項２号は、第三者の訴訟担当が行われると、訴訟当事者である訴訟担当者（１項２号がいう「当事者」）が受けた既判力が、実質的利益帰属主体である被担当者（１項２号がいう「他人」）に対して拡張するとしています。したがって、Ｘ２の後訴に対しては、Ｘ１とＹの間でされた前訴における請求棄却判決の既判力が拡張し、Ｘ２の請求は棄却されます。

2　既判力拡張の根拠

　この場合に既判力が第三者にも拡張されることの根拠を、既判力拡張の必要性と許容性という２つの観点から考えてみましょう。第１の観点ですが、第三者の訴訟担当の場合、被担当者は訴訟担当者の背後に隠れてしまい、訴訟当事者として表に登場しません。このような場合、判決の既判力が被担当者にも及ぶというルールが確立していれば、相手方当事者としては、背後にいた被担当者から同じ権利について後日訴えられることがなくなるので、安心して訴訟を追行することができます。したがって、この場合に既判力を拡張することは必要不可欠です。第２の観点ですが、訴訟担当者は被担当者に代わってその者に

ために訴訟を追行している関係にあるので、いわば被担当者の裁判を受ける権利が代行的に行使されていると見ることによって、被担当者の手続保障は確保されているから、これによって既判力が被担当者に対して不利な形で拡張されることを正当化することができるのです。

3　債権者代位訴訟

事例22-3
　Xは、Aに対する貸金債権を保全するために債権者代位権を行使して、AのYに対する貸金債権について貸金返還請求の訴えを提起した。ところが、XのAに対する貸金債権は存在するが、AのYに対する貸金債権は既に弁済されていること理由に請求棄却判決がなされ、確定した。これを不満として、AがYを相手にして貸金返還請求の訴えを起こした（→Lesson9-II-2）。

　事例の債権者代位訴訟は、第三者の訴訟担当のうち法定訴訟担当に当たると考えられています。この例について、判例は、115条1項2号によって、被担当者である債務者に対して既判力が拡張するとしています（大判昭15・3・15民集19巻586頁）。したがって、Aの訴えに対しては、X・Y間の訴訟でされた請求棄却判決の既判力が拡張し、Aの請求は棄却されます。

　しかし、代位債権者Xは、自己の債権を保全する目的で訴訟をしており、債務者Aのために訴訟をしているわけではないので、代位債権者によって債務者の手続保障が代行的に行使されていると説明すること（→II-2）は難しいのではないかという疑問が生じます。その反面、債務者Aに対する不利な既判力拡張を否定すると、がんばって請求を棄却に追い込んだ第三債務者Yの保護に欠けます。

　そこで、改正後の民法は、債権者代位訴訟でされた確定判決の既判力が債務者に対して拡張するという判例理論を前提として、「債権者は、被代位権利の行使に係る訴えを提起したときは、遅滞なく、債務者に対し、訴訟告知をしなければならない。」と定めました（民423条の6）。つまり、債務者に対する不利な形の既判力の拡張は、債務者に対する訴訟告知があり、それによって債務者

が債権者代位訴訟の存在を知って参加する機会を与えられることで正当化されるのです。[(1)]

Ⅲ　口頭弁論終結後の承継人

1　承継人の定義

（1）　訴訟物である権利義務関係の承継

事例22-4
　Xは、Yを被告として売買代金支払いを求める訴訟を起こし、請求は認容された。この判決の確定後にYが死亡してZが相続したところ、今度は、ZがXを被告として同じ売買代金債務不存在確認の訴えを提起した。

　既判力の基準時後に前訴の訴訟物である権利義務関係を承継したものは、口頭弁論終結後の承継人とされます。このことを**事例22-4**で説明します。

　事例では、YがXに対して負う売買代金支払債務について相続が発生しています。このような場合に、相続人Zが、自分には前訴確定判決の既判力が及ばないと主張して、債権者Xと被相続人Yとの間で既判力によって確定している売買代金債務の存在を全面的に否定することができるというのは、明らかに不合理です。そこで、この場合のZは、口頭弁論終結後に相続という承継の原因があったことに基づいて、前訴の訴訟物である権利義務関係について、前訴当事者Yの承継人として扱われます（115条1項3号）。その結果がどうなるかは、3（1）を見てください。

　ここで、「口頭弁論終結後」とは、事実審の口頭弁論の終結後、つまり既判力の基準時後のことを意味しています。よって、既判力の基準時後に、前訴の訴訟物である権利義務関係を承継したものは承継人であるとされるのです。[(2)]

　ここで権利義務関係の承継原因は、相続のような包括承継でも、売買契約のような特定承継でもよく、また、取得時効のような原始取得だけでなく、売買などによる承継取得も含まれます。

（2）　当事者になるべき地位の承継

事例22－5

　Ｘは、ある動産を占有するＹを被告として、その動産の所有権確認を求める訴えを提起した。Ｘの請求を認容する判決が確定した後に、Ｙは、当該動産の占有をＺに譲渡した。そこで、Ｘは、Ｚを被告として所有権に基づく動産の引渡しを求める訴えを提起した。

　この事例で、Ｚは、口頭弁論終結後の承継人に該当するのでしょうか。ＹからＺに対して承継されているのは、目的動産の占有であって、前訴の訴訟物であるＸの所有権は承継されていません。ここでいう承継は、訴訟物の承継があったときにしか認めることができないと解釈するならば、承継人にならないＺは、Ｘが所有者でないと主張することができてしまいます。

　このように、所有権確認訴訟で敗訴したＹが目的物の占有を第三者に移転すると、その第三者に対して既判力が拡張せず、Ｘから勝訴したという利益が奪われるという結論は、口頭弁論終結後の承継人に対する既判力拡張を認めた115条1項3号の趣旨に反します（→2）。そこで、訴訟物それ自体の承継はないけれども、前訴当事者から占有や登記といった実体的な利益を承継している場合も、承継人に当たると解釈されています。

　この場合に承継を認めるための判断基準ですが、通説は、当該訴訟物につき当事者になるべき地位または適格（紛争主体たる適格）を原告または被告から伝来的に取得した者は承継人であるとの基準を用います（適格承継説）。この基準を事例に当てはめてみると、所有権に基づく動産引渡請求権は目的物を占有している者を被告として提起されるべきものであるところ、ＹからＺに対して目的物の占有が引き継がれています。したがって、Ｚは、当該訴訟物につき当事者になるべき地位をＹから伝来的に取得したといえるので、Ｚは承継人に該当するといえます。その結果がどうなるかは、3（2）を見てください。

2　既判力拡張の根拠

　既判力が第三者である口頭弁論終結後の承継人にも拡張されることの根拠を、既判力拡張の必要性と許容性という2つの観点から、説明してみましょ

う。第1の観点については、判決で確定された権利関係の安定化を実現する必要性、すなわち、元の当事者が判決で確保した利益を承継人との関係でも引き続き確保できるようにすることの必要性という理由から説明することができます。しかし、第2の観点からの説明は困難です。というのも、承継人は、前訴の基準時後にはじめて登場する人物なので、前訴に参加して自分の言い分を主張する機会がなく、既判力を正当化する手続保障が前訴の段階で与えられていないからです。この点については、元の当事者が承継人に代わってその裁判を受ける権利を行使したとみてよいから、承継人の手続保障は確保されていたという説明をする人もいます。[4]

3 承継人に対する既判力の作用

（1） 訴訟物の承継があった場合　事例22-4における口頭弁論終結後の承継人Zに既判力が拡張されると、どのような結果になるのでしょうか。この問題に対する基本的な考え方は、「第三者である承継人に対して拡張される既判力の内容・作用は、拡張のもととなっている当事者間に及ぶ既判力のそれと同一である」ということです。

つまり、前後2つの訴訟の訴訟物は同じなので、前訴の既判力の基準時において訴訟物である売買代金支払請求権が存在するという判断に、後訴の裁判所は拘束されます。そして、第三者である承継人も、既判力の対象である前訴の訴訟物存否の判断を否定するような攻撃防御方法を提出することができないから、基準時において売買代金支払請求権があることを覆すような主張、立証はできません。よって、Zの請求は原則として棄却されるという結論になります。

（2） 当事者になるべき地位の承継の場合　では、事例22-5ではどうなるでしょうか。この例では、Xが基準時において所有者であることが、XYの間では既判力によって争えない状態となっています。そして、Zが承継人に当たると考えるので、Zも、承継前の当事者Yと同じく、Xが基準時において所有者であることを既判力によって争えない状態になります。したがって、XのZに対する所有権に基づく動産引渡請求の訴えにおいては、Xに所有権があることをZも争えなくなります。よって、この請求は原則として認容されるという結論になります。

（3） 実質説と形式説

事例22-6

事例22-5で、承継人Zは、Yから目的物である動産を平穏、公然に買い受けた。Zは、Xの所有であることについて善意無過失であった。

この事例では、Zについて即時取得の規定が適用されるので、Zが目的物の所有権を取得します（民192条）。したがって、Xが後にZを被告として、所有権に基づく引渡請求の訴えを提起したならば、Zは、即時取得によるXの所有権喪失を抗弁として主張できるはずです。言い換えれば、承継人に対する既判力の拡張は、即時取得という事実には及ばない（この事実の主張を遮断しない）と考えなければならないのです。

以上の結論を、理論上どのように説明すればよいのでしょうか。まず、第三者Zは、既判力の基準時後に目的物の占有という当事者になるべき地位を承継したから、承継人と扱われ、その結果としてZに対しても既判力が拡張されます。しかし、この既判力によって、Xが前訴基準時において所有者であったことをZは争うことができないけれども、Zが基準時後に目的物を即時取得したとの事実にはこの既判力は及ばず、その点に限って後訴で裁判上の判断を受けることができる。以上のように説明をするべきでしょう（形式説）[5]。

Ⅳ 請求の目的物の所持者

事例22-7

Xは、Yを被告として所有権に基づく家屋引渡請求訴訟を提起して勝訴した。判決確定後に、Xが、次の第三者を被告として同じ家屋の引渡請求訴訟を提起した。

1 Yとの契約によりその家屋を占有管理している管理人
2 Yとの契約によりその家屋を前訴よりも前から占有している賃借人[6]

1 請求の目的物の所持者

115条1項4号は、請求の目的物の所持者に対して既判力が拡張することを

認めています。ここで、「請求の目的物」とは、特定物の給付請求権が訴訟物となっている場合の当該目的物のことをいいます。「請求」は、物権的請求権、債権的請求権いずれに基づくものでもよいとされています。そして、「所持する者」とは、当事者から独立して請求の目的物を占有しているけれども、その占有がもっぱら当事者のためのものであって、自己固有の利益を有しない者をいうと定義されています。なお、既判力の基準時前から所持している場合でも、この規定が適用されます。

　請求の目的物の管理人や受寄者（民657条）には、この定義があてはまります。しかし、賃借人や質権者のように自己の権利に基づき自己のために請求の目的物を占有している者は、この定義が当てはまらないと考えられています（大決昭7・4・19民集11巻681頁参照）。よって、事例1の家屋管理人は所持者として既判力の拡張を受けますが、事例2の賃借人は所持者には該当しません。

2　既判力拡張の根拠

　既判力が第三者である請求目的物の所持者にも拡張されることの根拠を、事例の管理人を例にして、既判力拡張の必要性と許容性という2つの観点から説明してみましょう。まず、必要性の点ですが、管理人＝所持者は、当事者Yから独立した占有を有していると考えられているため、XのYに対する勝訴判決の効果が、特別な規定を待たずに当然に及ぶと考えることはできません。つまり、X勝訴の判決があるから管理人も当然明け渡せとXが要求することはできないのです。そこで、このような要求ができるために、所持者にも判決の効果が拡張するという規定が別に必要となります。次に、許容性の点ですが、もっぱら当事者のために請求の目的物を所持している者には、既判力で確定した当事者の引渡義務を争う利益がなく、当事者とは別に手続保障を与える必要がありません。事例の管理人には、賃借権のようなXに対抗できる占有権原はおよそ認められません。したがって、所持者については、既判力による拘束を正当化する手続保障という観点を考慮する必要がないわけです。

V 団体関係訴訟・人事訴訟における判決効の拡張

1 団体関係訴訟

　株式会社その他の団体の法律関係には、争いの当事者だけでなく、他の株主や取引関係者など多数の者がかかわりを有しています。もし、それらの利害関係人が自分の信じる解釈に基づいて、例えば株主総会決議の効力という問題について勝手に判断して行動することを許すと収拾がつかなくなり、社会生活の安定を図ることができなくなるおそれがあります。そこで、争いの対象となった法律関係や、役員等の地位の存否を第三者との関係でも画一的に定める必要があります。このため、団体関係訴訟については、対世効を認める規定が設けられています。対世効とは、訴訟当事者だけでなく、第三者一般についてその範囲を限定することなく、判決の効果が拡張することをいいます。

　ここで注意しなければならないことは、判決の効力が第三者に対しても拡張するのは、会社や一般社団法人等の組織に関する訴えに係る請求を認容する確定判決に限られるということです（会社838条、一般社団273条）。これを片面的な判決効の拡張といいます。このようなルールになっているのは、会社等の組織に関する訴えについては、実際に提訴した者以外にも当事者適格を有する者がいるため、その者の提訴権限を保障する必要があるからです。

2 人事訴訟

　人事訴訟の確定判決の効力は、認容、棄却判決いずれについても、当事者以外の第三者へ拡張するとされています（人訴24条1項）。親子関係や夫婦関係のような人の身分関係が当事者相互間と対第三者とで別々に確定されると、収拾が付かなくなることを考慮してこのように定めたのです。ここでいう判決の効果には、形成力のほか既判力も含まれます。

（1）　この場合、債務者には共同訴訟参加（52条）または独立当事者参加（47条）の可能性が認められる。
（2）　基準時よりも前に承継があったときは、参加・引受承継の問題となる。→ Lesson 28 - Ⅳ
（3）　当事者適格的な表現を避けて、紛争主体としての地位という概念を用いる学説もあるが、想定されている承継人の範囲は通説とさほど違いはないと思われる。

（4）　この説明は擬制的にすぎる。このため、承継人についても手続保障があったから不利な形で既判力拡張をすることが正当化できると断言することは難しく、既判力拡張の必要性だけで、この制度の合理性を説明するしかないのではないかと思われる。

（5）　この点、善意無過失による即時取得を相手方当事者Xに対抗できる第三者Zは、Yとの関係で承継人にならないから、既判力の拡張を全面的に否定されるので、即時取得を既判力に妨げられずに主張することができるのだと論じる説がある（実質説）。しかし、この説によれば、Zは既判力の拘束を完全に受けないから、Xが所有者でなかったという主張をすることまでできてしまうが、このような主張を許すことには意味がない。また、第三者が善意かどうかで既判力の範囲が左右されるのは既判力の性質に反する、即時取得の成否を審理しないと既判力の拡張があるかどうかが決まらないというのは論理の順序が逆であるとの批判をすることができる。

（6）　この家屋がYではなくXの所有であっても、賃貸借契約自体はYと第三者との間で締結することができる。賃貸目的物が賃貸人の所有に属することは契約の成立要素ではないからである（民601条参照）。

Lesson 23　一部請求と既判力、信義則による主張の遮断

I　一部請求とは

事例23－1
　Ｘは、Ｙに対して有名画家の作品を5000万円で売る契約をしたが、代金の支払期限をすぎてもその支払がない。そこで、Ｘは訴訟費用の負担を考慮して、売買代金5000万円のうち2000万円に限定してその支払いを求める訴えを提起した。

1　一部請求の適法性

　数量的に分割して行使することが可能な債権のうち一部だけを訴えによって請求することを、一部請求といいます。典型的なものは、事例のように数量的に分割することができる金銭債権について、その一部額に限定して訴えを提起するような場合です。

　一部請求という訴訟行為は適法とされています。原告は、事例のように提訴手数料を節減するほか、裁判所の判断に探りを入れる、一部の金額のみを請求して迅速な救済を得ようとするなどの動機に基づいて、一部請求を選択しますが、そのこと自体は非難に値するものではありません。ただ、100円ごとに請求するなど、極端に細分化して提訴することは訴訟上の権利濫用であり、不適法となります（2条参照）。

2　何が問題か

　一部請求で主として議論されることは、一部請求に対する判決確定後に残部請求をすることができるのかということです。事例でいえば、売買代金の一部請求が認容または棄却された後に、残代金3000万円の支払いを請求する訴えを起こすことは許されるのかが問題となります。

　1つの債権を分割して請求をするかどうかは、裁判外では債権者の自由に委

ねられています。だから、裁判上も、処分権主義の観点から、原告の意思に委ねられるべきであるという考え方もあります。また、一部請求と残部請求とでは別な訴訟上の請求となるので（→Ⅱ-2）、形式上は別な事件であるから、1つの債権を分割して争うことは妨げられないという意見もあります。しかし、一部請求と残部請求は、実質的に見て同じ債権を訴訟上主張しているので、複数回同じ事件について付き合わなければならない相手方や裁判所の不利益にも配慮する必要があります。したがって、一部請求による救済を求める原告の意思を尊重するべきだといっても、そこには限度があると考えられます。

Ⅱ　明示がある場合と明示がない場合の区別

> **事例23-2**
> 　事例23-1において、Xは、訴状の中で、売買代金は総額で5000万円であるところ、その一部である2000万円を請求することを表示していた。
>
> **事例23-3**
> 　事例23-1において、Xは、訴状の中では、2000万円の売買代金の支払いを求めることを示したが、それが、総額5000万円の一部を請求するつもりであるということを推測させるような事情はなかった。

1　明示がある場合

　事例23-2は、一部請求であることが訴え全体から明らかになっている場合です。これを明示の一部請求といいます。この場合、相手方および裁判所は、なお残部請求の可能性が留保されていることがはっきりとわかるので、残部請求の可能性が認められてよいと説明することができます。

　判例は、明示の一部請求の場合、一部請求した部分だけが訴訟物となり、かつ既判力の客体になるとしています（最判昭37・8・10民集16巻8号1720頁）。したがって、一部請求訴訟が終結した後に、3000万円の残部請求をすると、一部請求とは別の訴訟物についての訴訟が起こされていることになり、それが既判力によって妨げられることはないと説明されます。ただし、請求棄却判決の場合についてはⅢを参照。

2 明示がない場合

事例23-3は、原告の内心では一部請求のつもりだったけれども、そのことを外部に表示しなかったため、外部からは一部請求であることが認識できなかった場合です。これを黙示の一部請求とか隠れた一部請求といいます。このように、一部請求であることの明示がなく、相手方からすれば、もはや残部がないと信頼してかまわない場合は、前の請求で当事者間の争いは終わったと相手方が信じるのももっともだといえます。したがって、後になってから、前の訴訟では、代金は5000万円でその一部である2000万円のみを請求するつもりだったから、残額を支払えと請求することは許されません。

どのようにしてこの結論を導くかですが、前の請求で当事者間の争いはすべて解決したという相手方の信頼は保護に値するとして、後から実は一部請求であったと主張することは信義則に反するから許されないと説明するのがわかりやすいと思います。判例（最判昭32・6・7民集11巻6号948頁）は、このような考え方をとっているようです。

Ⅲ　明示がある一部請求の棄却判決と残部請求

事例23-4
事例23-2の明示の一部請求の訴えにおいて、Yは、売買の意思表示を詐欺により取り消すと主張した。裁判所は、詐欺の主張を認めて一部請求の訴えを全部棄却した。この判決の確定後に、XはYを被告として、残り3000万円の売買代金支払を求める残部請求の訴えを起こした。

1 考え方

明示がある一部請求を棄却（一部認容も含む）するという判決が確定した後に、原告は、残部請求をすることができるかというのがここでの問題です。

判例によれば、一部請求についての前訴確定判決の既判力は、残部請求には及ばない（→Ⅱ-1）とされています。このことは、一部請求が棄却された場合でも同じです。したがって、Xは、残部請求において既判力に妨げられず、同じ債権の存在を再び主張、立証することができ、さらに、あくまでも理論上の

話ですが、Ｘには勝訴の可能性が生じます。しかし、取消しによって売買契約は遡及的に無効となった（民121条）と判断され、ＸはＹに対して１円も請求することができないことを理由にして請求を棄却されたのにもかかわらず、このような結論になるということは、納得しがたいところです。

　残部請求に対しても既判力が及ぶと考えるためには、判例に反対して、一部請求であっても債権全体が訴訟物となり、かつ既判力の客体になると考えればよく、そのような説も有力です。しかし、原告が明確に請求を一部額に限定しているのに、債権全体が訴訟物であり、既判力の客体になっていると見ることは難しいと思われます。

　このため、判例（最判平10・6・12民集52巻4号1147頁）は、明示がある一部請求が全部または一部棄却されたときは、その確定判決後の残部請求は同じ紛争の蒸し返しであり、原則として信義則に反すると解することで、一部請求棄却後の残部請求を遮断することができるとしています。

2　事例23-4の解決

　Ｘの残部請求は信義側に反するという立場をとる場合、なぜ信義側に反するかを具体的に説明する必要があります。事例で考えると、詐欺による取消しの意思表示が成立しているかどうかがＸＹの間で中心的な争点となり、真剣に争われ、その結果にもとづいて裁判所は、ＸはＹに対して１円も請求できる地位にないと判断したのだから、Ｙは売買代金支払請求権全体について、それが１円もないことが確定し、紛争が決着したと信じるのが当然であり、そのような信頼は保護に値します。したがって、残部請求はそのような被告の信頼を害する不当な紛争の蒸し返しだから信義側に反するのです[1]（→Ⅳ）。

Ⅳ　信義則による主張の遮断

事例23-5

　買主Ｘは、売主Ｙを被告として売買契約に基づく建物引渡しを求める訴えを提起したところ、Ｙは、錯誤による取消しを主張しそれが主たる争点となった。裁判所は、錯誤の主張を認めてＸの請求を棄却する判決をし

た。この判決の確定後、Ｙは、Ｘを被告として同じ売買契約に基づく代金支払を求める訴えを提起し、錯誤はなかったと主張した。

事例23-6
　買主Ｘは、売主Ｙを被告として売買契約に基づく建物引渡しを求める訴えを提起したところ、Ｙは、錯誤による契約の取消しを主張しそれが主たる争点となったが、裁判所は、錯誤の主張を認めず請求を認容する判決をした。この判決の確定後、Ｘが、Ｙを被告として売買契約に基づく所有権移転登記を求める訴えを提起した。Ｙは、再び錯誤の主張をした。

1　何が問題か

（1）　**既判力の原則論**　　Lesson 21で説明しましたが、前後２つの訴えの訴訟物が異なるときは、既判力が作用することはありません。

　事例１では、前訴の訴訟物は売買契約に基づく目的物引渡請求権、後訴の訴訟物は売買契約に基づく代金支払請求権です。この２つは、たとえ同じ契約に基づくものであっても、同じ訴訟物ではないので、前訴判決の既判力が後訴に及ぶことはありません。

　事例２では、前訴の訴訟物は売買契約に基づく建物引渡請求権、後訴の訴訟物は売買契約に基づく所有権移転登記請求権です。これも、それぞれが別の訴訟物となり、前訴判決の既判力が後訴に及ぶことはありません。

（2）　**判決理由の拘束力**　　しかし、当事者間で錯誤の有無が主たる争点として争われ、裁判所がそれに対して判断した以上は、その判断に反するような主張をもはや行うことができないとすることが、当事者間の公平にかなうのではないかという疑問が生じます。すなわち、**事例23-5**では錯誤による取消しが認められたことを、**事例23-6**ではそれが認められないことを、Ｙは争うことができないという拘束力を及ぼすべきではないかということです。

　そこで、ある学説は、これらの事例におけるＹの主張（錯誤による取消しが認められるべきであるとの主張）が主要な争点となって、前訴で十分にその主張立証が行われ、前訴の裁判所がその判決理由で判断を示したときは、この判決理由での判断が、争点効という判決の効果により、もはや争えなくなると論じて

います。既判力は、訴訟物である権利義務関係の存否についての判断が後訴に対して有する拘束力ですが、争点効は、権利義務関係の発生、変更、消滅原因である事実関係の存否についての判断が後訴に対して有する拘束力です。2つが相互補完的に作用して、確定判決による紛争解決の実効性が高まるというのがこの学説の考え方です。

2 信義則による主張の遮断

（1） **判 例** 判例（最判昭44・6・24判時569号48頁）および多くの学説は、実定法の根拠が乏しいことを理由に、争点効の採用に消極的な立場をとっています。他方で、争点効の問題意識を不合理だとして一切否定するわけにも行かないことから、判例（最判昭51・9・30民集30巻8号799頁、最判昭59・1・19判時1105号48頁、前掲最判平10・6・12など）と学説は、信義則の適用により、問題を解決する傾向にあります。

（2） **訴訟上の禁反言** 事例23−5では、Yが後訴で一転して契約が有効であったと主張しています。このような行動は、いわゆる二枚舌であり、不誠実だといえます。そこで、訴訟上の禁反言、つまり、前訴での主張と矛盾する主張をしてさらに利益を得ようとすることは許されないとする法理の適用が可能です。よって、Yは売買の意思表示に錯誤があったことを信義則上否定することができず、売買代金支払請求の訴えは棄却されます（または、訴え自体が禁反言であるとして却下されます）。

（3） **訴訟上の権利失効** 事例23−6では、錯誤の有無が主たる争点となって争われ、錯誤はなかったと判断されたにもかかわらず、Yが再び同じ争点を持ち出すことは、不当な蒸し返しであるといえそうです。そこで、このような場合は、訴訟上の権利失効つまり、ある法律上の地位を基礎付ける事実について一方当事者が既に主張・立証を尽くしたか、またはそれを尽くしたと同視される事情があるにもかかわらず前訴で敗訴した当事者が、改めて同じ主張をして相手方が得た法的地位を覆す主張、立証をすることは禁止されるとの法理に基づいて、すでに判断を受けた争点の蒸し返しを禁止するという見解が主張されています。[(2)] この見解によれば、Yは、もはや錯誤を争点とすることはできません。

なお、Ⅲ-1で説明した判例（最判平10・6・12）は、一部請求を棄却する確定判決後の残部請求を原則的に信義則に反するとして却下していますが、これも、残部請求が不当な蒸し返しになるという考え方によるものです。

（1）　なお、判例の論理構成は本文での説明よりも複雑である。これは、学習が進んでからていねいに検討することが望まれる。
（2）　民法で承認されている権利失効の法理とは、長期間の権利不行使により相手方がもはやその権利が行使されるはずがないと信頼したときに、その信頼を保護することをいう。しかし、訴訟上の権利失効は、このような要件が前提になっておらず、当事者が主張、立証を尽くした争点が再び蒸し返されることはありえないとの信頼が相手方に生じたことが明確でなければ、信義則に反するとは言いにくいと思われる。

Lesson 24　判決効に関する論点

Ⅰ　基準時後の形成権行使

事例24-1
　　Ｘは、Ｙを被告として売買契約にもとづく代金150万円の支払を求める
訴えを提起し、請求を認容する判決がされた。
　(1)　この判決の確定後に、Ｙは、詐欺を理由にして売買契約を取り消
　　　し、Ｘを被告として売買代金債務不存在確認の訴えを提起した。
　(2)　この判決の確定後に、Ｙは、Ｘに対する売買代金債権150万円分を
　　　自働債権とする相殺の意思表示を行い、Ｘを被告として売買代金債務
　　　不存在確認の訴えを提起した。

1　既判力の基準時

　Lesson 21-Ⅲで説明しましたが、後の訴えに対して前訴確定判決の既判力が
及ぶと、その既判力の作用として、基準時前の事実を主張、立証して、基準時
における訴訟物の存否の判断を覆すことができなくなります。しかし、基準時
後にはじめて発生した事実を主張することは、基準時における訴訟物存否の判
断を覆すことにならないので、既判力に妨げられません。

2　基準時後の取消権の行使（事例24-1(1)）

　取消権は形成権であり、取消権者による取消しの意思表示によってはじめて
権利の消滅という効果が、契約時にさかのぼって生じます（民121条）。しか
し、法律行為の無効とは違って、取消原因があるだけでは権利は消滅しませ
ん。このことを、既判力の基準時との関係で説明すると、取消原因（意思表示
の瑕疵）は基準時前に存在する事実ですが、取消しの意思表示（取消権の行使）
は基準時後の事実です。後訴に既判力が作用するかどうかを考えるとき、いっ
たいどちらを重視するべきなのでしょうか。

取消しの意思表示によってはじめて権利の消滅という効果が生じることを重視する立場は、取消権を行使したことで、既判力の基準時後に、新たな権利変動が生じたとみて、既判力は及ばないのが原則だとします。これに対して、既判力により、基準時後の取消権の行使は遮断されるとする立場は、前訴の段階で取消原因を主張することができた場合は、前訴の段階で取消しの効果を発生させておくべきであり、それにもかかわらず取消権を行使しなかったときは、既判力によってその主張は許されなくなるとします。

　前者の立場は、取消権を行使するかしないか、行使するとすればいつ行使するかはいずれも権利者の意思に委ねられているから、既判力との関係でも、こうした取消権者の権利行使の自由を重視すべきだとします。しかし、後者の立場は、取消原因がどの時点で存在したか、あるいは、どの段階で行使するべきであったかということが、既判力が及ぶかどうかを判断するための決定的な基準になると考えます。

　多くの学説は、前訴の中で取消原因も含めて決着をつける責任があると解して、基準時後になってから取消権を行使することはできないという結論をとります。判例も、明確な理由付けはありませんが、同じ結論をとっています（最判昭55・10・23民集34巻5号747頁）。事例(1)では、Yが勝訴したいと思うならば、売買契約の効力を前の訴えで集中的に争うべきであり、Yに対して、自分に有利に働く言い分を1つの訴訟ですべて主張しておくべきであると要求することは無理な注文とはいえません。よって、取消権の事後的な行使は許されないという結論になります。

3　基準時後の相殺権の行使 （事例24-1(2)）

　事例(2)について、多数説は、形成権である相殺権（民506条1項）については、取消権とは違って、既判力の作用を否定します。⁽¹⁾

　では、相殺権と取消権とではどこに違いがあるのでしょうか。第1に、相殺に供される反対債権は訴訟物である債権とは別個独立の存在ですが、取消原因は訴訟物である権利関係に付着している瑕疵であり、訴訟物と切り離して考えることができません。第2に、相殺は自分の債権を犠牲にする点で、相手方の権利行使を単純に阻止する形で使われることの多い取消権とは異なり、いわば

気軽に行使できるものではありません。第3に、相殺は相手方の資力が悪化した場合にこそ行使する意味があります（相殺の担保的機能→Lesson30-Ⅰ-1-(2)）。したがって、権利行使をすべき時期を選ぶ自由を保障する必要がありますが、取消権については、そのような選択の自由を保障する必要が低いといえます。

　第2・第3の点からは、相殺の意思表示を前訴の段階で行っておくべきであったとはいいにくくなり、また、第1の点からは、前訴で相殺権の行使を強制すると、訴訟の決着が遅くなるという問題が生じます。そこで、相殺については、基準時後にあらためて行使することが可能であると考えられているのです。

Ⅱ　反射効

> **事例24-2**
> 　XはYに対して弁済期を1年後と定めて、200万円を貸し渡した。それと同時に、XはYから委託を受けたZとの間で、Yの貸金債務を保証するとの合意を書面により行った。Xは、Yを被告として貸金返還請求訴訟を提起したところ、Yは、金銭消費貸借契約の際に表示に対応する意思を欠く錯誤があり、かつそれは取引上の社会通念に照らして重要なものであったから取り消す（民95条1項1号）と主張した。裁判所は、審理の結果この主張を認めて、請求を棄却する判決をした。この判決確定後、Xは、保証人Zを被告として保証債務履行請求訴訟を提起した。

1　何が問題か

　事例で、XのZに対する保証債務履行請求権の請求原因は、①XがYに対して弁済期を1年後と定めて、200万円を貸し渡したことのほか、②①の債務を保証する合意をXとZが書面によってしたこと（民446条1・2項）です。このような請求原因の主張に対して、Zとしては、請求原因①について、保証の対象であるXY間の金銭消費貸借契約が錯誤により取り消されことによって遡及的に無効となっていることを抗弁として主張し、Xの請求を斥けたいところです（請求原因と抗弁→Lesson18）。その場合に、錯誤があったことを初めから主

張、立証するのではなく、Y勝訴の確定判決があることを援用して、錯誤の立証を省略する形でXの請求を斥けることができるでしょうか。これができるというのが、反射効を認める考え方です。

2 反射効とは

（1）**反射効の理論**　事例で、保証人と主債務者との間には、115条1項が定める既判力拡張の原因がありません（→ Lesson 22）。したがって、前訴確定判決の既判力は保証債務履行請求訴訟には拡張しません。そうだとすると、保証人は、主債務が取消権の行使によって無効となっていることをはじめから主張立証しなければなりませんが、証拠が得られずに敗訴することも理論上ありえます。

しかし、民法では、保証債務の附従性（「主債務がなければ保証債務はない」）という原則が認められているので（民448条）、それに基づいて、主債務がないとの判決があるならば、保証人がそれを自己に有利に援用することができるとの考え方が主張されました。これが反射効の理論です。

ここで反射効とは、当事者と第三者の間に既判力拡張の原因はないが、民法上特別な従属関係がある場合に、当事者間に既判力の拘束があることが、当事者と実体法上特別な従属関係に立つ第三者に、反射的に有利または不利な影響を及ぼすことと定義されています[2]。

（2）**事例の解決**　事例では、保証債務の附従性から、保証人は主債務者と民法上の従属関係に立つので、保証人は、反射効を有利に受けるとされます。この見解によれば、主債務者勝訴の判決により弁済する必要のないことが確定された以上は、その限度において保証人もまた弁済の責任を有しないことになり、この勝訴判決を自己のために援用することができるといわれています。よって、Zは、Y勝訴の判決があったことを主張立証すれば、裁判所は、反射効という効力によって直ちにXの請求を棄却することになります。

（3）**保証人に対して不利な反射効**　事例を反対にして、XがYに対する貸金返還請求訴訟で勝訴した場合、その判決確定後に、XがZに対して保証債務履行請求訴訟を提起したとします。この場合、保証人が主債務の消滅や不成立、無効をもはや主張立証できなくなるという意味での不利な反射効を受ける

ことはないといわれています。その理由ですが、この例では、保証人に有利な主張立証を行わせる地位を保障すべき必要があることのほか、主債務の消滅等の主張を遮断すると保証債務の附従性と実質的に矛盾することが考えられます。

3　反射効は認められるか

（1）**反射効肯定説**　反射効を肯定する説は、この説を採ると民法との調和が保たれること、紛争の1回的な解決になることを強調します。事例を使って具体的にいうと、反射効を認めないならば、求償の循環という好ましくない事態が生じるとされます。つまり、反射効が作用しないと、XはZに勝訴することができ、その後に、受託保証人ZはYに求償するはずです（民459条1項）。仮にYが求償請求訴訟で敗訴すると、YはXに不当利得返還請求（民703条）をすることになります。このような求償の循環を断ち切るには、YにはXに弁済する責任がないのにZにはXに弁済する責任が認められるという民法的にみておかしなことが生じないようにすればいいので、そのためにも反射効が認められるべきだといわれます。また、このような効力が認められるならば、Xが、Yに対して敗訴したのにあえてZに請求することも避けられるとも考えられます。[3]

（2）**反射効否定説**　反射効否定説は、債権者だけが二重の敗訴のリスクを常に負担するのは不公平であることを強調します。事例で具体的にみると、反射効は保証人に有利にのみ生じるので、Xは、Yに勝訴してもZに勝訴する訴訟法上の保証はありません。ところが、Yに敗訴すると、いわば自動的にZにも敗訴するのです。このような二重の敗訴リスクを負わせることは、主債務と保証債務は別の権利関係だから債権者にはそれぞれの債務について裁判を受ける権利があることと矛盾するのではないかというわけです。

（1）　判例は、相殺の意思表示がされた時点が既判力の基準時後であることを理由として、同じ結論をとる（大判明43・11・26民録16輯764頁、最判昭40・4・2民集19巻3号539頁）。しかし、この理由付けでは、取消権との区別化が困難である。

（2）　判例は反射効を認めることについて消極的である（保証債務に関する最判昭51・10・21民集30巻9号903頁、不真正連帯債務に関する最判昭53・3・23判時886号35頁、転貸借に関する最判昭31・7・20民集10巻8号965頁）。しかし、これまでの判例ではむしろ反射効を認めるべ

きではない事案が扱われており、なおこの問題は判例上決着していないというべきだろう。
（3） 事例について、Y勝訴の結果をZが援用することができることは認めるべきであるが、反射効の作用は、結局のところ既判力と同じことであり、あえて反射効という独自の効力を想定する必要はないとする見解もある。

Lesson 25　複数請求

Ⅰ　複数請求

1　定　義
　今までの説明では、同一当事者間で１つの請求（訴訟上の請求）[1]が１つの手続で審判対象になっている場合を前提にしてきました。しかし、実際には、同一当事者間の１つの手続で２つ以上の請求が審判対象になっている場合や、請求が事後的に追加される場合があります。
　このように、同一当事者間における同じ手続内部で２つ以上の請求が審理・判決の対象となる形を複数請求といいます。

2　２つの区別
　訴え提起の時から複数請求の形になっている場合を、訴えの客観的併合といいます（136条）。また、訴え提起後に複数請求の形が生じる場合として、①訴えの追加的変更（143条）、②反訴（146条）、③中間確認の訴え（145条）、④職権による口頭弁論の併合（152条１項）があります。

Ⅱ　請求の客観的併合

1　客観的併合
　（1）定　義　　請求の客観的併合とは、同一当事者間で１つの訴えにおいて複数の請求がされる場合をいいます。客観的併合とは、審判の客体である請求が１つの手続で併合されることを意味しており、複数の当事者が併合して訴えまたは訴えられる形である主観的併合（38条：共同訴訟）と区別されます（→ Lesson 26）。
　（2）意　義　　客観的併合の場合、複数の請求が、同じ裁判体が主宰する１つの手続内部で審判されることから、同一当事者間で関連する紛争を一挙に解決することができ、また、関連性がある複数の請求について、ばらばらに訴える場合と異なり、統一的な判断が得られるというメリットがあります。

2　要　件

（1）　数個の請求が同種の手続によって審判されるべきものであること
（136条）

この要件は、通常の民事訴訟を、それとは手続原則や審理方法が異なる手形小切手訴訟（350条）、少額訴訟（368条）、人事訴訟（人訴2条参照）、行政訴訟（行訴2条参照）と併合することが許されないことを意味しています。ただし、行政訴訟と人事訴訟に関しては、例外が認められています（行訴16条1項、人訴17条）。

（2）　請求について受訴裁判所に事物管轄・土地管轄があること

（a）　事物管轄（→Lesson4-Ⅰ-3）の基準となる訴訟物の価額について、単純併合では、すべての請求を合算して訴訟の目的の価額（8条1項）を決めます（9条1項本文）。その他の形態では、請求間での最高額を基準とします（9条1項ただし書）。利息などの附帯請求は除外して算出します（9条2項）。

（b）　土地管轄（→Lesson4-Ⅰ-4）については、併合請求の裁判籍（7条本文）により、いずれかの請求について受訴裁判所の管轄権が肯定できれば、すべての請求について管轄が認められます。ただし、ある請求について受訴裁判所以外の裁判所が専属管轄を有する場合は別です（13条）。

3　請求の単純併合

事例25-1
　ＸはＹに対して令和3年4月1日に弁済期1年後の約定で500万円を貸し付け、弁済期が経過した。また、ＸはＹに対して同年10月1日に代金500万円で動産を売った。ＸはＹを被告として、この貸金返還請求権と売買代金支払請求権を1つの訴えで併合して訴えた。

事例25-2
　Ｘ・Ｙ間の家屋賃貸借契約が終了したがＹが退去しないので、ＸはＹを被告として、賃貸借終了による家屋の明渡請求権と退去するまでの賃料相当額の損害賠償請求権を1つの訴えで併合して訴えた。

（1）　定　義　これらの事例における請求の客観的併合の形を、請求の単

純併合といいます。これは、相互に両立し得る数個の請求を単純に併合するものです。単純併合では、請求相互が並列的な関係に立ちます。

（2）**特　徴**　　単純併合では、2つの請求の間に関連性を必要としないという点に、その特徴があります。したがって、関連性がある**事例25－2**だけでなく、関連性がない**事例25－1**でも、単純併合が認められます。

　このように、相互に関連性がない請求を同時並行的に審理することが審理の適正、迅速の観点から好ましくない場合は、裁判所の裁量により、口頭弁論の分離（152条1項）によって、併合の状態を解消することができます。

4　請求の予備的併合

事例25－3
　　X・Y間で土地aを代金2000万円で売買する契約が締結された。しかし、その契約の成否について両者の見解が食い違っている。そこで、売主Xは、買主Yを被告として、第1次的に2000万円の売買代金支払請求権、第2次的に引渡済みの土地aの不当利得に基づく返還請求権を1つの訴えで併合して訴えた。

（1）**定　義**　　この事例における請求の客観的併合の形を、請求の予備的併合といいます。予備的併合とは、法律上相互に両立し得ない複数の請求に審判順序を付して、主位的請求（第1次的請求）が認容されることを解除条件として、それ以外の予備的請求（第2次的請求）の審判を求める併合形態です。予備的併合では、請求相互が非両立の関係に立ちます。

　この事例では、契約の成立を請求原因とする売買代金支払請求権（民555条）が主位的請求で、契約の無効を請求原因とする不当利得返還請求権（民703条）が予備的請求になっているので、2つの請求はその原因において非両立であり、予備的併合の関係が認められます。なお、互いに併存する関係に立つ請求は予備的併合の関係にならないというのが、理論上一般的な考え方です。

（2）**特　徴**　　予備的併合は、互いに両立しない関係に立つ請求について、1つの手続内部で統一的な審判を求める趣旨の併合形態です。仮に、予備的併合が認められないとすると、相互に非両立の請求を単純併合として扱うこ

とになりますが、これでは審判の統一性が法的に保証されていないので、原告は両方の請求について敗訴するという可能性があります。そこで、審判の統一性を確保するために、主位的請求が認容されることを解除条件として予備的請求の審判を求めるという原告の意思が尊重されなければなりません。このように考える結果として、裁判所は、口頭弁論を分離することができません。弁論を分離することは、予備的併合を選んだ原告の意思に反するからです。

（3）　判　決　　主位的請求に理由がある場合、主位的請求を認容する判決をします。この場合、解除条件が成就するので、予備的請求は判決の対象から外れます。主位的請求に理由がない場合は、主位的請求を棄却した上で、予備的請求についても判決をします。

5　請求の選択的併合

事例25－4
　　Xは、Y社のタクシーに乗車中、運転手の過失で起きた交通事故で負傷した。そこで、XはYを被告として、不法行為に基づく損害賠償請求権と債務不履行に基づく損害賠償請求権を1つの訴えで併合して損害賠償請求の訴えを起こした。

（1）　定　義　　この事例における請求の客観的併合の形を、請求の選択的併合といいます。選択的併合とは、数個の請求のうちいずれか1個が認容されることを解除条件として他の請求についての審判が申し立てられる場合です。選択的併合では、請求相互が並列的な関係に立ち、裁判所はいずれの請求からでも審判することができます。

（2）　旧訴訟物理論と選択的併合の必要性　　この事例は、請求権競合が認められる場合です。この場合、実務は、新訴訟物理論ではなく、旧訴訟物理論を前提にするので、請求は客観的に併合されています（→ Lesson7 -Ⅳ）。

では、事例4での客観的併合は単純併合なのでしょうか。仮にそうだとすると、いずれの請求にも理由があると二重の債務名義が形成されるという問題が生じます（→ Lesson7 -Ⅳ-2-（2））したがって、これは単純併合ではなく、いずれかの請求が認容されればそれでかまわないというのがXの意思であると解

釈するべきです。

　次に、Xが、2つの請求を予備的併合として、第1に不法行為を審理し、そ
れに理由がなければ債務不履行を審理せよと指定することは、理論上できませ
ん。なぜならば、2つの訴訟物は、旧訴訟物理論によれば互いに併存する関係
にあるからです。

　以上から、旧訴訟物理論は、この事例における請求の客観的併合を、選択的
併合という第3の併合パターンだとします。

　（3）　**特　徴**　　選択的併合では、請求相互が並立する関係に立ちます。し
かし、原告の意思は、競合する請求権のうちの1つを選んで1個の給付判決を
求める点にあるので、口頭弁論の分離は許されません。

　（4）　**判　決**　　選択的併合で、いずれの請求にも理由がない場合は、2つ
の請求について棄却判決をしなければなりません。1つに理由がある場合は、
その請求を認容する判決がされ、他の請求は解除条件が成就して、判決の対象
から外れます。

Ⅲ　訴えの変更

1　訴えの変更とは

　（1）　**定　義**　　訴えの変更とは、原告が訴訟係属中に当初からの手続を維
持しながら当初の審判対象を変更することをいいます（143条1項）。

　これは、訴えによって立てられている請求を審判することが、当事者間の紛
争の解決にとって必ずしも役立たないことが判明した場合、従来の手続を利用
して、紛争の実態に合った請求に変更することを認めることが、当事者にとっ
て便宜であり、訴訟経済にも合致するとして認められている制度です。日本の
民事訴訟法は、訴えの変更の可能性を比較的寛大に認めています。

　（2）　**訴えの変更のパターン**　　訴訟上の請求は、訴状の請求の趣旨におい
て示され、請求の原因によって特定されます（→ Lesson 2 -Ⅳ）。したがって、
異なる請求への変更は、①請求の趣旨および請求の原因の変更により生じる場
合が通常です。しかし、②請求の趣旨のみの変更により、異なる請求に変更さ
れる場合や、また、③請求の趣旨の変更はなくても、請求の原因の変更によ
り、異なる請求に変更される場合もありえます。

①の例として、売買目的物の引渡請求権から後に生じた履行不能による損害賠償請求権（民415条1項・2項1号）への変更、②の例として、不法行為に基づく損害賠償の一部請求係属中に請求額を拡張する場合、③の例として、同一事故について不法行為に基づく損害賠償請求権から債務不履行に基づく損害賠償請求権への変更があげられます。

（3）　追加的変更と交換的変更　　訴えの追加的変更とは、旧請求（当初の請求）を維持しながら新しい請求を追加する場合です。また、訴えの交換的変更とは、旧請求と交換して新しい請求を提起する場合をいいます。

ところで、訴えの交換的変更は、143条の適用がある訴えの変更なのでしょうか。この点について、通説・判例（最判昭32・2・28民集11巻2号374頁）は、訴えの交換的変更は143条にいう訴えの変更には含まれないとします。この説によれば、訴えの交換的変更とは、新しい請求について訴えを追加的に変更し、旧請求について訴えを取り下げる（または請求を放棄する）ということが複合的に行われるにすぎないとされています。この説は、旧請求について被告は棄却判決を受けることを期待していたはずであり、この点についての被告の利益を、訴えの取下げに対する被告の同意（261条2項）を求めることで確保する点にそのねらいがあります。

2　要　件

事例25-5
　XはYを被告とする不法行為に基づく500万円の損害賠償請求訴訟で、1000万円に請求額を拡張した。

事例25-6
　Xは、Yを被告として売買代金支払請求訴訟を起こしたところ、売買契約の有効性が認められにくい状況になったので、契約無効を理由とした売買目的物の返還請求を追加した。

事例25-7
　XはYを被告とする、XY間で令和3年4月1日に弁済期1年後の約定でされた金銭消費貸借契約に基づく500万円の貸金返還請求を、同一当事

者間で令和３年10月１日に弁済期１年後の約定でされた金銭消費貸借契約
に基づく500万円の貸金返還請求に変更した。

事例25−8

　ＸはＹを被告とする、ＸＹ間で令和３年４月１日に弁済期１年後の約定
でされた金銭消費貸借契約に基づく500万円の貸金返還請求を、この債務
について同一当事者間で実施された借り換え契約に基づく500万円の準消
費貸借契約に基づく貸金返還請求に変更した。

事例25−9

　Ｘは、その所有する土地上にあるＸの建物ａをＹが占有しているとし
て、Ｙを被告とする所有権に基づく建物明渡請求の訴えを提起した。Ｙ
は、建物ａは既に取り壊されており、同じ土地上にＹが建物ｂを建設し占
有していると陳述した。そこで、Ｘは、所有権に基づく建物収去および土
地明渡請求の訴えに変更した。

以上の事例を利用して、訴えの変更の要件を検討します。

（１）　要件１：請求の基礎に変更がないこと（143条１項本文）

　（ａ）　この要件は、防御対象が予定外のものになることを避けるという主と
して相手方の保護を目的とした要件です。このような趣旨からすると、前後２
つの請求の基礎となる社会生活上の事実関係が共通していること、または密接
に関係していることが認められれば、請求の基礎は同一であるということがで
きます。訴えの変更は、旧請求で得られた訴訟資料を新しい請求に対しても流
用できる点にその意義があるので、請求の基礎の同一性は、訴訟資料が前後２
つの請求とで共通し、あるいは、一体性があることだと言い換えることもでき
ます。

　なお、この要件は相手方保護の目的を持つので、相手方が訴えの変更に同意
し、または異議を述べずに応訴した場合は、この要件が満たされているかどう
かを問題とする必要はありません。

　（ｂ）　事例で具体的に検討します。**事例25−5**と**事例25−6**は請求の基礎が
同一であることは明らかです。**事例25−7**はまったく無関係な金銭消費貸借契
約を請求原因とするものなので、同じ契約類型であっても請求の基礎は異なり

ます。**事例25−8**は異なる契約類型によるものですが、準消費貸借契約の要件事実（民588条）はもとの金銭消費貸借契約の要件事実（民587条）と重なるので、請求の基礎は同じです。

問題は**事例25−9**です。2つの訴訟物の請求原因は具体的にまったく重ならないので⁽²⁾、請求の基礎は同一ではありません。しかし、被告の陳述に基づいて、原告はより適切な請求に変更したのだから、被告にこの要件が具備していないという異議を述べさせる必要はないとされています（最判昭39・7・10民集18巻6号1093頁参照）。

（2）要件2：著しく訴訟手続を遅滞させないこと（143条1項ただし書き）

この要件は、手続の遅滞防止という、主として訴訟の公益性にかかわる要件です。したがって、相手方の同意があっても免除することはできません。例えば、弁論準備手続（168条）が終結した後に新しい請求を追加する訴えの変更は、この要件を欠く可能性があります。

（3）要件3：訴訟係属後かつ事実審口頭弁論終結前であること

この要件が問題となるのは、控訴審での訴えの変更の場合です。控訴審は事実審なので（→Lesson29−Ⅲ−2）訴えを変更して審理を続行することには問題がないとして、特別な規定は設けられていません（297条・300条参照）。この場合の審級の利益（1つの請求について1審と2審で事実審理を受ける機会が保障されるという当事者の利益）については、請求の基礎の同一性要件により確保されているとみなされます。

上告審では請求について事実関係を主張、立証することができないので、上告審での訴えの変更は認められません。

（4）要件4：請求の客観的併合の要件（136条）が備わること

3　手続

訴えの変更の手続は、訴えの提起に準じます（143条2項・3項）。

訴えの変更が申し立てられた場合、裁判所は要件の具備を審査します。その結果、訴えの変更として許されるならば、訴えの変更があったものとしてその後の審理を続行します。訴えの変更が許されない場合は、申立てまたは職権により訴えの変更を許さない旨の決定をします（143条4項）。

4 請求の減縮と拡張

事例25−10

　Xは、Yを被告として1000万円の売買代金支払いを求める訴えを提起したが、この請求金額を500万円に減縮（縮減）することを申し立てた。

事例25−11

　Xは、Yを被告として1000万円の売買代金のうち500万円の支払いを求める訴えを提起したが、この請求金額を1000万円に拡張することを申し立てた。

（１）　**請求の減縮**　　いずれのケースでも、請求金額を掲げる請求の趣旨が変更されますが、請求の原因には手が付けられていません。これらの例は、訴えの変更だといってよいのでしょうか。

　事例25−10は、請求の減縮（縮減）といいます。判例は、請求の減縮は訴えの一部取下げであると解しています（最判昭27・12・25民集6巻12号1255頁、最判昭24・11・8民集3巻11号495頁など）。したがって、請求の減縮には、相手方の同意を要するなど訴えの取下げに関する規定（261条）が適用されます。実務はこのような考え方に立っており、学説の多くもこの考え方を支持します。

　ところで、請求の減縮は請求の趣旨の変更だから、訴えの変更として扱えばそれでいいではないかと考える人がいるかもしれません。しかし、訴えの変更の規定を適用しても、それだけでは、減縮された部分の扱い方が明らかになりません。判例は、減縮された訴訟物の一部について原告は審判要求を撤回する意思を示していると見て、その部分について訴えの一部取下げがあったと解釈します。また、その部分は今後とも請求する意思がないことが明確な場合は、減縮の申立てを請求の一部放棄だと解釈することもできます。

（２）　**請求の拡張**　　事例25−11は、請求の拡張といいます（**事例25−5**も同じです）。これは、請求の趣旨が変更されることで訴えの申立てが変更されるので、訴えの変更として扱われます。

Ⅳ 反 訴

1 反訴とは

（1） **定 義** 反訴とは、訴訟係属中の訴訟（本訴という）の手続内で、関連する請求につき被告が原告に訴えを提起すること、またはそのようにして提起された訴えのことです（146条）。反訴は、被告が行うカウンターパンチのようなものですが、関連する紛争の統一的解決に役立つほか、本訴の係属をきっかけにして、被告にも対抗的な訴え提起の機会を与えることで当事者の平等性を確保することにも意味があります。

（2） **予備的反訴** 例えば、ＸがＹに対して売買代金の支払いを求める本訴を提起したところ、Ｙが、売買契約が虚偽表示により無効であるとの抗弁（民94条1項）を主張しつつ、この抗弁が排斥された場合のために、売買目的物の引渡しを求める反訴を提起することがあります。この場合の反訴の申立ては、本訴請求が棄却されることを解除条件とすることから、予備的反訴といいます。つまり、本訴請求が認容される場合に限り、反訴請求が審判を受けることになるのです。

このような条件の付かない通常の反訴は、単純反訴とか無条件反訴といわれます。

2 要 件

事例25-12

ＸＹ間で交通事故に係る損害賠償に関するトラブルがあり、ＸはＹを被告として損害賠償義務不存在確認の訴えを提起したところ、ＹはＸに対して損害賠償請求の反訴を提起した。

事例25-13

ＸがＹを被告として所有権に基づく土地明渡請求の訴えを起こしたところ、Ｙが、占有正権原として賃貸借契約をしているとの抗弁を提出しつつ、賃借権の確認を求める反訴を提起した。

事例25 - 14

　ＸがＹを被告として500万円の売買代金支払請求の訴えを提起したところ、Ｙが、Ｘに対する600万円の売買代金支払請求権（反対債権）による相殺の抗弁を提出し、対当額を超える100万円について代金支払請求の反訴を提起した。

以上の例を利用して、反訴提起の要件を検討します。

（1）　要件1：反訴請求と本訴請求・これに対する防御方法との関連性
　　　　（146条1項本文）

　この要件は、反訴被告（＝本訴原告）の予想を超えた関連性の薄い請求にまで審判範囲が拡張することを防止するためのものです。

　本訴請求との関連性は、本訴および反訴の両請求が、その内容または発生原因において法律上・事実上の共通性を有することをいいます。事例25 - 12では請求の根拠となる不法行為の事実は同一であり、この要件が認められます。

　次に、防御方法との関連性は、本訴請求を理由がないものとするような事実と反訴請求の内容や発生原因が共通することをいいます。事例25 - 13・14では、本訴請求に対する抗弁事実が反訴の請求原因となっているので、この要件が認められます。

（2）　要件2：著しく訴訟手続を遅滞させないこと（146条1項ただし書2号）

　これは、訴えの変更の場合（143条1項ただし書き）と共通します。

（3）　要件3：訴訟係属後、かつ事実審口頭弁論終結前であること

　この要件が問題となるのは、控訴審での反訴の場合です。控訴審での反訴は、原告の同意または応訴のもとに許されます（300条）。反訴請求と本訴請求またはこれに対する防御方法との関連性という要件は、訴えの変更の要件である請求の基礎の同一性よりも緩やかな要件であると考えられています。このため、控訴審で反訴をするには、それにより反訴請求について審級の利益を失うことになる原告の同意が必要とされます。

　上告審では請求について事実関係を主張、立証することができないので、上告審での反訴は認められません。

（4）　要件4：反訴請求が他の裁判所の専属管轄事項でないこと

（146条1項ただし書1号。例外146条2項）

（5）　要件5：請求の客観的併合の要件が備わること（136条）

3　要件を欠く反訴の扱い

　関連性の要件を欠く場合や専属管轄の規定に反する場合など、2で説明した要件を欠く反訴はどのように扱われるべきでしょうか。判例は、これらの要件を欠くときは、反訴に関する訴訟要件が欠けるとして、反訴を却下するべきだとします。しかし、関連性のない反訴について口頭弁論を分離し、あるいは、事件を専属管轄がある裁判所に移送して、できるだけその反訴を独立した訴えとして扱うべきであると考えられます。

4　口頭弁論の分離

　本訴と反訴は関連性があるものとして併合されてはいますが、請求は互いに独立しているので、口頭弁論の分離は禁止されません。この点は、単純併合と同じです。

　しかし、事例25－12のように本訴と反訴の訴訟物が同じ権利関係であるときや、原告の離婚請求に対して被告が離婚請求の反訴を提起するように同じ形成を求めるときは、判断の統一性を確保する必要が高いので、口頭弁論の分離はできないと考えられています。また、1（2）のように反訴が予備的反訴であるときは、反訴原告の意思を尊重して、請求の予備的併合と同じく、弁論の分離はできません。

Ⅴ　中間確認の訴え

事例25－15

　Xは、Yを被告として所有権に基づく土地引渡請求の訴えを提起した。この訴訟中にXは、争点となっている所有権の所在についてXに所有権があることの確認を求める訴えを追加した。

1　中間確認の訴え

（1）**定　義**　中間確認の訴えとは、係属中の訴えにおける訴訟物の先決的法律関係の存否確認をその訴訟手続において求める申立てのことをいいます。事例では、所有権に基づく土地引渡請求権が訴訟物であり、Xが所有権を有することがその先決的法律関係となっており、その存在確認が中間確認の訴えとして行われています。

（2）**趣　旨**　確定判決の既判力は、主文に示される訴訟物存否の判断のみを対象とします（114条1項）。したがって、判決理由中で判断される訴訟物の前提となる先決的な法律関係は、後に訴訟物が異なる後訴において争うことができます（→ Lesson21 - Ⅳ）。当事者が、それを不都合だとして既判力を得ておきたいと思うとき、先決的法律関係を訴訟物に格上げして主文で判断してもらうために認められたのが、中間確認の訴えです。

2　要　件

（1）**基本的な要件**　中間確認の訴えの基本的な要件は、中間確認の請求が、①本訴の請求と先決的法律関係であること、②訴訟の進行中に争いとなっていることのほか、本訴についてすでに訴訟係属があることです（145条1項）。また、確認の訴えであるため、確認の利益（→ Lesson8 - Ⅱ - 4）が必要です。併合の形態になるので、請求の客観的併合の要件（136条）も必要です。

（2）**原告が提起する場合**　事例のように原告が提起する中間確認の訴えは、中間確認の請求を本訴に追加する訴えの変更となります。したがって、143条の規定も適用されますが、145条は、中間確認の訴えには独自の意義があることを考慮して独自の要件を定めた上で（145条1項）、訴えの変更の要件規定のうち、訴えの変更の基本的要件を定める143条1項の準用を排除しています（145条4項）。

（3）**被告が提起する場合**　事例の本訴係属中に、被告Yが、争点となっている所有権の所在についてYに所有権があることの確認を求める反訴を提起することはできるでしょうか。145条1項は、「請求を拡張して」中間確認の申立てをすることができるとしているために、被告が中間確認の訴えを提起することができるのかということが問題となります。しかし、これは、現在では異

論なく認められています。この場合は、中間確認の反訴を本訴に対して提起することになり、145条と146条とが重ねて適用されます。

Ⅵ 口頭弁論の併合

事例25−16
　Xは、Yを被告として、賃貸借契約に基づく目的物引渡請求の訴えを大阪地方裁判所に提起し、現在係属中である。他方、同じ当事者間で、同じ賃貸借契約による賃借権確認請求の訴えも、大阪地方裁判所に係属している。

1　定　義

　事例で、賃借権確認という関連事件を、先行して審理が進んでいる賃貸目的物引渡の手続に併合するにはどうすればいいのでしょうか。この場合、目的物引渡請求の訴えの受訴裁判所である大阪地裁において、賃借権確認の訴えの口頭弁論を併合する決定をすれば、それによって、2つの請求の客観的併合が、職権によって、事後的に成立します。

　口頭弁論の併合（152条1項）とは、このように、官署としての同一の裁判所に係属している複数の訴訟を裁判所の裁量により同一手続で併合して審理することをいいます。

2　併合前の資料の併合後の扱い方

　事例で、賃借権確認請求で得られた訴訟資料や証拠資料を目的物引渡請求でも利用することはできるでしょうか。逆に、目的物引渡請求で得られた訴訟資料や証拠資料を賃借権確認請求でも利用することができるでしょうか。この点、口頭弁論の併合は、訴訟資料を共通化して判断の統一を図るという目的があるので、判例・通説は、当然に訴訟資料となるとしています（最判昭41・4・12民集20巻4号560頁）。

（1）　Lesson 25では、「請求」の語は「訴訟物＝訴訟上の請求」の意味で用いる。

（2）　所有権に基づく建物明渡請求権の請求原因は、Xの建物 a 所有、Yの建物 a の占有である
　　　が、所有権に基づく建物収去および土地明渡請求権の請求原因は、Xの土地所有、Yの建物
　　　b 所有である。

Lesson 26　共同訴訟 1

Ⅰ　共同訴訟

1　定　義
　共同訴訟は、同一手続における当事者の一方または双方が複数である訴訟のことです。請求の客観的併合と対比して、請求の主観的併合ともいわれます。

2　共同訴訟の 3 類型
　共同訴訟は、合一確定の必要と訴訟共同の必要という 2 つの基準を組み合わせて、3 種類に分類されています⁽¹⁾。ここで、合一確定の必要とは、40 条 1 項の「訴訟の目的が共同訴訟人の全員について合一にのみ確定すべき場合」のことで、すべての共同訴訟人について訴訟進行および判決内容を統一する必要性があることをいいます。訴訟共同の必要は、条文にない概念ですが、訴訟物についての利害関係人全員が当事者となる必要性があることをいいます。

Ⅱ　通常共同訴訟

1　意　義
　通常共同訴訟は、合一確定の必要および訴訟共同の必要のいずれも要求されないタイプの共同訴訟です。その例は、2 (2) を見てください。
　通常共同訴訟は、関連性はあるけれども当事者が異なる複数の紛争を 1 つの手続にまとめることで、判断の矛盾が生じることを防止します。しかし、別々な訴訟で解決してもかまわない事件が 1 つの手続にまとまったものにすぎないため、共同訴訟人が各自の判断で訴訟を追行することができることが認められています（Ⅲ）。また、裁判所は、必要があれば弁論を分離することができます。したがって、通常共同訴訟による判断の矛盾防止は事実上のものにとどまります。

2 要　件

（1）**客観的併合の一般的要件**　　通常共同訴訟は、当事者が複数になると同時に請求も複数になることから、客観的併合の一般的要件（136条）があることが必要です。例えば、人事訴訟法が適用される請求と通常の民事事件とを併合する形での共同訴訟は、原則として許されません。

（2）**共同訴訟人と相手方の請求との間の関連性**　　民事訴訟法38条は、共同訴訟人と相手方の請求との間の関連性を要求しています。

　第1に、権利義務の共通な場合があり（38条前段）、これは、請求の同一性、請求の基礎となる法律関係の共通性をいいます。例えば、数人の土地共有者による不法占拠者に対する土地明渡しを求める訴えや、数人の連帯債務者（民436条）に対する支払いを求める訴えでは、この意味での関連性が認められます。

　第2に、同一の事実上・法律上の原因がある場合があり（38条前段）、これは、訴訟物たる権利関係の基礎である事実上及び法律上の原因が同一であることをいいます。例えば、同じ不法行為における複数の被害者または複数の加害者が共同して訴えまたは訴えられる場合や、売買の無効を原因とする所有者から買主と転得者に対する所有権移転登記抹消登記請求では、この意味での関連性が認められます。

　第3に、同種の権利義務かつ同種の原因に基づく場合があり（38条後段）、これは、権利義務の種類と発生原因の種類についての実体法上の性質が同種と評価される場合をいいます。例えば、同じマンションの住人複数への賃料請求、数通の約束手形の所持者が振出人全員を被告とする手形金請求をする場合には、この意味での関連性が認められます。

Ⅲ　通常共同訴訟の審判方式

1　共同訴訟人独立の原則

（1）**趣　旨**　　通常共同訴訟は、もともと別々の訴訟で解決してもかまわない事件がひとつの手続に集められているだけです。必要的共同訴訟とは異なり、合一確定の必要がない共同訴訟なので、審理判決の統一を強制する必要性がありません。そこで、通常共同訴訟には、共同訴訟人独立の原則という審理

方式が適用されます（39条）。この原則によれば、各共同訴訟人は、他の共同訴訟人の訴訟追行に制約されることなく、それぞれが独自に訴訟を追行することができます。

（2）　**内　容**　　民事訴訟法39条が定める内容は、次のとおりです。

（a）　共同訴訟人の一部が訴訟の結果に影響を及ぼすような訴訟行為をした場合、その訴訟行為の効果は、その行為をした共同訴訟人にしか及びません。例えば、共同訴訟人の1人が請求の放棄・認諾をした場合、放棄等をした当事者の請求についてだけ訴訟は終了します。また、共同訴訟人の1人が相手方の主張事実について裁判上の自白をしても、他の共同訴訟人はその事実を争うことができます。共同訴訟人の1人が控訴しても、他の共同訴訟人は控訴するかどうかを自由に決定することができます。また、期日に欠席した場合の効果（159条1項・3項・161条3項など）は、その共同訴訟人にだけ生じます。

（b）　当事者の死亡などの訴訟中断事由（124条1項）が生じた場合、その効果はその事由が生じた共同訴訟人にしか及ばないので、手続全体が中断することはありません。

（c）　共同訴訟人の相手方が1人の共同訴訟人に対して訴訟行為をしても、他の共同訴訟人には効果が及びません。例えば、相手方が、1人の共同訴訟人に対してのみその主張を自白しても、全員について自白の効果が及ぶわけではありません。

2　共同訴訟人間の証拠共通

事例26-1
　債権者Aが、主債務者Bと保証人Cとを共同被告として主債務および保証債務の履行請求訴訟を起こした。B・Cともに、Bによる弁済があったことを主張した。しかし、Bのみが弁済の証拠を提出し、これをCが援用しなかった。

（1）　**共同訴訟人独立の原則**　　前に説明した共同訴訟人独立の原則によれば、共同訴訟は、法的に審判の統一性を保証する仕組みではなく、ただ便宜的に、共同訴訟人全員について共通の口頭弁論と証拠調べが行われ、また、共同

訴訟人全員が統一的に行動する限りにおいて、審理の重複が避けられ、事実上判断の矛盾が生じないことが期待できるにとどまります。しかし、これでは、わざわざ共同訴訟を行う意味が乏しいのではないかという反省が生まれます。

（2）　**共同訴訟人間の証拠共通**　そこで、判例・通説は、共同訴訟人独立の原則に対する最低限の制約または例外として、共同訴訟人間の証拠共通というルールを認めます（最判昭45・1・23判時589号50頁など）。これは、共同訴訟人の1人が提出した証拠は、他の共同訴訟人の援用がなくても、他の共同訴訟人の請求について、証拠として事実認定の資料とすることができるというものです。

（3）　**事例の解決**　事例で、裁判所は、Cのためにも弁済の事実を認定してよいでしょうか。共同訴訟人間の証拠共通が認められるので、共同訴訟人の1人であるBが提出した主債務弁済の証拠を取り調べた結果、その信用性が認められるときは、Bだけでなく他の共同訴訟人Cとの関係でも、この証拠調べの結果を証拠資料として利用することができます。これによって、いずれの請求も棄却するという統一した判決をすることができるのです。

（4）　**根　拠**　このようなルールはなぜ認められるのでしょうか。通説は、1個の同じ歴史的事実に関する心証がばらばらになるということはありえないからだと説明します。つまり、共同訴訟人の1人が提出した証拠は、他の共同訴訟人の援用がなければ、証拠として事実認定の資料とすることができないとすると、事例でいえば、Bについては主債務の弁済があったと認定しつつ、Cについては主債務の弁済がなかったと認定するという不自然な事実認定を強いられることになります。自由心証主義（→ Lesson 14 - Ⅱ）は、このような不自然な事実認定を避けるための仕組みですから、これと実質的に衝突するような問題が生じることを避けるために、このルールが考え出されたのです。

Ⅳ　必要的共同訴訟

1　2つの必要的共同訴訟

必要的共同訴訟は、合一確定の必要がある共同訴訟です。これは、さらに、訴訟共同の必要があるかどうかで、固有必要的共同訴訟と類似必要的共同訴訟の2つのタイプに細分化されます。[2]

2　固有必要的共同訴訟

（1）**定　義**　　固有必要的共同訴訟とは、合一確定を要する必要的共同訴訟のうち、必ず一定範囲の関係人による共同訴訟が強制され、関係人の一部の者のみによる訴訟は当事者適格を欠くとして不適法とされる形をいいます。固有必要的共同訴訟では、訴訟共同の必要がある結果として、すべての共同訴訟人について統一的な解決が強く要請されることから、合一確定の必要が必然的に認められると考えられています。

（2）**訴訟共同の必要**　　固有必要的共同訴訟の成否を判断するかぎとなるのが、訴訟共同の必要があるかどうかという基準です。通説によれば、その訴訟の当事者適格を基礎付ける訴訟物に関する管理処分権が実体法上共同行使されるべきものであれば、関係人全員がそろって初めて当事者適格が肯定されるので、その訴訟物（請求）について訴訟共同の必要があると理解し、その訴訟は固有必要的共同訴訟となるとしています（管理処分権説）（→くわしくはLesson27-Ⅰ）。

（3）**具体例**　　固有必要的共同訴訟となる場合として、①他人間の権利関係の形成を求める形成訴訟と、②訴訟追行権の共同行使が求められる場合があげられます。

①の例としては、第三者が提起する婚姻取消しの訴えでは夫婦双方を被告としなければならないこと（人訴12条2項）、取締役解任訴訟では取締役と会社を被告としなければならないこと（会社855条）、共有者間での共有物分割の訴えでは共有者全員が当事者とならなければならないこと（民258条1項）などがあげられます。いずれの例でも、訴訟物である権利・法律関係は1人では処分できない性質のものだからです。②の例としては、数人の選定当事者（30条）、数人の破産管財人（破産76条）などのように数人が共同して他人の財産管理処分権を行使するべき場合があげられます。

その他に、③共同所有関係にある財産の訴訟、例えば、共有地について共有権の確認を求める訴えを起こす場合は、共有者全員に処分権限があることから、全員が原告にならなければならないとされています（→Lesson27-Ⅰ）。

3 類似必要的共同訴訟

（1）**定　義**　類似必要的共同訴訟は、固有必要的共同訴訟と異なり、訴訟共同の必要がないけれども、共同訴訟になったからには合一確定が必要となる共同訴訟です。類似必要的共同訴訟では、共同訴訟人の１人に対する判決の効果が他の共同訴訟人にも拡張される規律になっている場合に、判決内容が共同訴訟人ごとに異なってしまうことを防止する必要が強いことを理由に、合一確定の必要が認められます。

（2）**具体例**　類似必要的共同訴訟における合一確定の必要について、被告株式会社Ｙの臨時株主総会決議取消しの訴えを株主であるＸ１とＸ２が共同して提起した場合で説明します。

各株主には、固有の権限として総会決議の取消しを請求する当事者適格が認められています（会社831条１項）。したがって、すべての株主がまとまって当事者になる必要はないので、訴訟共同の必要はありません。しかし、この訴えを認容する判決の効果は、他の共同訴訟人にも拡張されます（会社838条参照）。そうすると、Ｘ１の請求は認容するがＸ２の請求は棄却するというばらばらな判決をすると、Ｘ２が直接受ける判決の効果とＸ１から拡張される判決の効果とが衝突して、判決の効果が関係人の間で矛盾することになり、会社の法律関係を画一的に規律することができなくなります。そこで、共同して訴えたからには、合一確定の要請が働くものと解されています。

Ⅴ　必要的共同訴訟の審判方式

1 合一確定の方法

必要的共同訴訟は合一確定の必要があるので、判決の内容が共同訴訟人ごとにばらばらにならないように工夫する必要があります。そこで、40条は、39条の共同訴訟人独立の原則とは反対に、裁判資料の統一と裁判進行の統一を強制することで、合一確定を実現しようとしています。

2 有利な行為と不利な行為

40条１項によれば、共同訴訟人の１人がした訴訟行為は、共同訴訟人全員について有利である限り、１人でしても全員に効果が生じるが、反対に、共同訴

訟人にとって不利な訴訟行為は、全員でこれをしない限り効果が生じない（単独でしても無効）とされます。

　ここで有利・不利は、実質的に判断するわけではありません。例えば、共同訴訟人の1人が訴えを取り下げた場合、取下げによって敗訴の危険を避けることができるから、実質的に見て有利な行為であるとすることはできません。それでは、場当たりな解決になってしまい、条文の適用結果の予測が立たないからです。

　そこで、その行為が、一般的に見て、勝訴判決を得るのに客観的に役立つかどうかで考えます。つまり、その行為があるとそれで手続の（全部または一部が）進行を止めてしまうものは、他の当事者にとって不利な行為であるとされます。したがって、共同訴訟人の1人が、相手方主張の事実を自白することは、それによってその事実は証拠調べの対象から排除されるので、不利な行為とされます。共同訴訟人の1人が訴えを取り下げることは、取下げによって訴訟は終了するので、不利な行為です（最判昭46・10・7民集25巻7号885頁参照）。また、共同訴訟人の1人との間の請求についてだけ訴訟上の和解をすることは、その者の請求について訴訟が終了するので、やはり不利な行為とされます。

3　共同訴訟人の1人に対する相手方がした訴訟行為

　40条2項は、共同訴訟人の1人に対する相手方がした訴訟行為は、共同訴訟人全員について有利・不利を問わず効果が生じるとします。これは、裁判の資料を統一化するために便利であるとして認められたものです。例えば、共同訴訟人の1人が欠席した場合に、相手方が準備書面に記載がない事実を主張したとします。原則論からは、欠席した当事者に対してこのような事実の主張はできません（161条3項）が、他の出席した共同訴訟人に対しては主張ができ、40条2項を介して、その効果が欠席した共同訴訟人に対しても及ぶことになります。

4　中断、中止

　40条3項は、共同訴訟人の1人に中断、中止事由が生じると、手続は全員に

ついて中断、中止するとします。これは、訴訟進行の統一化を図るための規定です。したがって、共同訴訟人の1人が死亡した場合（124条1項1号）、手続が全体として中断します。

5　弁論の分離

40条の問題ではありませんが、合一確定の必要から、共同訴訟人の一部について口頭弁論の分離や、一部判決をすることは許されません。よって、共同訴訟人の1人が答弁書も提出せずに欠席した場合などでは、弁論を分離してその共同訴訟人に対してだけ判決をすることは、通常共同訴訟ではできますが、必要的共同訴訟では禁止されます。

6　裁判所の訴訟行為

裁判所と共同訴訟人との間の訴訟行為については、40条1・2項の適用はありません。例えば、裁判所が口頭弁論期日の呼出状を共同訴訟人の1人だけに送達したとしても、これによって共同訴訟人全員に呼出しの効果は生じることはありません。全員に呼出状を送達しなければならないのです。これは、通常共同訴訟でも同じです。

（1）　訴訟共同の必要があるけれども、合一確定の必要がないという共同訴訟のタイプは存在しないので、4種類でなく3種類となる。
（2）　52条は、訴訟の係属中に第三者が原告または被告の必要的共同訴訟人として参加する共同訴訟参加を認めている。共同訴訟参加がされると類似必要的共同訴訟となる。

Lesson 27　共同訴訟 2

I　共同所有関係と訴訟共同の必要

1　総　論

　多数の利害関係人がからんでいる財産関係（共同所有関係）について訴訟が起こる場合、固有必要的共同訴訟の要件である訴訟共同の必要が認められるかどうかが大きな論点となります。例えば原告側について訴訟共同の必要があるときは、利害関係人の全員が原告になってはじめて訴えが適法になる一方で、訴訟共同の必要がなければ、利害関係人のうちの1人だけが原告になって訴訟をすることが許されます。このように、訴訟共同の必要の有無によって結論が極端に違ってくるからです。

　（1）　**管理処分権説**　　訴訟共同の必要という問題では、どの範囲の利害関係人を訴訟当事者である共同訴訟人とするのがその紛争を解決するために有効、適切なのかということが問われています。つまり、訴訟物である財産関係について多数の利害関係人が存在するときに、その全員を当事者にしないと紛争が有効、適切に解決しない場合か、それとも、1人で訴訟を行わせても紛争が有効、適切に解決するといっていいかが問題となります。

　次に、通説は、訴訟物である実体法上の権利関係の管理処分権（財産の管理権）を有している者を当事者にすれば、紛争の主体となるべき者は登場しているので、紛争は有効、適切に解決できるという前提に立ちます。その上で、この管理処分権が実体法上共同行使されるべきものであれば、関係人全員がそろわないと訴訟上もそれを行使することができないから、訴訟共同の必要があるとします（→ Lesson 26 - IV - 2 - (2)）。これに対して、管理処分権を1人でも行使することができるという実体法上の規定が適用される場合は、それによって訴訟共同の必要が否定されます。

　以上のように、訴訟共同の必要という問題は、利害関係人の全員を当事者にしないと紛争が有効、適切に解決できない場合なのかどうかという問題です。したがって、訴訟共同の必要は、実は、当事者適格（→ Lesson 9）の問題の1

つなのです。そして、通説は、ここでの当事者適格の基礎付けを、訴訟物の実体法的な処分権限のあり方に求めます。それがなぜなのかを説明することはとても難しいのですが、通説は、訴訟上の処分を実体法的な処分の延長線上に位置付けているからだと、とりあえず考えて下さい[(1)]。

（２）　**共同所有関係**　　通説は、共同所有関係を民法の伝統的学説に従って３つに分類（総有・合有・共有）した上で、（１）の考え方を適用します[(2)]。この考え方によれば、訴訟物を共同所有者の一部だけで処分することができない場合には固有必要的共同訴訟になります。

　しかし、単独処分が可能な持分権が訴訟物になっているときや、個別の権利行使を許容する実体法上の規定の適用があるとき（保存行為、民252条5項）、訴訟物が性質上の不可分債権・債務関係（民428条・430条）であるときは、共同所有者の全員を当事者とする必要がありません。前者は、「管理処分権の共同行使が必要＝訴訟共同の必要あり」という公式に基づくものです。後者は、単独で処分できる財産にもかかわらず全員が集まらないと訴訟上の処分ができないとしてしまうと、訴訟物の実体法的な性質と矛盾するということから導かれます。

2　総　有（入会権）

事例27 - 1
　(1)　入会権者であるＸらは、入会地について登記を有するＹを被告として、入会権確認と所有権移転登記抹消登記を求める訴えを提起した。
　(2)　ＸらはＹ1所有の山林上に入会権を有している。Ｙ1がＹ2に土地を処分し、Ｙ2が観光施設を建設しようと計画しているので、Ｘらの一部がＹ2を被告として、自己の有する入会地の使用収益権（立木の下草刈り、転石採取）の確認を求める訴えを提起した。

　入会権は総有の典型例とされています。総有では、個別の持分権を考えることができないので、この場合の管理処分権は入会権者が全員集まらないと行使することができない性質のものです。そこで、事例(1)について、判例（最判昭41・11・25民集20巻9号1921頁）・通説とも、固有必要的共同訴訟だとします。

もっとも、事例(2)について判例は、入会権自体と入会権に基づく使用収益権とを区別し、後者は共同行使を要求する場面でないから、個別の入会権者が訴訟を起こせるとしています（最判昭57・7・1民集36巻6号891頁）。

なお、入会の場合、権利者が極めて多数に上ることから、全員が原告にならないと訴えることができないと解すると、提訴が不可能になるおそれがあります。このことを考慮したのが、入会団体の当事者適格を肯定した判例（最判平6・5・31民集48巻4号1065頁）と、提訴に賛成しない入会権者は被告に回すことができるとした判例（最判平20・7・17民集62巻7号1994頁）です。

3 共 有

事例27-2
(1) X1らの共有する土地について単独所有権を主張するYを被告として、①共有者全員が共有権確認の訴えを提起した。②X1のみが自己の共有持分権確認の訴えを提起した。
(2) Xらの共有財産である土地についてY名義の所有権移転登記がなされたので、①Xらの一部がYを被告として所有権移転登記抹消手続を求める訴訟を提起した。②Yが当該土地を占有しているので、Xらの一部がYを被告として所有権に基づく引渡請求訴訟を提起した。③共有者全員がYを被告として所有権移転登記を求める訴訟を提起した。
(3) XはYに対して、所有権に基づいて地上建物の収去と土地明渡しを求めようと準備していたところ、Yが死亡しZ1らが相続した。Xは相続人の一部のみを被告として、この訴訟を起こした。

（1）**共有者側原告の事例**　　共有者側原告の事例について、判例は、訴訟物として共有権が主張されているか、共有持分権（民249条・250条）が主張されているかで区別します。事例(1)①は、持分権者単独では処分できない共有権が訴訟物になっているので、固有必要的共同訴訟になります。しかし、事例(1)②は、持分権の範囲内での権利行使を単独ですることができるので、訴訟共同の必要は否定されます（大判大13・5・19民集3巻211頁参照）。

事例(2)はやや複雑です。①の抹消登記請求は、1人でしたことが全員の利益

になる性質のものなので、共有者が1人でもできる保存行為として、訴訟共同の必要が否定されます（最判昭31・5・10民集10巻5号487頁）。②については、土地の返還という行為は性質上の不可分給付を目的とするので不可分債権とされ、共有者の1人が土地全体について履行を請求することができるので、訴訟共同の必要が否定されます（最判昭42・8・25民集21巻7号1740頁参照）。しかし、③は、判例によれば、共有権の主張であるとして固有必要的共同訴訟になるとされています（最判昭46・10・7民集25巻7号885頁⁽³⁾）。

（2）　共有者側被告の事例　　判例は、事例(3)について、被告らが負う所有権に基づく建物収去土地明渡義務を、被告らの被相続人が負担していた1個の給付義務に対応する性質上の不可分債務であると解して、訴訟共同の必要を否定しています（最判昭43・3・15民集22巻3号607頁⁽⁴⁾）。

Ⅱ　同時審判の申出がある共同訴訟

事例27-3
　Xは、Y1の代理人と称するY2との間で動産の売買契約をした。ところが、Y1が、Y2に代理権を与えていないと主張して、目的物の引渡しを拒んだ。そこで、Xは、Y1に対する売買目的物引渡しを求める訴えとY2に対する無権代理人への損害賠償請求の訴えを、同時審判の申出をして併合提起した。

1　意　義
（1）　定　義　　共同訴訟人と相手方との間の実体法上両立しない複数の請求について、控訴審の口頭弁論終結までに原告がした同時審判の申出に基づいて、弁論と裁判の分離を禁止する共同訴訟を同時審判の申出がある共同訴訟といいます。これは、1996年の民事訴訟法改正で導入されたものです⁽⁵⁾。

（2）　趣　旨　　同時審判の申出がある共同訴訟は、合一確定の必要がある必要的共同訴訟ではなく、特殊な形の通常共同訴訟です。事例でこの点を確認すると、代理された本人Y1と（無権）代理人Y2の間には訴訟共同の必要はなく、また、判決の効果が拡張し合う関係もないので、必要的共同訴訟ではあ

りません。そうだとすれば、XのY1に対する請求とY2に対する請求について弁論を分離して、ばらばらに解決してもかまわないはずです（→ Lesson 26 - Ⅱ-1）。

しかし、Xは、Y2の代理権の存否がはっきりしないことを考慮に入れて、代理権が認められれば目的物の引渡を請求し、認められなければ無権代理人に対する損害賠償を請求するというねらいで提訴しているので、弁論が分離されて、いずれの請求についてもXが敗訴してしまうという不都合が生じることは避けたいと思うでしょうし、何よりも統一的な解決を得たいと思うはずです。

そこで、原告の申出があれば、弁論と裁判の分離を禁止して、実体法的に両立しない請求を1つの手続で必ず審判することを保証しようというのが、制度のねらいです。

2　要　件

（1）　**概　説**　　同時審判の申出がある共同訴訟の成立要件は、原告の共同被告一方に対する訴訟の目的である権利と、他方の共同被告に対する訴訟の目的である権利とが法律上並存し得ない関係にあることのほか、原告による同時審判の申出があることです（41条1項）。

この申出には時間的制限があり、控訴審の口頭弁論終結まで可能です（41条2項）。また、申出はそれまでの間は撤回が可能です（規則19条1項）。

（2）　**請求の非両立性**　　同時審判の申出がある共同訴訟の成立要件である、原告の共同訴訟人に対する2つの請求が法律上並存し得ない関係にあることとは、共同訴訟人の相手方に対する2つの請求が実体法的に見て両立しない関係に立つことを意味しています。

この意味での非両立性は、一方の請求が成立するときには他方の請求は成り立たないという関係があれば認めることができます[6]。事例では、XのY1に対する請求権はY2に代理権があることが要件である一方で、Y2に対する請求権はY2に代理権がない場合に成立するものなので[7]、2つの請求は両立することができず、同時審判の申出がある共同訴訟を利用することができます。

3　効　果

（1）**弁論・裁判の分離禁止**　　申出の効果は、弁論および裁判の分離禁止（41条1項）にとどまります。それ以外の点では、通常共同訴訟の審判の原則が適用されます（39条）。

（2）**控訴審での扱い**　　各共同被告に係る控訴事件が同一の控訴裁判所に係属したときは、弁論および裁判は併合されます（41条3項）。つまり、事例でY1への請求が棄却、Y2への請求が認容され、XおよびY2がそれぞれ同じ控訴裁判所へ控訴した場合は、弁論は併合されます。控訴審に事件のすべてが移行したのだから、もう一度審判の統一を保証しようとする趣旨に基づきます。しかし、Xが控訴しなかった場合は、通常共同訴訟であるために、Y1に対する請求についての裁判は確定し、控訴審では審判結果の統一はもはや保証されません。

Ⅲ　主観的追加的併合

1　定　義

　訴訟係属中、当事者（原告または被告）が第三者に対する請求につき追加的に併合審判を求めること、または、第三者が当事者に対する請求につき追加的に併合審判を求めることで事後的に共同訴訟が成立する場合を主観的追加的併合といいます。

　主観的追加的併合が民事訴訟法の明文で認められる場合としては、共同訴訟参加（52条）、参加承継・引受承継（49条・50条・51条）、追加的選定（30条3項・144条）があります。

2　条文がない主観的追加的併合

事例27-4

　XはYに対して不法行為に基づく損害賠償請求訴訟を提起したが、共同不法行為者としてYと連帯して責任を負うべきZに対する請求を追加的に併合することを申し立てた。

事例27−5

　Ｘ１はＹに対して不法行為に基づく損害賠償請求訴訟を提起したが、同じ不法行為で損害を受けたＸ２が、Ｘ１とＹの間の訴訟に自分の請求を追加的に併合することを申し立てた。

　事例27−4は当事者が追加的併合をする場合、事例27−5は第三者から追加的併合をする場合です。これらの事例について、Ｘ１やＸ２の申立てがあれば、裁判所は、原則として弁論を併合（訴訟を併合）して審判を行わなければならないのでしょうか。判例は、事例１で、弁論を併合する義務はないとしています（最判昭62・7・17民集41巻５号1402頁）。事例２も同様になると思われます。

　主観的追加的併合が認められれば、事例27−4・27−5ともに、１回の訴訟で統一的な審判を行うことができます。しかし、併合される側には、今までに得られた訴訟資料を不利に流用される危険性があり、また、裁判所にとっても、併合による訴訟遅延や審理の複雑化などの弊害があり、いずれの事例でもこれらの問題点を軽視することができません。そこで、判例は、弁論を併合するかどうかは、裁判所がその裁量で判断すれば足りるとの立場をとっているのです（→ Lesson 25 -Ⅵ）。

3　固有必要的共同訴訟の補正

事例27−6

　原告が、被告になるべき入会権者をできるだけ特定して入会権不存在確認の訴えを提起したものの、入会権者の一部が被告になっていなかったことが判明した。

事例27−7

　入会地を不法占有する第三者に対して入会権存在確認の訴えを提起したものの、入会権者の一部が原告になっていないことが判明した。

　入会権を訴訟物とする訴訟は、固有必要的共同訴訟なので、事例27−6・27−7ともにこのままでは訴えは却下されます。しかし、せっかく訴訟が開始

しているのだから、却下してやり直させるよりも、事後的にせよ、当事者になるべき者を追加して固有必要的共同訴訟を完成させることが、当事者の提訴権限を保障する上で望ましいと考えられます。そこで、主観的追加的併合の許容性について判例の説に立つとしても、**事例27-6**では原告が脱落している被告に対して訴えを提起し、**事例27-7**では脱落している原告が訴えを提起して、弁論の併合（訴訟の併合）を求めたときは、原則としてこれを認めるべきであると考えられます。

（1）　なお、判例は、基本的に以上の通説と同じ考え方に立つが、管理処分権説だけではその結論を説明することが難しい判例もある。このような判例についても、本書ではファーストステップとしての理解をまず確立するために、管理処分権説をベースにして説明するが、より実質的な理由付けについては、次のステップで深く学習してほしい。

（2）　合有の例として組合の財産関係（民668条・676条）があるが、本書では省略する。

（3）　共有地を要役地とする地役権設定登記請求は固有必要的共同訴訟ではない（最判平7・7・18民集49巻7号2684頁）。

（4）　ただし、この判例は、管理処分権説の説明に加えて、不法占有者の全員を被告にしなければならないとすると訴訟上様々な困難が生じることを指摘し、このことも訴訟共同の必要を否定する理由にしていることに注意が必要である。

（5）　この制度は、いわゆる主観的予備的併合を否定した判例（最判昭43・3・8民集22巻3号551頁）を正面から否定することなく、主観的予備的併合のメリットである実体法と矛盾しない解決が期待できるような制度が導入できないかどうかを検討した結果としてのいわば妥協案として認められたものである。

（6）　一方の請求では請求原因事実となる事実が、他方への請求では抗弁事実になる場合には、この意味での非両立性を認めることができる。次注も参照。

（7）　要件事実論により本文の説明を正確に直すと、次のようになる。事例では、X・Y1の売買目的物引渡請求訴訟の請求原因は、XとY2が売買契約をしたことのほか、その際にY2がY1の代理人であることを示したこと、Y1がY2に売買契約についての代理権を与えたことである（民99条1項）。これに対して、無権代理人Y2への損害賠償請求訴訟では、Y2に代理権がなかったことは請求原因でなく、Y2に代理権を与えたとの事実はY2が証明責任を負う抗弁である（民117条1項）。よって、前注の基準から請求の非両立が導かれる。

Lesson 28　訴訟参加・訴訟承継

Ⅰ　補助参加

1　補助参加とは

（1）**定　義**　　補助参加は、他人間の訴訟の結果について利害関係を有する第三者が、当事者の一方を勝訴させることで自己の利益を守るために訴訟に参加することをいいます（42条）。

　他人間の訴訟に補助参加する第三者を補助参加人、参加される側の当事者の一方を被参加人といいます。

（2）**目　的**　　補助参加は、被参加人に助太刀して、なしうる訴訟行為を行って勝訴させ、その結果として自分の利益を守ること、つまり、被参加人の敗訴により補助参加人自身の利益が損なわれることを防止することを目的とするものです。

　例えば、債権者・保証人間の保証債務履行請求訴訟で主債務者が保証人側に補助参加することが認められていますが、この例では、保証人が敗訴すると、主債務者は保証人から求償請求（民459条1項）を受けるという不利益を負う危険があります。したがって、主債務者には、保証人に助太刀して勝訴させることに重大な利益があるわけです。

　また、債権者・主債務者間の貸金返還請求訴訟にその保証人が補助参加することも認められています。この例で、貸金返還請求の訴えを棄却に追い込めば、債権者が保証人に対して第2の訴えを起こすおそれが事実上なくなるので、このような意味でも、補助参加をすることにはメリットがあると考えることができます。

2　補助参加の手続

（1）**参加の申出**　　補助参加は、他人間の訴訟に参加する旨の書面または口頭による申出を必要とします（43条1項）。補助参加の申出は訴えではないので、補助参加人は請求（訴訟物）を立てません。補助参加の申出には時間的制

限はありません。なお、補助参加の申出は、参加すべき訴訟およびどの当事者側に参加するのかを特定して行います。

（２）　他人間の訴訟の係属　　補助参加は、現実に係属している他人間の訴訟で行われるのが通常ですが、42条の文言からは、他人間の訴訟の係属は要件ではありません。したがって、判決確定後に、補助参加の申出と同時に再審の訴えを起こすことも可能です（45条１項の文言を参照）。

3　補助参加の利益

（１）　意　義　　補助参加をするためには、その制度目的上、補助参加によって守るべき利益が補助参加人について存在しなければなりません。これを補助参加の利益といい、42条によれば、「訴訟の結果について利害関係を有すること」と定義されています。

補助参加の申出があると、当事者からはそれに対する異議が述べられることがあり、そのときは、補助参加を許すかどうかを決める裁判が行われます（44条１項）。この裁判では、申出人は補助参加の利益があることを疎明しなければならず、利益があると認められれば、当事者が異議を述べても補助参加が認められます。[(1)]当事者の意思に反してでも他人の訴訟に介入することができるのだから、補助参加人には、それだけの保護に値する利益が必要だということです。

（２）　問題となる事例

事例28-1
　債権者が、保証人を被告にして保証債務履行請求の訴えを起こしている。この訴訟に、保証の目的となっている金銭消費貸借契約に基づく貸金返還請求権の主債務者が補助参加を申し出た。

事例28-2
　債権者が、主債務者を被告にして貸金返還請求の訴えを起こしている。この訴訟にその保証人が補助参加を申し出た。

事例28-3
　被告会社製造の医薬品の副作用による被害者数百人の一部が、不法行為

に基づく損害賠償請求の訴えを起こしている。この訴訟に他の被害者が補助参加を申し出た。

事例28-4
　債権者が、債務者を被告にして貸金返還請求の訴えを起こしている。この訴訟に同じ債務者に対する他の一般債権者が補助参加を申し出た。

事例28-5
　交通事故損害賠償訴訟の被告になっている息子を被参加人として、その父親が補助参加を申し出た。

（3）　**法的な利害関係**　　補助参加は、補助参加人の利益を守る制度です。そして、この利益は、法的な利益であることを必要とします。これを、42条の文言で表現しなおすと、訴訟の結果について補助参加人が有する「利害関係」は法的な利害関係であることを要するのです。

　事例28-1では、債務者が求償請求を受けないこと、**事例28-2**では、保証人が第2の請求を受けないこと、**事例28-3**では、被害者が同様の請求を行うことができることについて、それぞれ係属中の訴訟との関係で、法的な意味の利害関係が認められます。これに対して、**事例28-5**では、自分の子供が責任追及されるのがかわいそうだという感情的な利害関係しか認められないので、これでは、補助参加の利益を基礎付けることはできません。**事例28-4**で一般債権者は、被告が敗訴すると弁済が強制され、それによって被告の責任財産が減少することに利害関係を持っていますが、これは、経済的な利害関係であり、法的な利害関係ではないと解されています。

（4）　**事実上の不利な影響力**　　補助参加は、被参加人が敗訴することにより、補助参加人が不利益を負うことを防止することを目的とするものです。では、被参加人が敗訴すると、補助参加人はどのような意味での不利益を負うことになるのか、言い換えれば、どの程度の不利益が予想されれば、補助参加の利益が認められるのでしょうか。

　まず、被参加人敗訴の判決の既判力が補助参加人に及ぶことは、補助参加の必要条件ではありません。したがって、補助参加人に既判力が及ばなくても、補助参加の利益を基礎付けることは可能だとされます。しかし、既判力が及ば

ないのに不利益を受けることがあるのでしょうか。この点について、通説は、参加人を当事者とする将来の訴訟で、被参加人敗訴という結果が証拠として参照され、それが事実上不利な影響を与える関係があればよいと考えています。

事例28-1では、保証人が敗訴すると、債務者は第2の求償請求訴訟で保証人敗訴の判断を事実上不利に参照される危険があります。事例28-2では、主債務者が敗訴すると、保証人が第2の保証債務履行請求で主債務の存在を争うことは困難です。事例28-3では、例えば被告会社の責任を否定する判決があると、被害者が同様の請求を行うときに、別な裁判所で被害者が敗訴したとの事実が一定の重みを持つ可能性があります。ただし、事例28-1・28-2では、被参加人が敗訴すると補助参加人も敗訴する危険が大きいということができますが、事例28-3ではこの点はかなり微妙です。

（5）「訴訟の結果」についての利害関係　　補助参加の利益は、42条によれば、「訴訟の結果」についての利害関係のことです。では、この「訴訟の結果」とは、どのような意味でしょうか。

通説は、「訴訟の結果」とは、判決主文に示される訴訟物についての勝敗の結果に限られ、その判断についての直接的な利害関係が補助参加の利益を基礎付けるとします（訴訟物限定説）。そして、主文に示される訴訟物の判断について直接の利害関係があるかどうかは、補助参加人の法律上の地位が訴訟物である権利義務関係の存否を論理的前提としているかどうかという判断基準によって決定するとしています。[(2)]

事例28-1では、求償請求を受けるという債務者の法的地位は、保証債務履行請求権という訴訟物の存否を論理的前提としているので、補助参加の利益は肯定されます。事例28-2では、保証債務の附従性により、保証人の法的地位は訴訟物である主債務の存否を論理的前提としているので、補助参加の利益はやはり肯定されます。

これに対して、事例28-3では、不法行為による損害賠償請求権の成否は被害者ごとに決まるものなので、被害者の一部の請求が肯定または否定されることが、他の被害者の請求を肯定または否定することの論理的前提にはならないので、補助参加の利益は否定されます。[(3)]

4　補助参加人の訴訟上の地位

（1）　**補助参加人の独立性と従属性**　　補助参加人は当事者ではありません
が、自らの利益を守るために、自分の名と費用負担の下に参加する以上、独自
の訴訟上の権能を持っています。このことは、45条1項本文や同条3項で示さ
れています。

その一方で、補助参加人は当事者ではなく、他人である被参加人に従属して
訴訟活動を行うことができるにすぎません。つまり、補助参加人は、被参加人
の訴訟行為を妨害することができません。このことは、45条1項ただし書きや
同条2項で示されています。

（2）　**補助参加人の独立性**　　補助参加人は、自らの利益を確保するため
に、独自の立場から攻撃防御方法の提出、異議申立て、上訴、再審など一切の
訴訟行為ができるのが原則です（45条1項本文）。したがって、補助参加人に対
して訴訟行為の機会を与えるために、被参加人とは別に期日の呼び出し、送達
が行われなければなりません。また、補助参加人が訴訟費用を負担することも
あります（66条）。さらに、補助参加人も訴訟記録を閲覧することができます
（45条5項）。

（3）　**補助参加人の従属性**

（a）　補助参加の時を基準にして被参加人がなしえない行為は、補助参加人
もなしえないとされています（45条1項ただし書き）。被告である被参加人が請
求原因の一部を認めこれを撤回できなくなった後で参加した補助参加人は、こ
の自白を撤回することができません。また、時機に後れた攻撃防御方法の提出
（157条1項）かどうかは、被参加人を基準に判断します。

（b）　補助参加人の訴訟行為が、被参加人の訴訟行為と抵触するときは、無
効とされます（45条2項）。被告である被参加人が請求原因事実の一部を認めた
一方で、補助参加人は同じ事実関係を争った場合のように、両者が積極的に抵
触するときは、この事実は否認されたとみなすことはできません。

（c）　補助参加人は、当事者と同じ地位を持たないことから、訴訟の枠組み
を変更、処分する行為（訴えの取下げ、訴えの変更、反訴、請求の放棄・認諾、和
解、上訴取下げ）のほか、裁判上の自白のような被参加人に不利な行為はでき
ないとされています。明確な条文の根拠はありませんが、補助参加人の性質か

ら解釈上そのように考えられています。

5　参加的効力

事例28 - 6

　Xは、Yを被告として保証債務履行請求訴訟を起こし、主債務者AがYに補助参加して主債務の発生原因事実がないと争ったが、請求認容判決がされた。この判決確定後、Yが保証債務を履行し、Aを被告として求償請求の訴訟を提起した。Aは、主債務の発生原因事実の不存在を改めて主張して、求償義務の存在を争った。

（1）　**参加的効力の必要性**　　事例におけるAの態度は、保証債務履行請求訴訟で助太刀をしたけれども、その主張、立証が失敗したことを棚に上げて、あらためて責任を逃れようとするものなので、認めることはできません。

　では、どのような根拠で、Aの主張、立証を遮断することになるのでしょうか。まず、既判力は利用することができません。なぜならば、保証債務履行請求訴訟の判決に認められる既判力が主債務者に拡張するとの規定はどこにもなく（115条1項→Lesson22）、解釈上もそのような拡張を認める立場はないからです。また、信義則による主張の遮断（→Lesson23 - Ⅳ）では個別的な解決にとどまり、十分ではありません。

　そこで、46条は、「補助参加に係る訴訟の裁判は、（中略）補助参加人に対してもその効力を有する。」と定めて、事例のような場合を一般的に解決しています。この効力を参加的効力といいます。事例の解決は、（3）を見てください。

（2）　**参加的効力の内容**　　補助参加人が受ける参加的効力について、通説・判例（最判昭45・10・22民集24巻11号1583頁）は、補助参加人と被参加人とが共同戦線を樹立して戦ったけれども相手方に敗れた場合、敗訴した責任を共同して負担するべきだという趣旨から認められたものであるとします。

　通説・判例は、このような制度趣旨から、次のような帰結を導いています。

①この効果は、被参加人敗訴の場合にのみ生じる。

②この効果は、被参加人と参加人との間でのみ及ぶ。[4]

③この効果は、被参加人が参加人に敗訴の責任を負担させることができない場合には生じない（46条1―4号）（→（4））。

④この効果は、被参加人と参加人との間での後日の争いにとって決定的な部分に生じるものであり、主文の判断だけでなく、事実認定を含む理由中の判断にも生じる。

⑤この効果は、被参加人が援用した場合にのみ作用する。

　以上のような帰結からすると、この効果を既判力であると位置付けることはできず、参加的効力という特殊な効力であると位置付けることになります。

（3）　**事例の解決**　　事例では、被参加人Ｙが敗訴し、被参加人Ｙと補助参加人Ａとの間で第2の訴訟が起きているので、参加的効力が生じます（①・②）。また、保証債務履行請求権を認める判決の理由で、その請求原因となる主債務の発生原因事実（例えば金銭消費貸借契約）が認められると判断されており、このことは求償請求訴訟でも決定的な争点となるので、Ｙが参加的効力を援用すると（⑤）、この判決理由をＡが争うことはできません（④）。

（4）　**参加的効力の除外事由**　　参加的効力は、補助参加人と被参加人とが敗訴の結果責任を共同して負担するべきであるとの趣旨に基づくものなので、共同して負担することを正当化できない事情があったときは、参加的効力は生じません（③）。事例で、Ａは主債務の発生原因について争うつもりであったが、参加の時点でＹが自白していた場合（1号）、Ａが争ったがＹは自白した場合（2号）、Ａが主債務弁済の証拠申出をしたが、Ｙがそれを撤回したとき（3号）、ＹがＡの知らない重要証拠を持っているのにそれを提出しなかった場合（4号）には、参加的効力は生じません。

Ⅱ　訴訟告知

事例28-7

　ＸはＡとの間で500万円を弁済期1年後の約定で貸し付ける金銭消費貸借契約を行い、この債務を目的とする保証契約を書面によりＹとの間で行った。弁済期の経過後も債務の履行がないので、ＸはＹを被告として保証債務履行請求の訴えを提起した。ＹはＡに対して訴訟告知を行った。

1　訴訟告知とは

（1）**定　義**　訴訟係属中に、当事者から参加することができる第三者に対して、法定の方式に従って訴訟係属の事実を告知することを訴訟告知といいます（53条）。

（2）**目　的**　訴訟告知は、補助参加その他の訴訟参加が可能な第三者に対して、その訴訟に参加するように促すことを目的として、訴訟係属があることを通知するものです。この通知は、単なるお知らせではなく、仮に訴訟告知を受けた者（被告知者）が参加せず、訴訟告知者が敗訴した場合には、敗訴の責任を参加的効力によって負担させることができる（53条4項・46条）ところにねらいがあります（告知者のための告知）。

民事訴訟法以外の法律でも、第三者に対する訴訟告知が認められています（民423条の6、会社849条4項）。そこでは、参加する機会を第三者に与えることで第三者の手続保障を確保することに主要な目的があります。

2　要　件

（1）**告知の時期**　訴訟告知は、訴訟係属中に行われるものです（53条1項）。手続については、53条3項、規則22条1項・3項を参照して下さい。

（2）**告知者**　訴訟告知をすることができる者は、原告および被告ですが、補助参加人もすることができます。また、被告知者が第三者に対してさらに訴訟告知をすることもできます（53条2項）。

（3）**被告知者**　訴訟告知は、当該訴訟に参加できる第三者を相手方とします。ここで参加とは、通常は補助参加（42条）を意味しますが、それに限られず、独立当事者参加（47条）、共同訴訟参加（52条）も含まれます。事例で、主債務者Aは保証債務履行請求訴訟において補助参加の利益があるので（→Ⅰ−3）、被告知者の資格が認められます。

3　訴訟告知の効果

（1）**訴訟参加の機会付与**　訴訟告知により、被告知者に参加の機会が与えられます。しかし、この機会を現実に利用して参加するかどうかは、被告知者の判断に委ねられます。

（2）　**訴訟参加しないときの効果**　　被告知者が参加しない場合、参加することができた時点で参加したとみなされて（53条4項）、参加的効力（46条）を受けます。

　事例でAが補助参加をせず、Yが敗訴したときは、参加的効力がA・Y間に生じます。その内容は、I-5で説明したとおりです。

（3）　**訴訟告知に基づく参加的効力の要件**　　訴訟告知に基づく参加的効力は、告知者が敗訴した場合に生じるものですが、この効果が生じるためには、被告知者には、訴訟告知者に補助参加するための要件である補助参加の利益が必要であると考えられています（最判平14・1・22判時1776号67頁参照）。というのも、補助参加の利益が認められない場合、被告知者が補助参加することは期待できないので、それにもかかわらず、敗訴の結果を押し付けるのは適切ではないからです。これに対して、参加の利益があるのに参加しなかったときは、敗訴の責任を共同して負うことが公平だといえます。

　事例では、主債務者Aは保証人Yを勝訴させることについて参加の利益があるので、参加的効力を発生させるための条件は備わっています。よって、Aが参加しなかったときは、訴訟告知に基づく参加的効力をAに及ぼすことができます。

Ⅲ　独立当事者参加

事例28-8
　債権者Xが保証人Yを被告として保証債務履行請求の本訴を起こしたが、Yは、主債務の消滅原因を主張せず、請求原因をすべて自白する危険が大きい。このような状況のもとで、主債務者Zが、Xに対して債務不存在確認の請求を立てて独立当事者参加を申し出た。

事例28-9
　XがYを被告として土地所有権確認の本訴を提起している場合に、Zが、XおよびY双方に対して土地所有権確認請求を立てて独立当事者参加を申し出た。

1　独立当事者参加とは

（1）**定　義**　第三者が、係属中の訴訟の原告および被告の双方、または一方のみに対してそれぞれ請求を立てて、同一手続で矛盾のない審判を求める参加形式を独立当事者参加といいます（47条）。独立当事者参加には、詐害防止参加（47条1項前段）と権利主張参加（47条1項後段）の2つがあります。なお、参加先となる係属中の訴訟を本訴といいます。

（2）**詐害防止参加**　詐害防止参加は、本訴の当事者がなれあってまじめに訴訟を行わず、その結果例えば被告が敗訴する危険があるときに、その訴訟によって不利益を受ける第三者が、当事者によるなれあいの訴訟追行を防止し、当事者を牽制するために参加するものです。**事例28 - 8**はこれに該当します。

詐害防止参加は、補助参加（→I）と共通する面がありますが、補助参加とは異なり、当事者として訴訟追行をすることができ、本訴の当事者が自分に不利益を与える訴訟行為をすることを妨げることができる点で独自の意義を持っています。

（3）**権利主張参加**　権利主張参加は、訴訟の目的（＝訴訟物または係争物そのもの）の全部または一部が自己の権利であることを主張して、他人間の訴訟に当事者として参加し、本訴当事者間の訴訟追行を牽制しつつ、自らの権利を積極的に主張し、一挙的な紛争解決を図ることを目的とするものです。**事例28 - 9**はこれに該当します。

権利主張参加の目的について、伝統的な見解は、47条4項が合一確定のための40条1項から3項を準用していることに基づいて、三者間の紛争について統一的な判断による一挙的な解決を得る点に求めています。

2　詐害防止参加の要件

詐害防止参加の要件は、条文によれば、第三者が「訴訟の結果によって権利が害されること」となっています。この要件について、多数説は、当事者が第三者を害する意思を有している場合に、当事者の訴訟追行を牽制することがこの制度の目的であるとして、当事者が第三者を害する意思があること（詐害の意思）を意味するとしています。当事者が、なしうるはずの主張立証を怠る、

欠席する、自白や放棄・認諾をするといったいわば消極的な訴訟活動をしている場合には、詐害の意思があると見られても仕方がないと考えられます（最判昭42・2・23民集21巻1号169頁参照）。**事例28−8**では、本訴当事者に詐害の意思を認めることができます。

3　権利主張参加の要件

（1）　請求の非両立関係　　権利主張参加は、参加人が、本訴当事者間の訴訟追行を牽制しつつ、自分の権利を積極的に主張して保護を求める制度です。そこで、この制度を利用するためには、当事者間で争われている権利関係が実は参加人に帰属するとか、参加人が当事者に優先する地位を有するといったように、本訴請求を排斥して参加人自身の権利の貫徹を要求する主張が立てられていなければならないのです。

　一般に、このことを公式化して、参加人の請求と本訴請求との間に論理的な非両立関係がある場合に限り、権利主張参加が許されると説明します。反対に、参加人が本訴請求と両立する請求を立てた場合は、この制度を利用する利益が認められません。

（2）　具体例　　**事例28−9**では、土地の所有権は誰か1人に帰属するものなので、Xの請求とZの請求とが同時に認容されることは論理的に不可能です。よって、参加人の請求と本訴請求との間に論理的な非両立関係があるので、権利主張参加の要件が認められます。[5]

4　片面的参加

　かつては、「独立当事者参加＝三面訴訟」との理解（最大判昭42・9・27民集21巻7号1925頁参照）のもとに、三者間の対立関係に基づく三面的な訴訟でなければ独立当事者参加とはいえないと考えられてきました。しかし、あえて請求を立てる必要がない当事者間でも請求を立てることは形式的すぎることから、現行法の47条1項は、「当事者の双方又は一方を相手方として」という文言を採用することで、当事者の一方のみに対して請求を立てる独立当事者参加を許すことを明確にしました。**事例28−8**のように、一方のみに請求を立てる場合を片面的参加といいます。

5 独立当事者参加の審判形式

（1） **合一確定の必要** 独立当事者参加がされた訴訟では、本訴請求と参加人の請求について矛盾のない解決が必要となります。民事訴訟法は、この目的を達成するために、合一確定に関する必要的共同訴訟の規定（40条1項から3項）を準用するという方法を用いています（47条4項）。必要的共同訴訟における合一確定は、共同訴訟人相互で判断が統一されることを意味します。しかし、独立当事者参加では、参加人の請求に対する判断と本訴請求に対する判断との間に論理的な矛盾が生じてはならないことを意味しますので、そのように読み替えなければなりません。

（a） **本訴当事者間の訴訟行為の効力** 参加人を排除して本訴当事者間だけでいわば取引をすることは制度目的に反するので、許されません。例えば、本訴原告が本訴被告主張の事実について自白することは、参加人がその事実を争う限り、40条1項の不利な行為として、全員について効力が生じないと扱われます。本訴当事者が請求の放棄・認諾をすることも同様です。本訴当事者間で訴訟上の和解をすることも不利な行為とされています（仙台高判昭55・5・30下民集33巻9＝12号1546頁など）。

これに対して、本訴原告が本訴被告主張の事実を争うことは、他の当事者に有利な行為となるので、1人がしたことが全員のために効力を有します。なお、本訴原告は訴えを取り下げることができますが、被告のほか参加人の同意を要します（最判昭60・3・15判時1168号66頁）。

（b） **相手方の訴訟行為** 40条2項の準用があるので、被告が欠席した場合に、原告が参加人に対してした主張は、被告に対する関係でも効力を有します。

（c） **手続進行の統一** 当事者または参加人の1人が死亡した場合（124条1項1号）は、40条3項の準用により、手続は全体として中断します。また、すべての当事者について共通の期日が指定されます。

（2） **判決** 独立当事者参加では、参加人の請求に対する判断と本訴請求に対する判断との間に論理的な矛盾が生じてはならないので、弁論の分離や一部判決はできません。

また、終局判決は論理的に矛盾のないものであることを要します。**事例**

28 - 9 では、XのYに対する請求を認容するときは、Zの請求は2つとも棄却されなければならず、XのYに対する請求を棄却するときは、Zの請求は2つとも認容されます。

6 手　続

　独立当事者参加の申出には、補助参加の申出の規定（43条）が準用されています（47条4項）。しかし、独立当事者参加は、本訴当事者に対して請求を立てる形となるので、その申出は、訴えの提起と実質的に同じです。なお、補助参加の申出とは異なり、申出に対して異議を述べることはできません。

　2・3で説明した詐害防止参加または権利主張参加の要件は、職権調査事項です。要件を欠く独立当事者参加の申出は、併合して審理するための要件が欠けるだけなので、別の独立した訴えとして扱われます。

7 　訴訟からの脱退

事例28 - 10
　Xは、Yを被告として所有権に基づく家屋明渡請求訴訟を提起したところ、Zがこの家屋の所有権を主張して、Xには所有権確認、Yには所有権に基づく家屋明渡請求を立てて独立当事者参加をした。Yは、自分が返還義務を負うことを争っても仕方がないと判断して、XとZのどちらに返還したらいいかは2人で争ってほしいと思い、訴訟から脱退した

　事例のように、独立当事者参加が行われた後に、本訴当事者の一方が訴訟から外れたいという意思を示すことがあります。このようなYの訴訟行為を訴訟脱退といいます。

　訴訟脱退（48条前段）は、脱退者の請求または脱退者に対する請求について訴訟係属を消滅させる行為であり、訴えの取下げ（261条）と似ています。しかし、脱退者がそれ以前にした訴訟行為の効力は残りの当事者と参加人の訴訟でも維持されること、残りの当事者と参加人の訴訟でされた確定判決の効果が脱退者に対しても及ぶこと（48条後段）から、訴えの取下げとは別の、特殊な行為ということができます。

事例で、残されたＺのＸに対する請求が認容されると、ＺがＸとの関係では家屋所有者であることについて既判力が生じますが、脱退したＹに対しても判決の効果が及びます。Ｙに対する判決の効果について、通説は、Ｙに執行力が及び、Ｚが勝訴判決に基づいてＹに対する家屋明渡しの強制執行を申し立てることができると説明しています。⁽⁶⁾

Ⅳ　参加承継・引受承継

1　訴訟の承継

（1）　2つの種類　　訴訟の承継とは、訴訟係属中に係争物の譲渡や当事者の死亡などを原因として実体関係が変動した場合、それに応じて当事者が従来の訴訟関係を引き継ぐ仕組みの総称です。

　これには、当然承継のほか、参加承継および引受承継の2種類があります。

（2）　当然承継　　当然承継とは、当事者の死亡、法人の合併による消滅など一定の場合（124条1項1号・2号・4号・5号・6号、125条）に、新しい当事者が、申立てなどによる承継の手続なしに、当然に従来の当事者の地位を承継することをいいます。

　民事訴訟法には、当然承継についての条文はありません。当然承継は、条文上は124条・125条が定める手続の中断・受継の問題となるので、当事者が死亡したときは（124条1項1号）、相続人その他当事者の地位を引き継ぐ者が、従来からの手続を受継します（→Lesson5‐Ⅱ）。しかし、論理的には、当事者の地位の当然承継が先行し、中断・受継によって新しい当事者が現実に訴訟に登場するという流れになります。

（3）　参加承継・引受承継　　これは、当然承継の原因以外の承継原因があるときに、新たに紛争の主体となった当事者が訴訟参加の申出をするか、この者に対する相手方当事者からの訴訟引受の申立てにより、訴訟の承継が行われる場合です（49条・50条・51条）。

2 参加承継と引受承継

事例28-11
(1) XのYに対する売買代金支払請求訴訟の係属中、Xが、Zに訴訟物である売買代金債権を譲渡した。
(2) XのYに対する売買代金支払請求訴訟の係属中、Zが、Yの売買代金債務について免責的債務引受をした。

以上の事例で、Zはどのような手続によって訴訟当事者となることができるかを扱うのが、参加承継です。また、同じ例で、XまたはYはどのようにすればZを被告とすることができるかを問題とするのが、引受承継です。

（1）**参加承継** 事例(1)で、Zは、訴訟の目的である権利の譲受けを主張し、独立当事者参加の方式によって、当事者としてXY間の訴訟に参加することができます。これは49条が定める参加承継です。また、事例(2)では、Zは、訴訟の目的である義務の承継を主張し、同様の方式によって訴訟に参加することができます。これは、51条前段が定める参加承継です。

（2）**引受承継** 事例(2)で、義務を承継したZが参加しないことがありえます。この場合は、Xからの申立てにより、Zに訴訟を引き受けさせることができます。これは、50条が定める引受承継です。また、事例(1)で、権利を譲り受けたZが参加しないことがありえます。この場合は、YからZに対して訴訟を引き受けさせる旨の申立てができます。これは、51条後段が定める引受承継です。

（3）**まとめ** 以上をまとめると、参加承継（49条・51条前段）とは、承継人側が積極的に訴訟に加入する場合をいい、引受承継（50条・51条後段）とは、承継人を相手方当事者が引き込む場合をいうことがわかります。事例(1)で債権者Zが参加しないときは、引受けを申立てることができますし、事例(2)では、債務者Zが参加することもできるのです。参加＝権利者側の承継、引受け＝義務者側の承継であると誤解しないように注意してください。

3 参加・引受承継の存在意義
（1）**存在意義** 参加・引受承継は、承継人が別に訴えを提起し、あるい

は、承継人に対して新たに訴えを提起して最初から審理をし直すよりも、今までの当事者間の訴訟で形成されてきた訴訟状態を承継人に承継させることで、今までの訴訟で得られた訴訟資料を前提として承継人に対する審理を続行したほうが、相手方当事者と承継人との間の公平を確保することができるとして認められた制度です。

（2）　**訴訟状態とは**　　ここで、訴訟状態とは聞きなれない概念ですが、訴訟は訴え提起から判決に至るまで段階的に発展するものと考え、それまでの段階で得られた訴訟の結果全体（勝訴の見込みと敗訴の見込みとが交錯する浮動的な状態）のことを訴訟状態と表現します。あるいは、従来の当事者の訴訟活動によって形成された訴訟の結果（45条1項ただし書きの「訴訟の程度」はこのような意味です）と表現してもかまわないでしょう。

（3）　**訴訟状態の引受義務**　　以上をまとめると、旧当事者間の訴訟で形成されてきた訴訟状態を承継人にも引き継がせることに、この制度の最大のメリットがあります。例えば、自白の効果は承継人にも及びますし、攻撃防御方法提出時期の制限は旧当事者を基準に決定されます。

　承継人は、今までの訴訟にまったく関与していないし、そのような訴訟が係属中とは知らなかったはずです。それにもかかわらず、旧当事者間での今までの訴訟の結果に拘束されるのは気の毒な感じがします。しかし、そのように考えないと、訴訟承継制度の存在意義がなくなってしまうので、基本的にはやむをえないとされています。

　このように、旧当事者間の訴訟で形成された訴訟状態を承継人が引き継ぐことを、訴訟状態の引受義務といいます。

4　承継の原因

（1）　**訴訟物である権利義務関係の承継**　　49条から51条の規定によれば、参加承継・引受承継は、訴訟の目的である権利または義務の全部または一部の承継があったことをその原因とします。訴訟物である権利義務関係の承継があれば、この意味での承継の原因が認められます。

　事例(1)では、債権譲渡（民466条1項）によって、売買代金債権は同一性を保ってXからZに移転します。事例(2)では、免責的債務引受により、ZはYが

負担する債務と同一内容の債務を負担し、Ｙは債務を免れます（民472条1項）。よって、いずれについても承継があったと解されます。

（2）　紛争主体の地位の承継

> **事例28-12**
>
> 　Ｘは、その所有する土地をＹに対して賃貸し、Ｙはその土地上に建物を所有していた。その後、Ｘは、Ｙを被告として賃貸借契約終了を原因とする建物収去土地明渡しを求める訴えを提起した。この訴訟でＸは、本件賃貸借契約では、建物の増築を禁止しこれに反したときはいつでも解除できることが定められていたところ、Ｙは、無断で建物を増築したので契約を解除したと主張した。この訴訟の係属中、ＹはＺに本件建物を賃貸し占有を移転した。そこで、ＸからＺに対する訴訟引受の申立てがされた。

　この事例で、ＹからＺの間で引受承継の原因があるといえるのでしょうか。ＸＹ間の訴訟の訴訟物は、賃貸借契約の終了を理由とする（建物収去）土地明渡請求権ですが、ＸＺ間の訴訟の訴訟物は、土地の所有権にもとづく物権的請求権としての建物退去（土地明渡）請求権です。両者は別々に成立するものであって、訴訟物の承継があったとはいえません。

　しかし、判例（最判昭41・3・22民集20巻3号484頁）は、訴訟物自体の承継がなくても、「紛争の主体たる地位の移転」があったことで、前主と相手方の請求に関する紛争が承継人と相手方との間の紛争に形を変えて移行したといえるときは、承継の原因があると解しています。なぜなら、このような場合でも、3（1）で説明した参加・引受承継の制度趣旨が当てはまると考えられるからです。

　そこで、この基準をあてはめると、土地賃借人Ｙが土地賃貸人Ｘに対して負担する本件建物の収去義務は、本件建物からの退去義務を包含するといえることから、ＺがＹから建物と土地の占有を承継することによって、ＺらのＸに対する退去義務の存否に関する紛争がＸとＺらの間に移行し、Ｚらは、この紛争の主体たる地位をＹから承継したと説明することができます。また、Ｚの占有の適法性やＺのＸに対する退去義務の存否は、土地賃貸借契約が終了していないとするＹの主張、立証をベースにしているとともに、Ｘ側の反対の主張、立

証によって否定されうる関係にあるのが通常なので、従前得られた訴訟資料を前提としてＺに対する審理を続行することには意味があり、参加・引受承継の制度趣旨とも合致します。

5　承継の手続

（1）　**時期的制限**　　参加・引受承継は、新しい請求が審判の対象となることから、事実審口頭弁論終結前まで可能です。

（2）　**方　式**　　参加承継は、権利主張参加（47条）の形式により行われます。引受承継は、承継があった当事者の相手方から引受申立てを行い、裁判所はその許否を決定により裁判します（規則21条、50条）。

6　承継後の審判

（1）　**参加承継の場合**　　参加承継は、独立当事者参加の形態を利用するので、必要的共同訴訟の審判に準じ（49条・51条前段・47条4項・40条1項から3項）、合一確定が保証されます。

（2）　**引受承継の場合**　　引受承継には、合一確定を保証する規定の準用はありません。しかし、引受申立人が、前の当事者および承継人の双方に対して敗訴することを避ける必要があるので、同時審判の申出がある共同訴訟の規定が準用されます（50条3項・51条後段・41条）。

（1）　当事者から異議が述べられなければ、補助参加の利益の有無は審査されないので、このときは、客観的に見て補助参加の利益がなくても補助参加が認められる。

（2）　判例がこの見解に立つのかは、明確でない。限定説とみられるのが、大決昭7・2・12民集11巻119頁、最決平13・2・22判時1745号144頁など。限定説とは言いにくいのが、大決昭8・9・9民集12巻2294頁、最判昭51・3・30判時814号112頁など。

（3）　これに対して有力説は、その訴訟の主要な争点についての判断を前提にして参加人の権利義務その他法的地位が決められる関係にあれば、補助参加の利益は認められるとする（訴訟物非限定説）。訴訟物限定説は、判決理由中の判断が補助参加人を当事者とする将来の訴訟で不利な影響を与える関係も「訴訟の結果」についての利害関係になるとする学説であり、この説では、事例3でも補助参加の利益が認められる。

（4）　通説では、参加的効力は補助参加人と被参加人の敗訴責任の共同分担のための制度となるので、相手方当事者と補助参加人との間では生じない。しかし、補助参加人は、相手方当事者との関係においても判決内容の形成に参加したことから、相手方当事者と補助参加人の間についても、理由中の判断につき一定の拘束力を及ぼすべきであるとの見解がある。信義則

の適用で同じ結論を認めようとする立場もある。

（5）　権利主張参加の要件を欠くとされた例として、最判平6・9・27判時1513号111頁がある。また、不動産が二重譲渡されたが買主がいずれも登記を得ていない場合に、買主の一方Xが売主Yに提起した所有権移転登記請求訴訟について他の買主ZがXには所有権確認、Yには移転登記請求を立てて権利主張参加することができるかが論じられている。通説は、ZにはＸＹの訴訟を牽制する利益があるとするが、ＸとＺの請求は論理的に両立するとの批判も有力である。

（6）　通説は、脱退とは、自らは訴訟から退いて、参加人と相手方との訴訟の結果に自らの立場を委ね、参加人が勝訴すれば自分に対する参加人の請求を認諾する、相手方が勝訴すれば脱退者が原告ならば相手方への請求を放棄する、被告ならば相手方からの請求を認諾することを予告的に陳述するものであるとしている。しかし、この解釈では判決の効果が生じない空白が生まれること、条文の表現と合わないことなどの問題がある。

Lesson 29　上訴と再審

I　概　説

1　定　義
　上訴とは、裁判の確定前の段階で、その取消しや変更を上級の裁判所に求める通常の不服申立ての方法です。この意味での上訴といえるのは、判決に対する不服申立てである控訴（281条）および上告（311条）、決定・命令に対する不服申立てである抗告（328条）および再抗告（330条）です。なお、Ⅱ-3-（1）も見てください。

　上訴には該当しない特別（非常）の不服申立てとして、①確定裁判の取消しを求める再審（338条）と準再審（349条）、②憲法違反を主張する特別上告（327条・380条2項）と特別抗告（336条）があります。

2　違式の裁判
　（1）　**判決事項を決定で裁判した場合の上訴**　　訴えに対する判断は判決で示され（243条）、判決には控訴・上告という上訴が認められています（281条1項・311条1項）。他方で、決定に対する上訴は抗告です（328条）。では、地方裁判所が、訴えを判決ではなく決定によって棄却した場合の上訴方法はどうなるのでしょうか。これを違式の裁判といい、この決定に対しては抗告することができます（328条2項）。当事者は、裁判の実質ではなく、形式を基準にして上訴の種類を判断すればよいのです。

　（2）　**決定事項を判決で裁判した場合の上訴**　　例えば、補助参加の申立てを条文（44条1項）に反して、決定ではなく判決で却下した場合、この判決に対して控訴できるでしょうか。条文はありませんが、これも（1）と同じで、控訴ができます。

Ⅱ　上訴要件、上訴の効果

1　上訴の構造

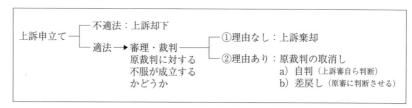

2　上訴要件

上訴を適法に提起するための要件は、次のようにまとめられます。

(1)　上訴の対象が不服申立ての許される裁判であること（281条1項・311条1項・328条1項）

(2)　適式な上訴であること（286条・314条・331条）

(3)　上訴期間を徒過していないこと（285条・313条・332条）

(4)　不服の利益があること→Ⅱ－4

(5)　不上訴の合意や上訴権放棄がないこと（284条・313条）

3　上訴提起の効果

（1）　確定遮断効と移審効　　上訴の効果は、確定遮断効と移審効の2つです。確定遮断効とは、上訴が適法に提起されると原判決の確定が遮断され、形式的確定力（→Lesson 20 -Ⅲ-2）の発生が妨げられることをいいます（116条2項参照）。

移審効とは、上訴が適法に提起されることで、その事件が上訴審に係属することをいいます。上訴状は原審裁判所に提出することになっており（286条1項・314条1項・318条5項・331条）、必要な審査を経て事件が上訴審に送付されます（規則174条・197条・199条2項・206条参照）。

確定遮断効と移審効があることは、上訴の特徴であるとされています。例えば、手形小切手訴訟の判決に対する異議（357条）、少額訴訟の判決に対する異議（378条）は、確定遮断効があります（116条2項）が、同じ審級内部で事件に

ついての審理を続行させるものなので、上訴ではありません（361条・379条）。しかし、この説明がうまく当てはまらない制度があります。例えば、上告受理申立ては、移審効は直ちに認められないものの、上訴として扱われます（318条4項参照）。また、許可抗告（337条）は、確定遮断効は認められないと解されていますが、上訴だとされています。

（2）　上訴不可分の原則　　上訴提起の効果である確定遮断効と移審効は、不服申立ての対象となっていない請求に対する判断についても及ぶとされています。これを、上訴不可分の原則（上訴の不可分性）といいます。

例えば、XがYに対して1000万円の損害賠償請求の訴えを提起し、それが500万円の限度で一部認容されたとします。Xが請求棄却部分の取消しを求めて控訴したとすると、控訴の効果は1000万円の請求について判断した1審判決全体に及びます。

この原則がある結果、控訴審では、控訴しなかったYが附帯控訴（293条）によって、控訴審の審判範囲を拡張することが可能となります（→Ⅲ-6-（4））。

上訴不可分の原則は、請求の客観的併合（→Lesson25-Ⅱ）にも適用されます。よって、1つの請求に対する上訴の効果は併合されている他の請求にも及びます。[1]

問題となるのは、共同訴訟（請求の主観的併合）の場合です。通常共同訴訟では、共同訴訟人の独立性（39条）により、上訴しないと決断した共同訴訟人の請求には上訴不可分の原則は及ばず、確定します。必要的共同訴訟では、40条1項により、上訴は確定を妨げるという意味で有利な行為として、共同訴訟人の1人のした上訴の効果は他の共同訴訟人にも及びます。[2]

4　上訴の利益

事例29-1
　XはYに対して売買代金1000万円の支払いを求める訴えを起こした。これに対する1審判決が請求の全額認容判決のとき、Xは控訴できるか。1審判決が請求の全部棄却判決のとき、Yは控訴できるか。500万円の限度で一部認容された場合はどうか。

（1）**趣　旨**　訴えについて本案判決をすることの必要性や実効性を問題とする訴訟要件として、訴えの利益や当事者適格があります（→ Lesson 8・9）。上訴でも似たような問題が生じます。これが、上訴の利益（不服）という問題です。以下では、控訴に限定して説明しますが、上告でも同じことが当てはまります。

　控訴の利益とは、控訴審の審判を受けることを正当化するに足りる上訴の利益のことです。1審判決によって何も不利益を受けない当事者には1審判決に対する不服がないから、控訴という不服申立てをする利益がありません。逆に、1審判決がそのまま確定することによって一定の不利益を受ける当事者には、この不利益の発生を妨げるために、控訴を提起して1審判決の取消しを求める利益が認められます。

（2）**形式的不服説**　では、このような意味での控訴の利益があるかどうかは、どのようにして判断するのでしょうか。現在では、1審判決の主文と、訴状の請求の趣旨（原告の場合）または請求棄却の答弁（被告の場合）に示される申立てとを比較して、申立てが受け入れられた場合には控訴の利益がなく、申立てが一部でも受け入れられていないときは控訴の利益があるとの見解が確立しています。これを形式的不服説といいます。

　この考え方は、自らこれだけの裁判をしてほしいと要求してその通りに裁判を得た当事者には、相手方の負担の下にその裁判の取消しを要求する地位を認めることができないということを意味しています。逆に、申立てを排斥されると、判決確定後には同じ申立てをすることができなくなるので、控訴をして判決の確定を妨げる利益があるということができます。

（3）**事例の解決**　事例で、1審判決が請求の全額認容判決のときは、申立てを全部認められたXには控訴の利益がなく、請求棄却の申立てを排斥されたYだけに控訴の利益があります。1審判決が請求の全部棄却判決のときは、請求棄却の申立てを容れられたYには控訴の利益がなく、Xだけに控訴の利益があります。500万円の限度で一部認容された場合は、双方の当事者に控訴の利益があります。

（4）　判決理由の交換を求める控訴

事例29 - 2
　XのYに対する売買代金支払請求訴訟において、
(1)　Yは弁済を主張して請求棄却判決を得た。Yは契約の錯誤による取消しを理由に棄却してもらうのがより有利であるとして、そのような判決を求めて控訴できるか。
(2)　Yは第１次的に弁済の抗弁を提出し、第２次的に相殺の抗弁を主張した。相殺の抗弁を認めて請求棄却判決がされた場合、Yは弁済による債務消滅を理由に棄却してもらうのがより有利であるとして、そのような判決を求めて控訴できるか。

　事例(1)では、被告の申立てと判決は一致します。よって、形式的不服説により、控訴の利益は否定されます。弁済または錯誤による取消しのいずれの判決理由に基づく場合であっても、請求棄却の結論は同じで、しかも既判力の範囲は同じなので、Yには、控訴によって除去するべき不利益を認めることができません。
　問題は、事例(2)です。ここでも、弁済、相殺のいずれの判決理由に基づく場合であっても、請求棄却の結論は同じです。しかし、相殺の抗弁による棄却判決の既判力はYの反対債権の不存在にも生じるので（→ Lesson21 - Ⅳ- 2 ）、相殺で棄却されるよりも弁済で棄却されるほうが、既判力の範囲という点では、Yに有利です。そこで、形式的不服説の例外として、控訴の利益が認められると解されています。

Ⅲ　控　訴

1　控訴ができる裁判
　控訴は、地方裁判所が第１審としてした終局判決または簡易裁判所の終局判決に対する不服申立てです。なお、終局判決の前にされた中間判決（245条）などの中間的裁判は、抗告により独立の不服申立ての対象となるものを除いて、終局判決とセットで控訴審の判断対象となります（283条）。
　控訴期間は、電子判決書の送達（255条）を受けた日から２週間の不変期間で

す（285条）。

控訴を申立てた当事者を控訴人、相手方を被控訴人といいます。

2　控訴理由

控訴審は１審から連続する事実審なので、控訴理由には、上告理由とは異なり、とくに制限はありません。したがって、１審判決がした事実認定の誤りのほか、法令の解釈や適用の誤りも控訴理由とすることができます。

3　不適法な控訴

控訴が不適法で、不備の補正が不可能なことが明らかなときは、控訴状の提出を受けた１審裁判所が控訴却下決定をします（287条１項）。また裁判長には控訴状の審査権があります（288条）。

その後に、控訴裁判所が控訴を不適法として却下する方法としては、口頭弁論を経た上での却下判決、口頭弁論を経ない却下判決（290条）、呼出費用の予納がない場合の却下決定（291条）があります。

4　控訴審の構造

控訴審の基本的な構造としては、続審制と事後審制の２つがあるといわれています。続審制とは、１審から連続して、事件について新たな主張、立証を引き続き行うことができ、それに基づいて控訴審の裁判官が審判をすることができる仕組みです。事後審制は、控訴審ではもはや主張、立証を行うことを認めず、１審で得られた訴訟資料のみに基づいて控訴審の裁判官が１審判決の当否を判断する仕組みです。刑事訴訟の控訴審は、後者を基調とします（刑訴384条参照）。

民事訴訟法は、１審で得られた訴訟資料に加えて、控訴審で新たな訴訟資料を収集した上で、第１審判決の当否を判断し、第１審判決の取消により必要が生じれば、請求の当否についても控訴審が自ら判断をするものとしています（296条２項・298条１項など）。よって、続審制が基調になっていると解されています。当事者は、１審で行った主張に加えて、新しい攻撃防御方法を提出することができます（更新権という）。このことは、続審制の現れであり、この新しい主張が時機に後れた攻撃防御方法の提出となるかどうか（157条・297条）

は、1審からの経過全体を前提に判断されます。

5 控訴審の終局判決

（1）**控訴に理由がないとき**　控訴裁判所が、1審判決を相当と判断するとき、つまり、控訴に理由がないと判断するときは、控訴棄却の判決をします（302条）。請求を棄却した1審判決の事実認定に誤りがないと認めた場合などがこれにあたります。

（2）**控訴に理由があるとき**　控訴裁判所が、控訴に理由があると判断するときは、1審判決を取り消します。これには、請求を棄却した1審判決の事実認定に誤りがあると認めた場合などのように1審判決を不当とするとき（305条）のほか、1審裁判所が判決言渡期日を告知せずに終局判決を言い渡した場合などのように、第1審の判決成立手続が違法であるとき（306条）の2つがあります。

（3）**自判と差戻し**　1審判決を取り消した後でなすべき判決ですが、原則的には、控訴裁判所が、自ら1審判決を変更する判断を示します。これを「自判」といいます。しかし、1審での当事者の主張、立証がなお不十分であると認められるときは、審級の利益（1つの請求について1審と控訴審で事実審理を受ける機会が与えられること）を保障するために、事件を1審へ差し戻す判決をします（308条1項）。例えば、交通事故による損害賠償訴訟で、被告の過失を否定して請求を棄却した1審判決を取り消す場合で、1審では主として過失の有無が争点となり、損害額の審理が尽くされたとはいえないときは、自判でなく、差戻しが選ばれます。

なお、訴訟要件を欠くとして訴えを却下した原判決の判断が誤っていると認めた場合は、本案の審理、判断が1審でされていないので、差戻しをするのが原則です（307条）。

6 不利益変更禁止の原則

事例29-3
　Xは、Yに対して不法行為に基づく1000万円の損害賠償請求の訴えを提

起した。1審はYの過失を認めたが、損害額は500万円である判断として、500万円の限度で一部認容する判決をした。この判決に対して、XまたはYのみが控訴した。

（1）　**不利益変更禁止の原則**　　控訴審では、原判決の取消し、変更を求める控訴の申立てが対象とした不服の限度で、審判が行われます。このことを定めているのが304条です。この規定によれば、控訴裁判所は、控訴人の不服申立ての限度でのみ、1審判決の取消し、変更ができます。その結果として、不服を申し立てられていない部分については、控訴審では判決をすることができません。控訴裁判所は、不服申立てに理由があるときは、不服の限度で原判決を変更し、不服申立てに理由がないときは、控訴（不服申立て）を棄却すれば足りるのです。

　このように、控訴裁判所が、原判決の変更が求める不服申立て部分を超えて、それ以外の部分について判決をしてはいけないとされることを、不利益変更禁止の原則といいます。したがって、304条は、不利益変更禁止の原則を定めた条文です。なお、この原則を裏から見ると、利益変更の禁止ということもできます。

（2）　**事例の解決**　　事例で、一部棄却を不服とするXのみが控訴したとすると、控訴裁判所は、請求が棄却された部分の判断の当否に限定して判決をしなければなりません。では、控訴審の裁判官が、Yには過失がなかったとの心証を得たときは、どのような判決をしなければならないでしょうか。請求認容の部分は不服が申し立てられていないので、これを棄却に変更することは、控訴人Xにとっての不利益変更となり許されません。これは、被控訴人Yから見れば、不服申立てをしていないのに有利な判断を得ることになるので、利益変更ということになりますが、もちろん、これも禁止されます。よって、控訴棄却の判決をするしかありません。

　事例で、一部認容を不服とするYのみが控訴したとすると、控訴裁判所は、請求が認容された部分の判断の当否に限定して判決をしなければなりません。では、控訴審の裁判官が、損害額の算定が誤っていて総額は1000万円だと考えたときは、どのような判決をしなければならないでしょうか。不服申立てがな

い請求棄却の部分を認容に変更することは、控訴人Yにとっての不利益変更となり許されません。これは、被控訴人Xから見れば、不服申立てをしていないのに有利な判断を得ることになるので、許されない利益変更ということになります。よって、控訴裁判所は、控訴棄却の判決をします。

（3）**根　拠**　なぜこのような原則が認められるのでしょうか。この原則は、処分権主義の控訴審での適用の結果であると考えられています。つまり、控訴審においても、246条に見られるような訴えと同様な形での申立て拘束力があり（→Lesson20-Ⅳ）、控訴裁判所は、控訴人の申立てである不服に拘束されます。よって、申立てで示された不服の範囲での変更のみが許されるのです。

　次に、不利益変更禁止原則の機能ですが、この原則がある結果として、控訴人の控訴権が保障されます。つまり、1審判決で得られたものが、控訴裁判所の職権で奪われることはないから、控訴したいと思う当事者は、安心して控訴することができます。また、控訴しなかった相手方も、不服申立てがない部分は原判決のままだと信頼することができます。

（4）**附帯控訴**　事例で、XまたはYのみが控訴した場合であっても、控訴審で、審判対象を拡張することができるでしょうか。例えば、Xのみが控訴したときに、不服申立てがない請求認容の部分を後に審判対象とすることができるかという問題です。

　このような場合、被控訴人は附帯控訴によって、控訴審の口頭弁論終結までの間、審判対象を不服申立てがない部分にまで拡張することができます（293条）。附帯控訴とは、被控訴人が控訴手続でする申立てで、請求についての原判決を自己に有利に変更することを求めるものをいいます。上訴不可分の原則（Ⅱ-3-（2））があるので、控訴がされなかった部分も確定せずに控訴審に移行していることから、いわば控訴の提起に便乗する形で、この申立てをすることができるのです。

　附帯控訴の目的は、控訴しなかった被控訴人に対しても、有利な判決を得るための機会を与えて当事者間の公平を図る点にあります。しかし、それよりも大きな目的は、控訴審の審判対象を拡張して、不利益変更禁止の原則を解除することに求めることができます。事例で、Xのみが控訴した場合に、被控訴人

Yから附帯控訴の申立てがあると、控訴人Xが不服申立てをしなかった部分にまで審判対象が拡張します。したがって、Yに過失がなかったので請求に全部理由がないと控訴裁判所が判断すると、全部棄却の判決に変更することができます。Yのみが控訴したが、Xから附帯控訴があり、損害額が1000万円であるとされたときも、全部認容の判決に変更することができるのです。

Ⅳ　上　告

1　上告ができる裁判

上告は、控訴審判決に対する通常の不服申立て方法です。高等裁判所が控訴審としてした終局判決については最高裁判所が、地方裁判所が控訴審としてした終局判決については高等裁判所がそれぞれ上告審となります（311条1項）。なお、1審判決に対していきなり上告できる場合もあります（281条1項ただし書き・311条2項など）。

上告期間は、控訴審の電子判決書の送達を受けた日から2週間の不変期間です（285条・313条）。

上告を申し立てた当事者を上告人、相手方を被上告人といいます。

2　上告理由

（1）　上告理由の制限　　上告審に上告する権利を理由づけるためには、一定の上告理由を主張しなければなりません。上告理由は上告状で記載されるほか、上告理由書という別な書面の提出が必要なときもあります（315条）。

上告審は法律審として、原判決における法令の解釈、適用の誤りのみを審査することができる（321条1項参照）だけなので、原判決における事実認定の誤りを上告理由にすることはできません。また、最高裁判所は、憲法が定める司法審査権を有する最上級審裁判所であり（憲81条）、その使命を存分に発揮させるために、重要な事件だけを審理させるべきであるという政策的な配慮が必要なため、そのような観点からも上告理由は制限されます。

（2）　上告理由になるもの

（a）　上告理由となるのは、原判決に憲法解釈の誤りその他憲法違反があることです（312条1項）。憲法違反を主張すれば、それだけで上告理由になるの

か、憲法違反が判決の結論へ影響することを要件とするかどうかは、議論が分かれています。

　(b)　さらに、当該事件の訴訟手続において重大な手続違反があることも、上告理由とすることができます（312条2項）。この上告理由は絶対的上告理由といい、その違反がなければ判決の結論が違ったかどうか（判決の結論への影響）を要件としません。

　絶対的上告理由としては、①判決裁判所構成上の制度的または手続的な違法、②判決に関与できない裁判官（23条から25条）の判決関与、③専属管轄違背と専属的な国際裁判管轄の規定（3条の5）違背、④法定代理権等の欠缺、⑤公開原則違反、⑥理由不備、理由の食い違いがあります。

　(c)　原判決における法律適用の誤りその他の法令違反は、最高裁判所への上告については、上告理由にならないとされます。他方で、高等裁判所への上告については、判決に影響を及ぼすこと（＝判決の結論が違ったであろうこと）が明らかな法令違反であれば、上告理由になります（312条3項）。このように上告理由の範囲が違うのは、最高裁判所の負担軽減を考慮したからです。

（3）　上告受理申立事由　　（2）(c)で見たとおり、法令違反は最高裁判所への上告理由になりませんが、最高裁判所は、法令の解釈に関する重要な事項を含むものと認められる事件を、決定で受理することができます（318条1項）。これを上告受理の申立てといい、この申立てを認める決定があると、上告が適法に提起されたとみなされます（318条4項）

　これは、最高裁判所が、特別に、重要度が高い法令違反事件を取り上げることができる仕組みです。318条1項は、判例に違反する事件を例示していますが、それ以外に、何が上告受理申立ての理由になりうるのかは、この制度の目的と関連付けて考えなければなりません。例えば、法令解釈の統一を目的として重視するならば、問題となっている法令の解釈が当該事件の解決を越えて一般的に広く影響する場合でなければ上告受理の制度を利用することができないことになりそうです。これに対して、上告受理によって個別事件での当事者救済もできるのだとすれば、その事件の解決にとっては重要な法律問題を取り上げることも許されると考えられます。

3　上告提起の手続

（1）　通常の上告

上告状の提出（原裁判所へ、314条1項）

↓

原裁判所の点検

> ①　上告状の点検、上告状の却下、補正命令等
>
> 　（314条2項・288条・289条2項、規則187条）
>
> ②　補正不可能な場合の却下（316条1項1号）

↓

事件の上告裁判所への送付（規則197条）

上告提起通知書、上告状の送達（規則189条）

↓

上告理由書の提出（315条、規則190から195条）：

　通知書送達後50日以内

　　　→上告理由書不提出等による却下

　　　（316条1項2号、規則196条）

上告理由書副本の送達（規則198条）

↓

上告裁判所による形式審査（317条）

（2）　上告受理申立て

上告受理申立書の提出（318条1項・5項、314条1項）

　　　　　↓（以下、通常の上告の場合と同じ）

上告受理決定（受理しないときは上告不受理決定をする）

↓

上告があったものとして手続を進める（318条4項）

4　上告審の審理

（1）　不服申立てによる拘束　　控訴審と同様に、上告審では、上告人の上告理由に基づき、不服申立てがあった範囲で審理が行われます（320条）。なお、附帯上告があればその範囲は拡大します（313・293条）。

（2）　**法律審**　　上告審は法律審であり、当事者は事実関係について主張、立証することができません（321条1項）。

（3）　**職権調査事項**　　職権調査事項については、（1）（2）の例外となります（322条）。訴訟要件のほとんどは職権調査事項ですから、例えば、上告理由において訴えの利益がないことの主張がなくても、職権によりこの点を取り上げなければなりません。また、原判決の事実認定にも拘束されません。

5　上告審の判決

（1）　**上告に理由がない場合**　　上告に理由がない場合、つまり原判決の結論を是認する場合は、上告を棄却する判決をします。

上告棄却判決は、口頭弁論を経ないですることができます（319条）。この場合は、当事者が提出した上告状その他の書面と訴訟記録だけを審査して結論を出すので、これは必要的口頭弁論の原則（87条1項）の例外となります。

（2）　**上告に理由がある場合**　　上告に理由があるときは、口頭弁論を経て判決を行います。

この場合、上告裁判所は、まず、原判決を破棄します（「取消し」ではありません）。その後の判決の方法ですが、①差戻し（325条1項）、②移送（325条1項）③自判（326条）の3つがあります。

①の差戻しは、最終的な判断をするには、なお法律要件に該当する事実の存否についての審理が必要である場合に行います。上告審は法律審なので、上告に理由があるときは、原判決の破棄、差戻しが原則です。

②は、原審である高等裁判所が小規模庁で、差し戻しても結局同じ裁判官が審理せざるを得ない（これは325条4項で禁止されます）状態が生じる場合を想定したものです。

③の自判は、控訴審に差し戻してみたところで、これ以上事実を確定する必要がないとき（326条1号）に、上告裁判所が自ら事件について最終的な判断をすることをいいます。また、上告審が事実を認定して、訴訟要件がないとの判断に至ったときも、訴え却下の自判をします（326条2号）。

（3）　**上告理由と破棄理由の不一致**　　法令違反は、最高裁判所に対する上告理由にはなりません（→2-（2）-(c)）。ところが、最高裁判所が審理した結

果、上告人が主張した憲法違反や絶対的上告理由は成立しないけれども、判決に影響を及ぼすことが明らかな法令違反を発見したときは、原判決を破棄することができます（325条2項）。これは、実体法の解釈適用は裁判所の職責であるから、上告理由に拘束されずにこれを調査することができ、法令違反があれば原判決を破棄できるとしたほうが裁判所の職務を果たすことができるとの考え方に基づくものです。

6　破棄差戻判決の拘束力

差戻しまたは移送を受けた裁判所は、差戻前の口頭弁論を続行する形をとります（325条3項前段）。そこで、審理が行われ、再び判決をするわけですが、上告裁判所が破棄の理由とした事実上および法律上の判断は、差戻しまたは移送を受けた裁判所を拘束すると定められています（325条3項後段）。これは、審級制度という上下関係を維持するためのルールです（裁4条参照）。

ここで上告審がした事実上の判断への拘束が定められていますが、上告審が本案に関する事実についての判断をすることはありません。しかし、例外的に、事実の判断をすることがあります。例えば、職権調査事項に関する事実（例、訴訟能力の基礎となる年齢の認定）です。

法律上の判断とは、原判決を破棄するための論理的前提となる法令の解釈・適用に関する判断をいい、いわゆる傍論は含まれません。

V　抗　告

1　抗告をすることができる裁判

抗告をすることができる裁判は、口頭弁論を経ないで訴訟手続に関する申立てを却下した決定または命令（328条1項）のほか、違式の決定または命令（328条2項）です。さらに、抗告をすることができる旨が個別に定められている場合（21条・75条7項・86条など）もあります。

2　抗告の種類

（1）　最初の抗告と再抗告　　最初の抗告は、1審の決定または命令に対する不服申立てです。再抗告は、最初の抗告を受けた抗告裁判所の決定に対する

不服申立てです。再抗告の対象となるのは、簡易裁判所がした決定に対する抗告審である地方裁判所のした決定に限られます（高等裁判所が再抗告裁判所となります）。地方裁判所の決定に対して高等裁判所が抗告審としてした決定については、最高裁判所に対して再抗告をすることはできません。⁽⁵⁾

　抗告を基礎付けることができる理由には制限はありません。しかし、再抗告を基礎付けることができる理由は、憲法違反または決定に影響を及ぼすことが明らかな法令違反に限られます（330条）。

（２）　即時抗告と通常抗告　　抗告は、抗告期間の定めがある即時抗告と、その定めがない通常の抗告に分けられます。即時抗告は、裁判の告知を受けた日から１週間の不変期間内にかぎり抗告をすることができ（332条）、原裁判の執行停止効があります（334条１項）。これに対して、通常抗告は、期間の制限なしにいつでもすることができますが、抗告による執行停止効は当然には認められません（334条２項）。

3　許可抗告

　許可抗告は、決定または命令で裁判するべき事項について法令解釈の統一を確保するために、抗告審である高等裁判所が特に許可した場合、最高裁判所に対して抗告をすることができる制度です（337条）。２（１）で説明したとおり、高等裁判所の決定または命令に対する最高裁判所への再抗告が許されないため、高等裁判所相互間で重要な法律問題の判断が分かれることが多かったことから、この不備を解消するために設けられた仕組みです。

4　再度の考案による更正

　決定をした原裁判所（または命令をした裁判長）は、決定に対して提起された抗告が適法で理由があると認めるときは、自ら原裁判を取り消し、変更しなければならないとされています（333条）。これを再度の考案による更正といい、上級審である抗告審の手続を省略して、簡易迅速に事件処理をするための仕組みです。裁判をした裁判所が自分の判断を変更できることから、再度の考案による更正は、裁判の自己拘束力（→ Lesson 20 - Ⅲ - 1 ）が例外的に否定される場合にあたります。

なお、抗告に理由がないと認めるときは、そのような意見を付して抗告裁判所に事件を送付します（規則206条）。

Ⅵ　再　審

1　制度趣旨

終局判決は、確定すると形式的確定力をもち、通常の不服申立てによって取り消すことができなくなります。そして、これを前提にして既判力その他の拘束力が生じます。しかし、一定の重大な事情があるために、このような判決の効力を強行することが正義に反するということがあります。そのような場合には、再審の訴えによって、確定した判決を取り消して再度の審理を求めることができます。これが再審です（338条）。

2　再審事由

338条1項が定める再審事由（再審の申立てをすることができる事由）は、次のようなものです。

① 　絶対的上告理由に該当する重大な手続上の瑕疵（1号・2号・3号）

② 　裁判官の職務に関する犯罪（4号）

③ 　当事者の主張・立証に関する当事者または第三者による犯罪行為（5号・6号・7号）

④ 　判決の前提である裁判等の事後的な変更（8号）

⑤ 　重要事項の判断遺脱（9号）

⑥ 　確定判決の相互抵触（10号）

3　再審申立ての要件

再審の訴えの要件は次のようなものです。

① 　再審の訴えは、当事者と再審の対象となる判決を特定した上で、338条1項の再審事由を主張して（343条3号）、その判決をした裁判所に提起します（340条1項）。

② 　再審事由があることをすでに控訴、上告で主張したときや、再審事由があることを知っていたのに控訴、上告で主張しなかったときは、再審の訴

えを提起することができません（338条1項ただし書き）。これを再審の補充性といいます。

③　再審の訴えは、判決確定後再審事由を知った時から30日の不変期間内に提起しなければならず、また、判決の確定から5年が経過すると再審事由の知、不知にかかわらず提起することができなくなります（342条1項・2項）。ただし、代理権が欠けること（338条1項3号）と判決の相互抵触（338条1項10号）については、再審期間の制限はありません（342条3項）。

4　再審の構造

　再審の手続は、2つの段階に分かれています。第1段階は、再審の開始を決定するかどうかを決める手続（345条・346条）で、第2段階が不服申立ての限度での本案審理のやり直しをする手続（348条）となります。

　第1段階の裁判は、再審事由がなければ請求棄却決定、訴えが不適法であれば訴え却下決定、再審事由があれば再審開始決定となり、いずれに対しても即時抗告をすることが可能です（347条）。

　第2段階での審理の結果、前の判決が正当であれば再審請求を棄却する判決を行い（348条2項）、前の判決が不当であるときは、前の判決を取り消して、新しい本案判決をします（348条3項）。

（1）　予備的併合で主位的請求棄却・予備的請求認容判決に対する当事者一方のみによる上訴の効果は他の請求にも及ぶが、不服のある部分しか変更対象にならない。最判昭58・3・22判時1074号55頁参照。
（2）　さらに特別な問題がある。最判平12・7・7民集54巻6号1767頁（類似必要的共同訴訟）、最判昭48・7・20民集27巻7号863頁（独立当事者参加）を参照。
（3）　296条1項は、不服申立ての限度で口頭弁論が行われると定める。しかし、実際上は、1審判決の対象である請求全体について審理されることがある。そうであっても、判決の対象は304条で不服申立ての範囲に限定されることになる。例えば、最判昭61・9・4判時1215号47頁参照。
（4）　不利益変更に当たるかどうかを判断する場合、不服の範囲を超えているかどうかという形式で判断するのが原則である。しかし、生じるべき既判力の範囲の比較という実質論が利用されることがある。前掲最判昭61・9・4、最判平27・11・30民集69巻7号2154頁参照。
（5）　最高裁判所は、決定に対する不服申立てについては、訴訟法が特に定める抗告のみを担当することができる（裁7条2号）。この特に定められた抗告は、特別抗告と許可抗告のことで、330条の再抗告は、特に定められた抗告には当たらない。

Lesson 30　訴訟上の相殺

事例30-1

　XとYは相互に商品の納入を行っている。売買代金は毎月末日限りで現金により決済をしていたが、XのYに対する150万円の売買代金債権（債権①）につき履行期限に支払がなされなかった。そこでXは、150万円の売買代金支払請求訴訟を提起した。

　Yは口頭弁論期日において、YがXに対して有する150万円の売買代金債権（債権②）を自働債権として対当額で相殺する旨の陳述をした。

(1)　裁判所が、Yによる訴訟上の相殺の抗弁が成立すると認めた場合、不成立として排斥する場合、それぞれどのような判決をするか。

(2)　XのYに対する債権①の支払請求訴訟で、債権②を使った相殺の抗弁を主張する前に、Yは既に債権②の支払請求訴訟を起こしていた。相殺の抗弁は適法か。

I　訴訟上の相殺（事例1）

1　民法上の相殺

（1）　相殺の要件　2人が互いに同種の目的を有する債務を負担する場合において、双方の債務が弁済期にあるときに、各債務者は、その対当額について、相殺によって、その債務を免れることができます（民505条1項本文）。双方の債務が相殺に適する状態にあることを相殺適状といいます。相殺は、一方債務者による相殺の意思表示によって行われ（民506条1項）、双方の債務が相殺適状にさかのぼって消滅します（民506条2項）。

　事例で、YのXに対する債権②を自働債権（反対債権ともいう）、XのYに対する債権①を受働債権といいます。

（2）　相殺の機能　相殺は、互いに債務を負う関係に立つ者が同じ額の現金を回しあうという無駄を省くという機能を持っています。しかし、それ以上に重要な意味があるのが、相手方の支払能力が低下している局面で働く、いわ

ゆる相殺の担保的機能です。

　事例で、Ｘの支払能力が低下しているという場面で相殺が利用できないと仮定すると、ＹはＸから代金を全額回収できない一方で、Ｘに対しては代金全額の支払を強制されますが、これでは不公平です。この場合に、Ｙが相殺すると、Ｙは、Ｘに対する代金債務をいわば担保として、Ｘに対する代金債権を全額回収したのと同じ結果となります。しかも、Ｘに対する他の債権者に優先して回収できたのと同じ結果をもたらします。事例におけるＸＹ間の取引関係は、このような相殺の担保的機能に支えられているということもできます。

2　訴訟上の相殺

（１）　**訴訟上の相殺とは**　　訴訟上の相殺とは、口頭弁論または弁論準備手続の期日において、自働債権と訴訟物である債権とを相殺する旨の被告による陳述のことです。この被告による陳述の中には、民法上の相殺の意思表示と、そのような意思表示があったことを裁判所に陳述する訴訟行為の２つの要素が含まれています。つまり、訴訟上の相殺という行為の中には、民法が適用される相殺の意思表示という要素と、防御方法の提出という訴訟行為としての要素とが同時に併存しているのです。この場合、両者の行為の要件・方式性・効果は、民法と民事訴訟法によって別々に規律されるのが原則です。[(1)]

　なお、裁判の外で相殺の意思表示をしてから、裁判でそのことを抗弁として主張することもあります。この場合は、相殺によって債務が消滅したことを裁判上陳述するという訴訟行為としての意味しかありません。

（２）　**特　徴**　　相殺の抗弁は、弁済や取消しの抗弁などとはかなり違った特徴を持っています。このことは、Lesson 24-Ⅰ-3で説明しました。簡単に繰り返すと、第１に、相殺権を主張すると、訴訟物とは別の権利関係が審判対象として付け加えられるために、訴訟上の相殺は反訴の実質があるといわれます。第２に、相殺は自分の権利を犠牲にして勝利を得ようとするタイプの防御方法のため、いきなり相殺の抗弁を提出するよりも、請求原因を争うとか、取消しの主張をすることを第１的な防御方法とした上で、予備的な抗弁として審判を求めることが通常です。最後に、相殺の抗弁の判断には既判力が生じる（114条２項）ため、審理順序について特別な配慮を必要とします（→Lesson 21-Ⅳ-2-（4））。

（3）　**本案判決の内容**　　相殺の意思表示は債務消滅原因なので、この事実は権利消滅規定の要件事実となり、被告Ｙが証明責任を負います（→ Lesson 15）。したがって、事例のＸのＹに対する売買代金支払請求の訴えでは、訴訟上の相殺は、抗弁（→ Lesson 18）として機能します。

この抗弁が成立すると判断されたときは、事例の訴訟物である債権①の消滅という実体法的な効果が生じたことになるので、請求は棄却されます。これに対して、相殺の抗弁が失敗したときは、請求は認容されます。

Ⅱ　相殺の抗弁と二重起訴の禁止（事例2）

1　問題の所在

事例(2)では、Ｙの相殺の抗弁に対する二重起訴（重複訴訟）の禁止（142条）の類推適用が問題となります。二重起訴の禁止（→ Lesson 3 - Ⅲ）は、同じ訴訟物について二重に訴訟係属を成立させることを禁止するものです。しかし、事例(2)では、同じ債権を一方の訴訟では抗弁として、他方の訴訟では訴求するという形で行使しています。それにもかかわらず、なぜ、二重起訴の禁止が問題となるのでしょうか。

2　類推肯定説

二重起訴の禁止の趣旨は、同じ訴えが二重に係属することから生じる相手方と裁判所に対する迷惑の防止（訴訟経済）、既判力の矛盾抵触の防止です。

たしかに、相殺の抗弁は防御方法なので、抗弁を提出しても訴訟係属は生じません。しかし、Ⅰ-2-（2）で説明したように、相殺の抗弁が審理、判断されれば既判力が生じること（114条2項）、また、相殺の抗弁は、単なる抗弁というよりも、自働債権を訴訟によって実現するという反訴の実質を持っています。このような相殺の抗弁の特徴を強調してゆくと、事例(2)の場合でも、同じ債権について別々な手続において審理が重複することによる無駄が生じるとともに、債権②の請求訴訟で生じる既判力と、債権①の請求訴訟で相殺の抗弁が判断されたことで生じる既判力とが矛盾抵触する危険があります。よって、二重起訴禁止の趣旨が、すでに訴訟物とされている債権を利用した別な訴えにおける相殺の抗弁にも当てはまるということができます。判例（最判平3・12・17

民集45巻9号1435頁）は、この説を採っています。[2]

3　類推否定説

　これに対して、類推否定説は、予備的抗弁として提出される相殺の抗弁が判断されて既判力が生じるかどうかは、訴訟物とは異なり、不確実であることを指摘します。つまり、判断を受けるかどうかが確実でない抗弁についてその提出を禁止することは、被告の防御の自由を侵害するというわけです。また、原告側の支払能力に不安がある場合、相殺の担保的機能に対する被告の期待は保護に値するので、それを禁止するような解釈はとるべきではないとも論じられます。最後に、口頭弁論の併合を活用することで、審理の重複と判断の矛盾を回避することは十分可能だとも論じられています。

4　検　討

　類推肯定説から否定説に対しては、どうしても相殺で勝ちたいのであれば、Yは先行する別の訴えを取り下げればよい、また、相殺を禁止されてもそれはその訴訟限りであり、債権①の訴訟終結後に相殺の意思表示をすることは既判力に妨げられない（→ Lesson 24‐Ⅰ‐3）から問題はないなどの反論があります。しかし、現金での支払を望んで訴えを起こしたXが、Yの相殺の抗弁を適法化するような訴えの取下げに同意をする（261条2項）とは思えません。また、訴訟終了後に相殺することも、回りくどい方法であり、相殺の担保的機能を保護するために十分なものかどうか疑問が残ります。原則論としては、否定説でいいのではないでしょうか。

（1）　訴訟上の相殺をしたが、それが時機に後れた防御方法であるとして却下されるなど、相殺の抗弁が訴訟上意味を失った場合に、それと連動して、民法上の意思表示も撤回されて債務消滅の効果が失われると考えられている。この結論を支える理由付けとして、相殺の抗弁を提出した当事者の合理的な意思を推測し、相殺の意思表示を条件付法律行為とみるべきであるとの見解、相殺の意思表示は、裁判所が債務ありとの判断に至ったときに考慮してもらう趣旨であるとともに、防御方法としての意味を失ったときには、白紙にもどすという効果意思を有するものであるとの見解などが主張されている。

（2）　判例は、その射程を制限して相殺の抗弁が適法となる場合を認めていることに注意が必要である（最判平10・6・30民集52巻4号1225頁、最判平18・4・14民集60巻4号1497頁、最判平27・12・14民集69巻8号2295頁、最判令2・9・11民集74巻6号1693頁）。

事項索引

判例索引

■ 執筆者紹介

越山　和広（こしやま・かずひろ）

慶應義塾大学大学院法学研究科博士課程単位取得退学
フライブルク大学法学博士
現在、龍谷大学法学部教授。司法試験考査委員（民事訴訟法）を歴任。

著書
笠井正俊・越山和広編『新・コンメンタール民事訴訟法（第2版）』日本評論社
『ロジカル演習民事訴訟法』弘文堂

Horitsu Bunka Sha

ベーシックスタディ民事訴訟法〔第2版〕

2018年4月5日　初　版第1刷発行
2023年2月25日　第2版第1刷発行

著　者　　越山和広

発行者　　畑　　光

発行所　　株式会社 法律文化社

〒603-8053
京都市北区上賀茂岩ヶ垣内町71
電話 075(791)7131　FAX 075(721)8400
https://www.hou-bun.com/

印刷：中村印刷㈱／製本：㈲坂井製本所
装幀：白沢　正

ISBN 978-4-589-04258-3

© 2023 Kazuhiro Koshiyama Printed in Japan

野村秀敏・川嶋四郎・河崎祐子・園田賢治
柳沢雄二・川嶋隆憲・大内義三著

民事執行・保全法

A5判・342頁・3190円

初めて民事執行・保全法を学ぶ人の入門書。司法書士試験の必修科目であり、法曹や企業実務の現場で権利実現の最終段階に位置する重要な法制度を、最新の判例と研究成果を踏まえて解説。理解を深めるコラム、書式例も掲載。

川嶋四郎著

日本史のなかの裁判
── 日本人と司法の歩み ──

四六判・256頁・2860円

日本史を紐解けば太古から正義・司法へのアクセスや合理的裁判への志向を見出すことができる。歴史や文学に見られる様々なエピソードを紹介し各時代で司法や裁判がいかに受け止められ評価されてきたかを探る。現代司法への示唆ともなる面白く味読の価値ある書。

〈18歳から〉シリーズ ◉学問の世界への第一歩

具体的な事象を18歳の目線でとらえ、基礎となるエッセンスを解説。

＊B5判・カバー巻・100〜120頁

18歳からはじめる憲法〔第2版〕	水島朝穂 著	2420円
18歳から考える人権〔第2版〕	宍戸常寿 編	2530円
18歳からはじめる民法〔第5版〕	潮見佳男・中田邦博・松岡久和 編	2420円
18歳から考える家族と法	二宮周平 著	2530円
18歳から考える消費者と法〔第2版〕	坂東俊矢・細川幸一 著	2420円
18歳からはじめる情報法〔第2版〕	米丸恒治 編	2530円
18歳から考えるワークルール〔第2版〕	道幸哲也・加藤智章・國武英生 編	2530円
18歳からはじめる環境法〔第2版〕	大塚直 編	2530円
18歳から考える知的財産法	大石玄・佐藤豊 編	2530円
18歳から考える日本の政治〔第3版〕	五十嵐仁 著	2530円

─────── 法律文化社 ───────

表示価格は消費税10%を含んだ価格です